高等教育学前教育专业系列教材

游戏与学前儿童发展

彭丽云 羊 虹 主编

东南大学出版社
·南京·

图书在版编目(CIP)数据

游戏与学前儿童发展 / 彭丽云,羊虹主编. —南京:东南大学出版社,2013.7
高等教育学前教育专业系列教材
ISBN 978-7-5641-4397-8

Ⅰ. ①游… Ⅱ. ①彭… ②羊… Ⅲ. ①游戏课—幼儿师范学校—教材 Ⅳ. ①G613.7

中国版本图书馆 CIP 数据核字(2013)第 157041 号

游戏与学前儿童发展

出版发行	东南大学出版社
社　　址	南京市四牌楼 2 号　　邮编　210096
出 版 人	江建中
网　　址	http://www.seupress.com
电子邮箱	press@seupress.com
经　　销	全国各地新华书店
印　　刷	常州市武进第三印刷有限公司
开　　本	787mm×1092mm　1/16
印　　张	10.75
字　　数	248 千字
版　　次	2013 年 7 月第 1 版
印　　次	2013 年 7 月第 1 次印刷
书　　号	ISBN 978-7-5641-4397-8
定　　价	32.00 元

本社图书若有印装质量问题,请直接与营销部联系。电话(传真):025-83791830

目 录

第一章 游戏的基本概述 …………………………………………………… 001
 一、游戏的词源 …………………………………………………………… 001
 二、游戏的定义 …………………………………………………………… 003
 三、游戏的基本特征 ……………………………………………………… 005
 四、游戏的构成要素 ……………………………………………………… 010

第二章 游戏的发展演变 …………………………………………………… 015
 一、游戏的发生 …………………………………………………………… 015
 二、游戏的发展 …………………………………………………………… 017
 三、游戏的演变 …………………………………………………………… 019
 四、游戏精神的重塑 ……………………………………………………… 022

第三章 游戏理论 …………………………………………………………… 027
 一、早期的传统游戏理论 ………………………………………………… 027
 二、精神分析学派的游戏理论 …………………………………………… 031
 三、认知发展学派的游戏理论 …………………………………………… 035
 四、社会文化历史学派的游戏理论 ……………………………………… 038
 五、游戏的激活理论 ……………………………………………………… 042
 六、游戏的元交际理论 …………………………………………………… 045

第四章 游戏对于学前儿童发展的价值 …………………………………… 047
 一、游戏促进儿童身体的成长发育 ……………………………………… 047
 二、游戏促进儿童认知能力的发展 ……………………………………… 048
 三、游戏促进儿童记忆力的发展 ………………………………………… 054
 四、游戏促进儿童思维想象能力的发展 ………………………………… 054
 五、游戏促进儿童情绪意志力的发展 …………………………………… 056
 六、游戏促进儿童个性的发展 …………………………………………… 057
 七、游戏促进儿童品格的发展 …………………………………………… 058

八、游戏促进儿童社会性的发展……………………………………………059

第五章　游戏的环境与条件……………………………………………………061
　　一、游戏的时间条件………………………………………………………061
　　二、游戏的空间环境………………………………………………………062
　　三、游戏的材料……………………………………………………………069
　　四、游戏者…………………………………………………………………077

第六章　游戏的分类与指导……………………………………………………080
　　一、游戏的分类……………………………………………………………080
　　二、我国幼儿园游戏分类…………………………………………………087
　　三、幼儿园游戏的分类指导………………………………………………090

第七章　不同年龄阶段儿童游戏的指导………………………………………119
　　一、0~3岁儿童游戏指导…………………………………………………119
　　二、3~6岁儿童游戏指导…………………………………………………126

第八章　幼儿园游戏……………………………………………………………133
　　一、几个相关概念的区别…………………………………………………133
　　二、幼儿园游戏中几种关系的处理………………………………………136
　　三、游戏是幼儿园的基本活动……………………………………………139
　　四、幼儿园游戏活动的基本原则…………………………………………140
　　五、加强幼儿园游戏的策略………………………………………………143

第九章　民间儿童游戏的传承…………………………………………………149
　　一、民间儿童游戏概述……………………………………………………149
　　二、民间儿童游戏开展现状的分析………………………………………152
　　三、民间儿童游戏在幼儿园的传承与发展………………………………154
　　四、民间儿童游戏应该成为我国农村幼儿园的基本活动………………156
　　五、传统民间儿童游戏实例选集…………………………………………157

主要参考文献……………………………………………………………………166
主要参考网络资源………………………………………………………………167

第一章
游戏的基本概述

每个孩子的童年都有游戏的陪伴,每个成人的闲暇都需要各种各样的游戏来打发,每位老人在回顾人生的时候都愿意把它当作游戏来回味,游戏几乎贯穿在人的整个一生之中。说起游戏,谁都有发言权,说起游戏,谁都有心要参与。但究竟什么是"游戏"?

一、游戏的词源

(一) 中文词源

游戏的字面意思即游乐嬉戏。

在汉语中,"游戏"一词在战国时期的历史文献中即已出现,如《韩非子·难三》中载有:"管仲所谓'言室满室,言堂满堂'者,非特谓游戏饮食之言也,必谓大物也。"

但"游戏"一词在其意义的渊源上是从古汉语中的"遊"、"遨"、"嬉"等词(字)义发展而来的。而在现代词语系列中与"玩"、"玩耍"等十分相似。其含义与动作或运动有关,其活动特点是轻松自在,但又与"无意义"或"无价值"等贬义判断有关。

"玩":玩赏、研习、戏弄、忽视之意。多指在手中摆弄、玩赏。有两层含义:一是研习,《易·系辞上》:"是故君子居则观其象而玩其辞,动则观其变而玩其占。"二是忽视:因习见而不加注意。《左传·僖公五年》:"寇不可玩。"后引申出一种不认真、不严肃的态度,如"玩物丧志"。

"游":流动之意,引申为飘动、飘荡。《梁书·康绚传》:"游波宽缓。"比喻运动、活动、闲逛之意。

"游"通"蝣",表示行走、游玩、交游来往,也表示游荡。《尚书·虞书·大禹谟》:"罔游于逸。"另有逍遥、优游之意。

"游"同"遊",娱乐活动。古时指旗子边上的飘带及皇帝帽上的玉串,有随意运动之意。

"游艺",《礼记·少仪》:"士依于德游于艺。"玩物适情之意。表示"游玩"、"玩耍"、"游乐"、"嬉戏"等意思。

"游憩",游戏、休息。引申为闲暇、休闲,视游戏为一种轻松、放松的活动。

"嬉":游戏,玩耍,陆游《园中作》诗:"花前自笑童心在,更伴群儿竹马嬉。""嬉"常与"戏"连用,表示游戏之意,《广雅》:"嬉,戏也。"古乐府《孔雀东南飞》:"初七及下九,嬉戏莫相忘。"

"遨":通"敖",遨游、游逛。《后汉书·刘盆子传》:"而犹从牧儿遨。"《史记·律书》:"自年六七十翁,亦未尝至市井,游遨嬉戏如小儿状。"

(二) 外语中游戏的词源

荷兰学者约翰·胡伊青加(或译为:赫伊津哈)(Johan Huizinga,1872.12.7—1945.2.1)在《游戏的人》(Homo Ludens,1938)一书中,对包括希腊语、梵语、闪族语、拉丁语、日语、汉语、日耳曼语、英语等十几种语言在内的游戏概念的语言表达作了较为详细的分析。他的分析表明人们有多种游戏本能,就有对游戏活动的多种严格表达。

在希腊语中,对游戏的表达有三种含义:一指适合于儿童的游戏,音节不表示任何东西只蕴含玩某种东西的意思;二指玩、玩具,适合于种种游戏,有轻松自在的痕迹;三指琐碎、无价值的意思。

在梵语中游戏有四层含义:一是指动物、儿童、成人的游戏;二是指风或浪的运动;三是指单足跳、跳跃、舞蹈、赌博、掷骰子、哭泣、戏弄;四是指轻闲的、不费力的、模样、仿佛等意思。

而闪族语里游戏则主要是松散之意。

由此,我们可以看出,快速运动是许多游戏词汇的具体起点。上述这种游戏的表述往往把一般活动的游戏和与游戏相关的各种属性混为一谈,如轻松、紧张、结果难卜、有程序地轮换、自由选择、自由动作、控制自己、打发时间等。游戏的词和竞技的词没有区别。

现代欧洲语言中关于游戏的词的覆盖面扩大了,扩展为许多组概念,游戏广泛用于某些轻松的行为和运动,游戏是运动的自由或有限流动性的场合,它带有"再现他物、替代他者"的特点。

现代英语中,关于游戏的词泛指小孩的假装、成人的各种体育活动、玩笑幽默、艺术活动等。英语中与游戏有关的单词主要有"play"和"game"两个。其中"play"与汉语中广义的"游戏"一词意义更为相通。广义地说,游戏就是我们通常所说的"玩儿"。"play"可作动词用,但作为名词它泛指一类活动的总称;所指向的行为特征就是一方面不要求沉重的工作,另一方面使人愉快和满足的"玩儿"。作为动词,则表示各种操作、摆弄、玩弄等注重手指的敏感而有秩序的活动。而"game"一词更多的指的是狭义意义上的"游戏"。

狭义地说来,游戏专指二人或二人以上参加的,具有规则约束的那些"玩耍"。通常它们都是包含着竞争,或者争夺胜负,或者展示自己能力的优越,有时则强调参加者之间的协调的竞技活动,与汉语中"博弈"、"搏戏"等词相仿。

综上所述,尽管世界上有多种语言,在表达游戏的含义时存在一定的差别,但它们却也有着相似之处。东西方在游戏一词的语义及其演变上的相通或相似,更多的是基于游戏活动与其他活动在人类社会发展中的不同作用的同样的社会客观现实。游戏一词作为一种观念的表达,大量包含了人们对于这类活动的体验、感受和判断。如轻松、紧张、结果难卜、自由选择、琐碎、闲散放浪、无价值等。它所积淀的这种社会文化内涵,一直影响着人们对游戏概念的理解。

二、游戏的定义

关于游戏,很多人都会乐此不疲,但关于游戏的定义,却让不少研究者感到困难。由于可以在不同的操作层面上进行,所以许多学科都将游戏纳入自己的研究领域。

游戏通常都包含着各种各样的身体活动,比如"拍拍手"游戏中手掌和手臂的活动,"踢毽子"游戏中脚和腿的运动等。这些游戏都具有锻炼身体的价值。在西方人的观念中,正式的体育比赛与包含规则的游戏完全是同一种东西。神圣的奥林匹克运动会是"game",孩子们玩的"捉迷藏"也是"game"。所以体育学研究游戏。刘一民的《运动哲学研究:游戏、运动、人生》就是从体育学的角度研究游戏的。游戏作为动物的行为是有着生物、生理方面的原因的,所以生物学和生理学也研究游戏。游戏行为的发动与运行也是有着心理依据和心理意义的,所以游戏心理学的存在也是自然而然的。人类儿童的游戏行为与现实生活之间的某种相似,孩子们在游戏中对于成人社会生活的模仿,使学者们很早就注意到游戏的教育学价值,因而教育学对游戏同样重视。我们的《中国大百科全书》的"心理学卷"和"教育卷"都收录了有关游戏的辞条。在很多的情况下,游戏是两三个人参加的、甚至是数十人参加的活动。所以,游戏是一种群体性的行为。而且游戏活动倾向于形成自己特有的社会团体,比如不同的游戏往往有着不同的参加者,竞争激烈火爆的游戏(如"斗拐"、"骑马打仗"之类)通常吸引那些男孩子;而技巧性的游戏(如"跳皮筋"之类)则吸引那些女孩子。这就说明:游戏是一种社会性活动。所以游戏也是社会学的研究对象。复杂的人类游戏行为还具有传承性,作为一种稳定的行为模式广泛传播,形成游戏民俗,所以游戏又是民俗学的研究对象。各门学科根据本学科的特点对于游戏进行着各不相同的研究。据统计,《牛津英语词典》中就列出了116条关于游戏的不同定义。1972年出版的韦氏新世界词典(Webster's New World Dictionary)中关于游戏有59个定义。

凡此种种,必然导致各种各样的、分别适合不同学科性质的游戏概念。例如《简明不列颠百科全书》是从动物学角度来下定义的:"游戏:动物学术语,指动物在缺乏正常刺激时呈现出的行为,或由正常刺激引起但没有完成全套仪式化模式的行为。游戏行为仅在哺乳动物和鸟类中观察到过。游戏常见于未成年的动物,是学习成年行为过程的一部分。"

而《中国大百科全书·教育卷》对幼儿游戏的定义则是从教育学出发的:"儿童运用一定的知识和语言,借助各种物品,通过身体运动和心智活动,反映并探索周围世界的一种活动。"幼儿游戏是3~6岁儿童的基本活动形式,它的主要特点是:

① 在假想的情景中反映周围现实和社会生活,具有社会性;
② 幼儿自发地、自愿地从事游戏,具有主动性;
③ 形象、动作、语言相结合,在游戏中具有创造性;
④ 游戏中的行为是象征行为,具有概括性;
⑤ 没有外在的目标,是非生产性的,具有趣味性。

在《中国大百科全书·心理学卷》给游戏所下的定义中,作者强调儿童的心理体验:"游戏是一种社会性活动。儿童在游戏中反映周围的现实生活,并通过游戏体验着周围人们的劳动、生活和道德面貌,同时也理解和体验着人们之间的相互关系。游戏是实现儿童和周围现实相联系的特殊形式、特殊活动。"

比较通俗的辞书——《辞海》的游戏概念反映了一般社会大众对于游戏的看法:"体育的重要手段之一。文化娱乐的一种。有智力性游戏(如下棋、积木、填字等)、活动性游戏(如捉迷藏、搬运接力等)、竞技性游戏(如足球、乒乓球等)。游戏一般都有规则,对发展智力和体力有一定作用。"这个概念其实是对于前面各种类型的专业游戏概念的大杂烩。

上述游戏概念当然自有其独特价值,都揭示了游戏在某一方面的特殊性质。制造上述概念的来自各门学科的学者们分别探索了游戏在某些特殊领域的价值和意义。这对于了解游戏是很有帮助的。但是,从游戏论的角度来看,它们都包含着一种错误倾向。那就是:它们都是根据各自学科的特殊性质来研究游戏,都是从游戏对于各自学科基本研究对象的价值与意义来看待游戏。于是,它们普遍地假设游戏的实质意义存在于游戏之外!游戏或者是为了体育锻炼,或者是为了智力发展,或者是为了心理体验,或者是为了发泄心理压力,或者是为了学习未来生活的技能……这种做法既包含着对于游戏的忽视,也包含着各学科的一管之见。

由于游戏行为的广泛存在,以及其社会功能的复杂多样,而这些游戏定义中内涵的含混不清,甚至相当的个别化并带有特异性的现象使得一种定义可能适合这种游戏但却不适合另一种游戏。一个好的游戏概念应该把游戏的客观特质揭示出来,而不只是描述个体自己心目中对游戏的印象。因此以游戏为本体,把游戏作为一种具有自身独立价值的行为模式,承认游戏是一种自在自为的活动方式,建立游戏概念,阐述游戏的特征与本质就变得尤为重要。

国外一些著名学者给游戏下的定义可以帮助我们从游戏本体的角度来探究游戏的内涵。

德国的沃尔夫冈·克莱默认为:"游戏是一种由道具和规则构建而成的,由人主动参与,有明确目标,在进行过程中包含竞争且富于变化的,以娱乐为目的的活动。它与现实世界既相互联系又相互独立,能够体现人们之间的共同经验,能够体现平等与自由的精神。"

英国哲学家赫伯特·斯宾塞认为:"游戏就是在谋生之余的闲暇时间里,由剩余能量所推动的看似无用但却能通过练习的方式保持和增进生物体自身能力的一种对谋生活动进行'模仿'的机能运动。"

在游戏研究领域里,全世界最有影响的学者要数荷兰人胡伊青加(1872—1945)了。他对游戏现象的深刻观察与体验,使他得以揭示游戏自身的本质。而他对游戏与文化之间相互关系的研究更可以说是开创性的。他于1938年出版的游戏论著作《游戏的人》在世界范围里产生了巨大而深远的影响。在这部书中,胡伊青加曾经用下列术语来定义游戏:"游戏是在某一固定时空中进行的自愿活动或事业,依照自觉接受并完全遵从的规则,有其自身的目标,并伴以紧张、愉悦的感受和'有别于平常生活的意识'。"这个游戏概念的涵盖面非常广泛,它囊括了所有动物、人类儿童和成人的游戏活动。而且,这个概念还准确揭示了游戏的特点。这个概念至为重要的意义是,它确定了游戏自身的价值。游戏有"自身的目标",为自己而存在。显然,胡伊青加是从游戏现象自身出发来进行总结归纳所得出的概念,而不是为了其他目的。

从不同学者的研究结果看,可以认为游戏是一种游戏者发自内心的自愿行为,游戏者在虚拟的情境中通过与人、与物、与境的互动获得相应的情感体验。它在事先规定好的规则和时空限制内给人以美的享受。

三、游戏的基本特征

尽管至今为止,游戏的定义仍是林林总总,但人们在尝试概括游戏的内在本质属性的同时,都关注到了游戏与其他种种活动不同的特点,也许只有通过对这些特点的分析和综合,才能更全面地把握游戏的本质。

(一)游戏区别于其他行为

1. 游戏有别于谋生行为

生命体的所有活动分为两种:谋生和游戏。也就是说,生命体的所有活动,不是谋

生,就是游戏。而谋生活动分为两种:劳动和消费。要解释生命活动的整体性质,必须兼顾目的与手段两个方面。因此,可以得出:

以内在的手段谋求外在的目的,是劳动;

以外在的手段谋求内在的目的,是消费;

以内在的手段谋求内在的目的,是游戏。

比如:做饭,是以内在的手段谋求外在的目的,是劳动。吃饭,是以外在的手段谋求内在的目的,是消费。把做饭和吃饭连起来看,就是谋生。看电影是以内在的手段谋求内在的目的,是游戏。看小说、看电影、体育活动、欣赏艺术作品、艺术创作等都是以内在的手段谋求内在的目的,都是游戏。甚至幼儿摇晃拨浪鼓也是游戏。

严格的说,游戏这个词本身有作为动词和作为名词之分,而作为名词的时候又有作为游戏活动和游戏媒介之分。我们这里讨论的游戏是游戏活动。我们发现,生命体的所有活动,目的和手段之中必须有一个是内在的。无论是存在外在的手段还是外在的目的,都会受到压迫、限制,这个活动就会变得不自由,而生命的本性是要追求自由的,游戏就是追求自由的一种方式,因此,它有别于谋生行为。

其实不仅人类有游戏活动,其他的生物也有游戏活动。一种生命体只要在谋生之外还有多余的精力,就会被用来进行游戏。比如小狗就经常拖着主人陪他们游戏,它们会把橡皮球硬塞到主人手里。主人将橡皮球扔出去,它们会试图在空中接住它,然后交回主人手里。在一次又一次的游戏中,小狗探索着橡皮球运动的规律,并使自己的动作变得更加准确而符合自己的要求。小猫也是如此,他们不厌其烦地玩绒线球之类的小物体,也是在探索这种小物体的运动规律。这和它们的生存本能是分不开的,在小猫眼里,绒线球和毛茸茸的老鼠一类的小动物非常相似,而且运动不规则。探索它们的运动规律并提高自己的抓捕能力是一种生存锻炼。由此看来,游戏的成果是无效用的,而谋生行为的本质是成果具有的有效用性;游戏的目的在于过程,而谋生行为的目的在其结果。

2. 游戏有别于艺术、体育行为

游戏与艺术、体育原是同态的。我们不难发现:运动性规则游戏与体育运动及其运动规则;音乐游戏与音乐舞蹈艺术;装扮性游戏与戏剧艺术;结构游戏与建筑造型艺术等,身体的活动、情绪的宣泄、仪式化的象征意义,每一种类型的游戏都有某种艺术形式与之对应。从艺术、体育的起源中,我们不难发现,萌芽状态或原始状态的艺术和体育正是游戏。三者共同根源于劳动,都是以劳动为原型,以模仿为手段,再现人类与自然界的劳动、斗争的生活,从中得到愉快的享受。随着人类文明程度的提高,随着人类思维抽象化的日益发展,三者又逐步分化,分别以不同的发展形式而各自独立出来,并赋予它们以不同的意义:体育更多地以强身健体、竞技挑战为目的;艺术更多地以供人观赏为目的;游戏则日益脱离了功利目的,摆脱了外在手段和目的的束缚,以满足一种纯粹的精神需要而使生命体感受到自由。从这个意义上说,艺术是游戏的最高形式(因为艺术从游戏发展而来)，游戏则是艺术的最高境界(因为游戏摆脱了功利目的，追求精神的自由)。

3. 游戏有别于闲荡行为

尽管如前所述游戏是摆脱了外在目的性的行为，它既不受像食物、空气这样的生理需要所构成的原始驱力的控制，也不受必须如成人的指示这样遵循社会要求的控制，又不受外部刺激这样引发行为的诱因形式的控制；但它仍是一种内在动机性行为，是一种动态性行为，它要求游戏者积极地参与活动，用后天习得性行为的练习来使有机体恢复到与环境平衡的最佳水平，以消除紧张，强化愉悦。这就使游戏与空想、懒散和无目的的闲荡行为区别开来。

儿童有游戏的天性，他们无意中用铅笔在纸上画出线条的时候会非常兴奋，因为他们发现了一个大规律，这是视觉上的一大收获。他们再次试验，又成功了。于是他们不断的重复，继而画出了圆，画出了三角，以及一些简单的几何图形，这就是变异(进化)了。突然有一天他们发现一个圆里面有三个点，和父母的脸有些相像。这是他们有了抽象思维，过了一段时间，从这张脸上又张出身体、手脚来，这是进一步的变异(进化)了。这就是儿童的"绘画游戏"的生成过程。可见相比那种厌烦、不活动的消极状态，即便是无为中衍生出来的游戏也是有益的。

以上是研究者们试图通过厘清游戏与非游戏行为来更好地界定游戏而进行的描述，可见，从各种不同游戏理论的角度进行概括，实际上是一种层层深入式的讨论，其方法是在与非游戏行为的比较中鉴别游戏，逐步地限定游戏的范围，从而更好地描述游戏的特征。

(二) 游戏的基本特征

1. 体验性(愉悦性)

从形式上看，游戏是假象的、虚构的，但从实质上看，游戏者在游戏中获得体验却是真实的。在游戏中，游戏者把自身完全交付给游戏，无所谓主体，也无所谓客体。游戏者与游戏世界直接"遭遇"，其身心与游戏世界不可分割地融合在一起，此时，游戏者心醉神迷，移情忘怀，这里，不仅人的意识处于"悬置"状态，而且一切事物都有了生命意蕴，游戏者此时便与人类经验进行内在的交流，直接引起心灵的"震撼"，激发对意义的追求与感悟，因此，这种体验也必然是本真的、存在的。幼儿游戏尤为突出地表现出了体验的特征，游戏的世界就是一个体验的世界。在这里，充盈了幼儿自身的生命，他们尽情、忘我、不知疲倦，他们不为人和其他的目的，仅仅是在游戏中充分地享乐。如孩子们在进行棋牌类、球类等规则游戏时，其严肃的态度正是其体验排兵布阵紧张情绪的真实表现。孩子们在进行角色扮演的装扮性游戏时，其认真的神情正是其感受角色责任的体验。虽然游戏可以导致认知学习、规则的掌握，但就其目的而言，仅仅是为了这一刻的体验。因此，认知上的发展是体验和享乐所派生的、附属的产物。

游戏的价值就在于体验带来了一种状态,这是一种完成的状态、一种生命的状态、一种最富动力性的状态,使人可以达到的最美好的状态。这种状态既是教育开始的最佳点,又是教育所要达到的目标。

游戏中儿童感受的主要是积极情感,伴随着欢笑的面部表情,反映的是与满足、宣泄、尽情、轻松等有关的内心体验。即使有些游戏让儿童感到一点焦虑、恐惧或者不安,却仍然具有快乐的本质,比如说孩子们从高高的滑梯上滑下来,虽然伴随着惊叫,但是他们却感到无比快乐,一遍遍地重复着这样的游戏活动。游戏中常常会有许多不确定因素的发生或减少,这种不可预计的偶然性,让儿童体验着意想不到的最大的乐趣。自发的行为往往是趋乐的,机体的需要状态随时促使其为满足需要而运动,以求舒适、安全、快感,符合快乐的原则,儿童在游戏中因为满足需要而获得快乐;他们自娱自乐,以不断重复的方式,将有趣的情节保持下去;游戏中儿童没有任何心理负担,不担心游戏以外的任何奖惩,不受日常生活的约束,儿童是轻松的、自由的、快乐的。游戏中儿童可以全身心地投入,处于身体的最佳、最自然、最轻松的状态,带给儿童快乐的享受。当游戏创造的愉悦成为一种必需,对游戏的需要也就变得急切。

2. 规则性(有序性)

游戏是根据一系列规则来执行的,它设定了游戏者参与游戏活动的基本结构,在游戏活动中是强制执行的。规则设定了什么是对的和不对的、什么是公平的和不公平的,它强迫学习者采用特定的路径达到学习的目标。游戏规则都是事先规定好的。

爱因斯坦认为,我们生活的这个世界中的所有关系都可用数学公式来表达,游戏中各种要素之间的关系和行为都是相互关联的,用数学公式来表达他们之间的属性和行为的相互变化,要素所有存在状态是用一定的数值呈现出来的,规则就是利用游戏中的数学模型,限定各要素属性和行为变化的状态,控制游戏的发展和变化。

观察儿童的游戏可以发现,尽管他们的游戏有时显得乱七八糟、非常忙乱,但每个游戏中都隐含有一种秩序性,每个个体都有一定的自我约束,也正是这种秩序的约束,把儿童的游戏带入一种和谐、有序的状态。任何游戏都是有一定规则的,不管是行为方面的规则还是游戏本身的规则,一旦规则被违背或破坏,都会影响游戏的有序开展。

游戏的规则主要体现在以下几个方面。

1) 内隐的游戏规则:表现为"游戏内在的情境性和秩序感",它是在游戏过程中得以体现的。游戏的秩序维系和实现着游戏的情境性,使游戏不同于日常的生活,使日常的生活规则在这里失效,而创造着自己内在的、隐性的秩序和规则,实现游戏的审美追求和创造冲动。这种秩序和规则是游戏者必须而且能够遵循的,是游戏之前、之中、之后,游戏者之间达成的共识和默契。

2) 外显的游戏规则:是指为了游戏活动的顺利进行,在游戏开始前由游戏指导者或游戏者向"所有游戏人"宣布的,是人人可以眼见和直接认知的。它们有的是人们在创制游戏时规定的,也有的是在游戏的过程中人们根据游戏的情况逐步总结出来的。例如,在幼儿"捉迷藏"的游戏中,就不允许捉者"偷看"小朋友是"藏在哪",而必须被蒙上眼睛或待在哪一个"指定的地方"。这就是外显的游戏规则在发生作用。

3) 世界的规则是游戏的规则:"世界的规则"是指客观事物及人类社会发生发展的规律,它制约着一切事物,包括游戏的开展。如在角色游戏中,幼儿认识"人际关系发展的规则",才能体验角色的丰富性;在"户外观察游戏"中,认识到"自然界的规律",才能在"探究、认知、遵守这种规律"中体验游戏的快乐。

3. 自主性(自由性)

游戏是一种自发的行为,具有主动性,游戏的目的存在于主体的内部需要,游戏是由内部动机引起的,是非强制性的,被迫的游戏就不再是游戏了。儿童之所以游戏,就是因为出于自发、自愿的需要,因为游戏给他们带来欢乐。一个在户外滚动轮胎的幼儿,对于他来讲,无论是滚着追逐跑,还是把轮胎放在地上跳跃,都是好玩的事情,不需要谁去鼓励他,或者进行奖励,仅仅是因为好玩,他就会玩上好一阵子。因此,儿童在游戏中能够全身心地投入,具有极强的积极主动性。

从游戏的过程分析,儿童在游戏中可以根据自己的意愿,确定游戏内容,布置游戏场景,选择游戏伙伴、游戏材料,决定对待和使用活动材料的方式方法,也可以根据自己的想法或通过与伙伴的协商,改变原有游戏的操作程序,制订新的游戏规则,根据自己的兴趣和愿望控制游戏进程。也就是说,怎么玩,和谁玩,玩什么,都是由儿童自行决定的,儿童是游戏的真正主人。儿童的现实世界是属于成人的,他们由于不成熟而出现的稚拙而滑稽可笑的行为,只存在属于他们自己的游戏世界中才能被理解和接受,所以,儿童在游戏中将现实难以实现的愿望,降低到实际能力所能承受的水平,使自己成为游戏的主人,主宰儿童自己的世界,而不受别人的支配。如果在儿童游戏过程中,成人指手画脚,要求幼儿服从成人安排,就无法发挥幼儿的自主性,幼儿就会丧失对游戏的兴趣,游戏也就没有那么好玩了。埃里克森曾说过,自由在何处止步或被限定,游戏便在哪里终结。因此可以说,游戏是儿童自由、自主的活动。

游戏必须是儿童的主体性参与其中的一种活动。只有当游戏者参与了游戏活动,才是游戏,媒介本身不是游戏。只有当游戏者参与了游戏,游戏才有意义,游戏的主体是游戏者,不是游戏本身。比如玩具本身,体育活动所需要的道具(比如篮球)本身都是媒介,不是游戏。也就是说,玩具不是游戏,玩玩具是游戏;篮球不是游戏,打篮球是游戏。由此不难看出,游戏实质上是游戏者能动地创造、驾驭活动对象,并在此过程中获得自主性、能动性、创造性体验的活动。把游戏看作是儿童的主体性活动,充分地对游戏活动中儿童能动的驾驭和控制作为活动对象的客体的自主性、独立性、创造性的主体性属性予以承认和肯定,以主体性活动中的表现和程度对活动的性质进行本质的辨别,才能深刻揭示游戏的自主性特征。

4. 虚幻性(现实性)

游戏不是平常的、真实的生活，它是走出"真实"生活而进入一个暂时的、别具一格的活动领域。从游戏的内容分析，儿童的游戏是虚构性的，是充满想象的。在游戏中，一切都是"好像是"、"假装是"，儿童可以超越时空的限制，以诗一般的逻辑构画自己的活动空间。在他们的世界里，一切都是可能的，一切都是允许的，游戏只是一种愿望和要求的满足，是一种获得愉快体验的手段。游戏中不注重结果，它与物质生活无关，游戏不带功利的性质和生产的性质。"从游戏情景的虚设、游戏角色的确定到游戏玩具的假想，再到日常活动和生活中对自己和周围事物的认定，儿童的幻想随时都可以发生。"儿童在游戏中利用模仿、想象来创造性地整合和表现周围生活。儿童可以不受日常生活的约束，可以对现实生活进行改头换面，也可以把日常生活暂时抛弃。这种虚构的、不真实的情境，给游戏带上了一种神秘的色彩，而正是这种神秘而充满幻想的、虚构的色彩深深地吸引着儿童，使儿童在萦绕着一种神秘的气息中，"神神秘秘"、"非同寻常"地去玩耍。在游戏中，儿童通过丰富的想象，"假假的"扮演成人的角色，比如爸爸或者妈妈、警察或者医生；此外，儿童在游戏中还会把一些物品虚构成另外的物品，比如"过家家"的游戏中，幼儿把小塑料盖当成水杯，把小树枝当成筷子招待客人，把地板当成一个大湖，坐在那里钓鱼，把椅子当汽车或者马匹，把冰棍当成注射器，等等，这些都体现了游戏的虚幻性特征。

尽管游戏并不是完全如实地反映世界和现实生活，但游戏仍具有现实性，从游戏的主体内容(比如逛超市、理发店、娃娃家)、游戏的角色(比如售货员、医生、病人)到游戏中的行为方式(比如医生要给病人看病、售货员卖东西)等都带有很强的现实性。每个儿童在玩游戏时，都清楚地知道"只是玩玩"、"是假装的"，这本身也是儿童在游戏中以真实情感体验游戏中的活动、相信虚幻的真实性的体现。

由此可见，人们的游戏行为是相当复杂的：一方面，它是自由自在、无拘无束的，来也自由，去也自由；另一方面它对于参加者又具有严格的规则，并对所有违犯者进行惩罚。一方面，游戏充满着愉悦，似乎与严肃无缘；另一方面，游戏参加者无不高度认真地努力完成自己角色的要求。一方面，游戏到处都有；另一方面，游戏的具体进行又都限制在某一个特定场合，因为只有在那里游戏的规则才真正具有强制性。正如胡伊青加所概括的游戏的四个特征：①它是自主的，实际上是自由的；②游戏不是"平常的"或"真实的"生活；③它的隔离性，它的有限性，它在特定范围的时空中"演出"，它包含它自身的过程和意识；④它制造秩序，它就是秩序。

四、游戏的构成要素

游戏是一种复杂的社会行为，它是一个由多因素组合而构成的多类型的整体系统。

现代行为心理学认为,行为有赖于环境的状态与人的状态,因此有研究者认为游戏的结构组成主要涉及到表情、动作、角色扮演、言语、材料等儿童游戏的可观察的外部行为因素和动机与体验等游戏的内部主观心理因素,以及物质环境和心理环境等游戏的外部条件因素①。由于游戏特征的特殊性,这样的结构划分不免存在着一定的交叉混淆。

而童宪明教授在对民间儿童游戏的构成要素进行研究时所作的分析对我们了解把握游戏的基本要素,则提供了更清晰的借鉴。他认为:

游戏的构成要素,分为必备要素和可备要素两大方面。必备要素是任何游戏必须具备的,不可缺少的,而且全部必备要素是同时出现的;可备要素不是每个游戏必须具备的,在有些游戏中存在,有些游戏中不存在,它是以零碎的单个形式出现的。

(一) 必备要素

游戏由很多必备要素构成,这些要素缺一不可,是完成游戏的基础,也是组成游戏的细胞,各要素有着各自的功能,它们之间又有着不可割裂的关系,相互支撑、相互牵制。

1. 主体要素

游戏是暂时与现实脱离的过程,它的主体是人,包括参加者与组织者。游戏是由人创编、组织和开展的,离开了这一主体,游戏也就无从谈起。游戏中,根据游戏的方法或规则,不同的参加者扮演着不同的角色,承担着不同的职责,构成新的、暂时的角色之间的关系。

游戏的主体是游戏的决定因素,游戏的成败、优劣首先决定于主体要素。但是,主体要素不是唯一的因素,其他要素也有着重要的作用,虽然它们是非决定性的,但对游戏也有着不同程度的影响。主体要素,必须与其他要素和谐一致,才能使游戏达到理想的境界。

2. 主题要素

主题要素包含两个方面,即游戏的主题思想和主要内容。它是日常生活和社会活动在游戏过程中的具体反映。游戏主题并非社会生活事件的简单原则,而是儿童创造性地加工、改造的产物。例如,游戏"老鹰捉小鸡",它的主题思想是长辈出于对晚辈的保护,而与敌手进行斗智斗勇;它的主要内容是,扮演鸡的一方,通过身体的不断灵巧的移动,摆脱扮演老鹰的一方的追赶。

游戏的主题具有社会性,这一社会性决定了儿童游戏必然是一种社会活动;但这种社会活动又是儿童自我创造的产物。主题只在一定范围内规定游戏内容,却为儿童在游戏形式上留下了广阔的创造空间。

3. 规则要素

常言道"没有规矩不成方圆"。游戏所需要的规矩就是游戏规则,从本质讲规则是对

---

① 丁海东编著《学前游戏论》山东人民出版社

游戏主体活动的限制,调节游戏主体的行为和互动关系的准则,是游戏者需要遵守的某种规定。任何游戏都有规则,游戏规则的发展呈现出由隐性到显性的逐渐明朗化的趋势。在这个趋势中,儿童对规则的理解都先是无意或潜意识的,然后才是有意识的。

规则的功能在于固定游戏内容,规范游戏行为,规定游戏方向,从而保证游戏的组织性和稳定性。凡是游戏就有游戏规则,而且这种规则对每个游戏者都具有约束力。如果没有规则,游戏这一共同体就不复存在了。在不同游戏类型中,规则的制定及其表现方式各有差异。游戏规则受游戏复杂程度和儿童发展水平的双重制约。

在象征性游戏中,规则是为协商角色和保持装扮世界的情景而存在的,因此它是隐含于角色中的,作用在于表现人物和人物之间的关系,因而具有一定的灵活性,随着游戏情节的变化,可以在任何时候被游戏者本人所改动,规则的个人随意性较大。

4. 时间要素

任何游戏均需要一定的时间,在一段时间内完成游戏,只是所需的时间的跨度不同。在具体的游戏实践中,时间要素表现为三种形式:

第一,是以时间的长短来决定胜负的;

第二,是规定一定的时间,在相同的时间内完成(成功)的次数多少来确定输赢的;

第三,时间作为一种非显性的或不确定成败的要素,以隐性的形式出现,不规定游戏的时间,游戏自然地开始、进行,直到结束,这一过程所消耗的时间,对游戏来说必然是隐性的。

一次游戏活动时间的长短是否适宜与游戏的质量和效果关系密切。合理地运用游戏的时间要素,对于保持游戏的情趣极为重要。

5. 空间要素

绝大多数游戏表面上看,似乎是在平面上进行的,不需要空间,不占有空间。事实上,任何游戏都需要一定的空间的,只是所用空间的大小程度不同而已。游戏的空间要素是指游戏活动所需的平面场地范围和立体空间范围。通常情况,参加的游戏人数越多,所需要的空间越大;反之,则越小。虽然,游戏的空间要求不像竞技体育的场地空间那样非常严密,但是,在游戏的空间中,主体的密度恰当,才能有理想的游戏效果。比如,"捕鱼"游戏,在平坦的篮球场上进行,而且人数太多,密度过大,那么十分容易捕捉到鱼,游戏一点没有难度,也就显得索然无味。但是,这一游戏如果放置在带有几个小坡的草坪上,还有一些障碍(如树、花),人数适度,那么,游戏的趣味就大大增加了。

6. 技巧要素

多数游戏都需要参与者进行一定的身体活动,这些身体活动的方式包含了很多身体技巧,如曲线跑、躲闪跑、左右跳、单足跳、双足跳、投准、平衡等动作技巧。尽管难度不是很大,相对比较简单,但总体上要略高于生活行为的要求,这就是游戏的技巧要素。例如,"跳房子"游戏,需要投准的技巧、单脚跳的技巧、维持平衡的技巧等;"丢手绢"游戏,需要奔跑能力和躲闪技巧;"跳皮筋"需要单脚跳、双脚跳、向前跳、向后跳等各种技巧。

如果没有相应的技巧作基础,游戏就无法开展,更谈不上有兴趣了。同时,通过众多游戏的活动,儿童的各种身体技巧也得到了锻炼和发展。

7. 环境要素

游戏的环境要素是指游戏的空间之外的一切外界因素,包括自然环境和社会环境。自然环境为周围的山水、树木、鸟语花香、天空、气温等;社会环境为旁观者、路过者、建筑物、车辆及其各种声响等。

每一个游戏的开展都是在一定的环境中进行的,游戏与游戏所处的环境有着密切的联系,环境对游戏的进展有着很大的影响。开展游戏要充分考虑游戏的环境要素,游戏环境选择得合理,可给本来就充满情趣的活动再添色彩。例如,在公园的空地上进行"丢手绢"的游戏,蓝天白云、花鸟草坪,显然是很有趣味的;如果在住宅小区的通道上开展"老鹰捉小鸡"的游戏,不仅影响了交通,还可能被车辆撞伤带来安全上的隐患。

(二) 可备要素

游戏的可备要素不像必备要素那样明确、清晰,显得较为松散、零乱、繁杂。它出现在游戏中,通常不是以所有的可能要素一同呈现的,而是以一两个要素单独出现的。归纳如下:

1. 伴奏要素

很多儿童游戏都有童谣伴奏,一边唱(或说),一边进行游戏,有声有色,甚是快乐。但不是每个游戏均有民谣相伴的。这些节奏明快、优美动听的民谣,朗朗上口,内容简单,易于记忆,能给大家增添无穷的乐趣,使孩子们在游戏中趣味盎然。如"跑马城"、"炒黄豆"、"编花篮"等要边说边做,"丢手绢"要边唱边做。缺少了这些说唱的伴奏,这个游戏就不能进行了,更不能谈情趣了。

有些民间歌谣有较为明显的地域特色和民俗特点,有的童谣是用方言来说唱的,显得更为古朴、纯厚,趣味更浓。

2. 胜负要素

有些儿童游戏在结束时会赛出输赢,分出胜负,这是游戏的胜负要素。但有些游戏只有胜者,没有负者;有些游戏只有负者,而没有胜者;有些游戏没有胜负,例如在"娃娃家"游戏中,幼儿不断地模仿成人做饭、洗衣服、照顾娃娃等动作,并陶醉其中,并不追求胜负结果;有些游戏,胜负是不断转变的,没有最后的胜者。

游戏的胜负给游戏者带来了无穷的魅力。游戏者的胜负不仅与游戏者的能力和拼搏有关,而且与游戏者的运气和机遇有关,充满着不确定性、不可预测性,这是游戏的情趣和魅力的重要方面。

3. 奖惩要素

有些有胜负结局的游戏,可以对胜者予以"奖励",对负者予以"惩罚"。或者,只对胜者予以"奖励"或者只对负者给予"惩罚"。当然,这里的"奖励"与"惩罚",都是象征性的,并带有娱乐情趣的。例如,给胜利者一朵小花、一根小草、一顶小草帽等;要求游戏的失败者唱首歌、跳个舞、做个鬼脸等,给游戏者增加更多的欢乐色彩。但不是每个游戏都有奖惩内容的。

4. 器材要素

器材要素是指游戏中所用的物品、器具,就像演出中用的道具。例如,"跳皮筋",就只要一根橡皮筋,十分简单;"丢手绢",只需要一块小手绢,小朋友随身所带,拿来非常方便。有些游戏是不需要器材的,如"老鹰捉小鸡"、"捕鱼"、"贴烧饼"等游戏,是徒手可以开展的。所以,器材要素不是每个游戏都必需的。

(三) 各要素的关系

必备要素是任何游戏必须具备的基本要素,七个要素缺一不可,一同存在于每个游戏中,以整体的形式呈现。但是,可备要素,只是相对于抽象的游戏来说是可能出现,可能不出现;对于一个具体的游戏而言,部分可备要素也能成为必备要素,是这个游戏不可缺少的。例如,"丢手绢"游戏,必须有民谣的伴唱,用上一块手绢(器材),否则就无法开展游戏。这时的伴奏要素、器材要素就成为这个游戏的必备要素;再如,"跳皮筋"游戏,橡皮筋作为一种器材是必需的,在这里也是必备要素。因此,可备要素是相对的,只相对于抽象的游戏而言;对于具体的游戏来说,有些可备要素会转变成必备要素。

游戏的构成要素之间要和谐匹配、协调适度。无论是必备要素,还是可备要素,既要考虑各个要素的个体功能,充分、合理运用各个要素,又要统盘考虑各个要素之间的和谐关系。游戏要素之间的关系一旦失衡,就会使游戏的整体性遭到破坏,趣味性下降,游戏的效果就不堪设想,失去了游戏本来的意义。

思考与练习

1. 游戏的基本特征是什么?
2. 游戏与艺术体育行为有何区别及联系?
3. 试分析"丢手绢"游戏的构成要素。
4. 结合自身体验,谈谈如何理解游戏的乐趣。
5. 试以"警察抓小偷"游戏为例,谈谈规则对于游戏的意义。
6. 案例分析:有一次"我"组织我们班的孩子们玩区角游戏,很多个区角供孩子们选择,但最后有一个孩子跟我说:"老师,我可以出去玩游戏了吗?"当时我一愣,怎么孩子们明明在玩区角游戏,为什么还想自己出去玩游戏呢?这说明了儿童游戏的哪一个特征?对此特征,你如何理解?

第二章

游戏的发展演变

关于游戏的起源问题就如同游戏的定义一样,仁者见仁,智者见智,不同学科有不同看法。例如人类学学者就认为游戏起源于原始戏剧、祭祀活动及社会生产劳动等活动;而民俗学专家则认为游戏是早期先民风俗习惯的残留;心理学家则认为游戏是人类进化史的嬉戏性复演。综合各游戏理论流派的研究,我们对此问题形成以下认识。

一、游戏的发生

(一)动物的运动本能是游戏产生的基础

事实上,游戏行为不仅存在于人类社会,也存在于动物世界。虽然游戏行为在人类社会中是普遍存在的,并且得到人们广泛的喜爱;但是它并不是人类所特有的行为方式,研究者们发现大草原上的小狮子跟在母狮子后面,蹦蹦跳跳地捕捉它母亲的尾巴,这是小狮子爱玩儿的游戏;一群小狼崽之间呲牙咧嘴,做出互相攻击的样子,但是它们绝对不会真的咬伤对方,而只是装装样子,模仿老狼攻击猎物的行为而已。野生动物的游戏情况,一般人不大容易直接见到。我们可以观察一下家中豢养的宠物猫。猫是人们经常见到的动物,它们在吃饱喝足又睡够之后喜欢在房间里自顾自地抓个线团啦,抓挠一下沙发套啦什么的。这些正是猫所喜爱的游戏活动.对于猫的这一特性,中国历代画家都给予了相当充分的关注,并形成了国画中捕蝶、抓线团等特殊的画猫题材。根据游戏行为在各种动物中广泛存在的这一基本事实,我们可以十分确定地说:游戏的存在是有着极其深刻的动物学原因的,从事游戏活动是动物与生俱来的一种本能冲动造成的。

和植物就地获取营养的生存战略不同,动物的生存方式是在不断的身体运动过程中去获取生存资料。从积极的方面来说,动物在运动中去获取最适合自己的食物,去占领最舒适的休息场所,并争夺最多或最有魅力的配偶,使自己的生命力得到最大的发展。从消极的方面而论,动物也依靠运动来躲避敌害,保存生命。例如,在非洲,当动物获得了以上诸多方面的成功以后,或者说当它完全不需要直接地,或者即刻地获得任何实际成功的时候(例如幼年的动物),以上两个方面的外在刺激就失去了对动物的吸引。在其他哺乳类动物和鸟类中也观察到这种行为。这时候,动物的运动本能就会促使它进行非实际需要的活动,没有直接目的的活动。动物的运动本能为游戏的产生提供了可能性。

然而,由于这一类非实际需要的活动缺乏、或者完全没有外在的实用价值,没有具体的外在目的,所以它们通常是难以长久进行的。这样也就难以形成固定的行为模式,无法产生真正的游戏形式。但是,其中某些带有无关于实际利益的、纯粹形式之美的活动则是例外。它们依靠本身的形式美维持了对于动物的吸引力。游戏正是这样的一种活动。它以某种非实用的外在形式之美满足了动物的运动本能。一群吃饱喝足的小狮子在晴朗广阔的草原上彼此打闹,它们通过极度夸张的手法(例如呲牙咧嘴、上窜下跳)使得这些原本无意义的活动具有了某种形式上的美感,从而在打闹之中获得了极大的快感,并乐此不疲。于是就形成固定的一套取乐的动作模式,游戏由此产生。

基于游戏在整个动物世界的广泛存在,以及游戏的产生根源在于某种动物本能的事实,我们不难得出结论:游戏的本质是先于人类、更是先于人类文化而存在的。

人类作为灵长类的动物之一,是动物世界长期进化的结果。人类继承了其他动物中早已存在的运动本能,因而运动本能所产生的游戏在人类生活中占据了相当重要的角色。即便在战争逃难的极端困难条件下,孩子们依然设法玩着自己的游戏。没有游戏的生活是不堪想象的,因为人类的天然本性是不容抹杀的。若人们自以为限制了游戏就可以使自己在其他方面获得长足进展,那是违背人类自然天性的,它无异于竭泽而渔,杀鸡取卵。这样做也许可以带来眼前的利益和畸形的发展,但是人类天性被压抑的最终结果必然是灵性枯竭,创造力丧失,并由此导致长期的精神萎靡和社会困顿。

(二)劳动为游戏创造着前提并提供丰富的原型和技能

德国的毕歇尔论证:越是早期的劳动越像游戏。普列汉诺夫在《艺术的起源》中描述:巴斯陀部落的卡斐尔人的妇女戴金属环磨麦子,金属响声与劳动的节奏十分和谐;巴戈包斯族的男女种稻子,男的在前面边跳舞边插铁锹,女的在后面边跳着舞边撒种;格陵兰的爱斯基摩人以模仿海豹来捕猎海豹等等。由此可见人类在劳动的时候,机体本身的协调性让劳动的动作产生了一定的节奏,原始人为了使劳动不至于令人生厌,尽可能地和着这些自然的节奏、声音和动作,从而把劳动变得轻松愉快。著名心理学家冯特说:"游戏是劳动的产儿,没有一种形式的游戏不是以某种严肃的工作为原型的。生活的需要迫使人去劳动,而人在劳动中逐渐地把自己力量的实际使用看作是一种快乐。"原始人在劳动后会产生一种再度体验劳动收获的快乐和战斗胜利的喜悦的冲动。狩猎者会模仿动物的形态,用兽皮、兽角和血装饰自己,狂吼乱舞,以野牛舞、海豹舞、战争舞的形式再现劳动过程,重现生活情境,描述战争场面。表达自己在劳动胜利后的喜悦,显示自己劳动过程中的力量和技巧。这时，游戏脱离了功利的目的，从劳动中分离出来，作为一种纯粹的娱乐消遣，以宣泄情绪。原始野蛮人的游戏，说明了人类对自身力量的欣赏和愉悦的体验逐渐成为一种新的需要，正是这一新需要的产生，推动了动物游戏向人类游戏的演化，而劳动的动作、环节、声音、节奏都成为了游戏的原型和技能。从这个意义上来说，新的人类文化就成为了现代意义上的游戏规则。

二、游戏的发展

人类所特有的智力机能使他获得了远远高于其他动物的谋生能力，使他们能够很容易就获得基本的生物性生存。其中人类儿童尤其获得了更加长久的被父母抚养的状态（由父母养育到 18 岁甚至更大，这在人类以外的任何动物中都是完全不可想象的），而无须忧虑衣食。所以，简单的生物性生存的需要对于人类产生的刺激是远不及其他动物的。于是，没有获得实际生存需要的充分刺激从而实现自己的人类运动本能就必然更多地寻求其他种类的活动，这就十分自然地体现在游戏领域。游戏活动在人类这里得到了更加充分、更加突出的发展。

人类对于游戏的发展体现在三个方面：

（一）游戏在人类社会中更具有普遍性

游戏是不论老幼的。蹒跚学步、呀呀学语的幼儿在父母的拉扯下可以忘情地玩"背背驮驮"、"拉大锯"；四五岁的孩子则玩着"过家家"、"骑竹马"；更大一些的孩子在游戏世界里几乎是上天入地、无所不能了；中年人"下中国象棋"、"玩扑克牌"、"打麻将"；老年人独有的游戏方式似乎不多，可是自古以来各种游戏中或多或少都有着老年人的身影，如传说中尧帝时代的老人们所玩的"击壤"游戏，"击壤"还伴有专门的歌谣。

游戏也不论男女的。男性有自己特有的游戏种类，像男孩子玩的各种战斗游戏，可是女性也自有其游戏特权领域：比如姑娘们玩的"跳皮筋"，这是男孩子不能参加的。过去，朝鲜族的"跷跷板"游戏对于男性同样是不开放的。

游戏还是不论实际社会地位和身份的。上自帝王将相、公子王孙，下至平民百姓、三教九流，每一个人都或多或少地参加过、参加着，并将继续参加各种适合于他们自己的游戏活动。

总之，人类游戏行为的数量大大增加了。

（二）人类游戏体现出高度的智力化

人类甚至于摆脱了身体运动的简单游戏形式，创造了纯粹的智力游戏。这表明：人类游戏活动具有更加复杂、更多的外在形式之美。简单的游戏行为在许多动物中都是存在的,例如肉食性动物之间大都具有模仿攻击的游戏行为。人类当然也有类似的攻击性游戏,例如小孩子故意轻轻地咬父母或者同伴。但是,谁都不会否认,人类创造发展的另外一些攻击性游戏具有高度复杂的智力特征,并且是任何其他动物所无法完成的。如"斗拐"、"抵架"等。至于智力游戏,如"猜谜语"等,更是人类所独有的,它已经完全不同于身体活动的游戏。在这些游戏活动中,参加者不仅仅是夸张身体动作,使游戏具有外形上的美感;而且夸张地表现了人类的智力活动,使智力活动也具有了形式上的美感。谜语的精巧,猜测谜语的迅速与准确都体现了更加复杂、更加高级的形式美特征。

(三) 人类游戏具有丰富深刻的文化性

人类游戏包含着非常复杂而严格的各种规则。这些游戏规则的基本共同点是:自由与公正。对抗性游戏分配队员的原则是双方均等,人数、年龄、身体强壮程度等方面都在考虑范围之内;如果觉得太复杂,就实行机会均等。有些游戏还制订附加规则,对先天优势明显的人实行限制,对先天弱势显著者进行鼓励,其目的也是保障机会均等。缺乏公正的游戏是无法进行的,受到不公正待遇的一方会退出游戏,从而使游戏中断,因为来去自由进行游戏,但是他也绝对无法得到游戏固有的愉悦。游戏所体现的自由与公正对于整个人类社会具有相当深刻的文化意义,即使在特定历史时期,人们一时无法认识到这一点,但是它终究会被我们所认识。游戏的文化价值在不同的游戏种类中有着不同的表现。在某些情况下,游戏是模仿生活的,像"过家家"、"找朋友"一类的游戏就是这样。对于这些模仿性质的游戏种类来说,是不同的文化生活方式造就了异彩纷呈的游戏方式。年幼的游戏者在愉快的模仿活动中,自觉不自觉地形成了他对成人社会角色的认同以及他个人的生活模式。在这种情况下,游戏的教育学价值是非常突出的。这一类的游戏受到幼儿园和学校老师们的重视是不言而喻的。在另外的一些情况下,游戏是表现性质的。游戏者充分发挥自己在身体、智力等方面所具有的技能,克服游戏规则对自己施加的限制以获得自己的优势,取得胜利,甚至获得其他人的尊敬,最终在游戏团体里获得领导地位。从这些游戏中所获得的技能、经验以及价值判断对于人类社会的其他领域同样具有相当的重要性。

反过来说,人类的游戏本身在很大程度上已经被整合为文化体系的一个组成部分。某些游戏成为教育工具,受到额外的青睐。例如所谓的"找朋友"就是幼儿园中常见的游戏,这显然跟老师和家长的双重提倡有关,目的是培养孩子们的团结协作精神;而另外的一些游戏则被视为赌博手段,倍受歧视,甚至于屡遭禁止。例如,我们少年时代常常玩的一种游戏是"砸杏核":几个孩子各找一些杏核,放在砖头上击打,获胜者得到杏核。这种游戏就被老师和家长视为赌博,总是禁止孩子们玩它。于是,原本都是为了取乐的各种游戏就被人为地赋予不同、乃至相反的文化价值。孩子们也逐渐知道哪些是合法游戏，哪些是不合法游戏。因此，人类游戏虽然植根于与生俱来的动物本能，但是在人类智力机制与社会文化体制的作用下，它们最终超越了自然本能，达到了更加高级、同时也更加复杂的文化境界。从这个简单的游戏最终发展成为人类复杂的文化生活一部分的事例，我们不难看出游戏在人类文化生活中的意义。

说到底，人类文化本身也是一种游戏。胡伊青加就是这样看待文化与游戏之间的相互关系的："文化乃是以游戏的形式展现出来，从一开始它就处在游戏当中。……游戏形态赋予社会生活以超越于本能的形式，这一点强调出游戏的价值。正是通过游戏，人类社会表达出它对生命和世界的阐释。"游戏是人类文化中最为本质的部分。离开游戏，人类文化生活是无法实现的。

三、游戏的演变

根据游戏的发展轨迹我们可以发现，不同的年代，儿童的游戏娱乐方式就会有不同，游戏与社会政治、经济、文化、军事和生产劳动的关系密切，生产效率的提高和物质条件的稳定为游戏的发展提供了坚实的条件；游戏随社会文化的发展变化而变化。换言之，游戏不仅是儿童发展的一面镜子，而且也是社会发展的一面镜子。通过游戏，我们不只可以对儿童语言、动作、思维、与人交往等认知方面和情绪、社会性方面的发展状况有个大概了解，同时还可以在游戏中清楚地看到社会生活的影子，真实地感受到社会因素对儿童游戏的影响。游戏作为社会文化的一个组成部分、作为儿童自己的社会，它必然会受到来自成人社会各种因素的影响，从而明显地反映出当时社会发展的特点，部分地映射出社会的基本面貌和发展变化，这也就是游戏的时代性。

那么在漫长的时代长河中，游戏究竟在哪些方面发生了演变呢？未来，游戏还将如何演变？近几十年来，国外对这方面的问题进行了比较多的探讨和研究。如萨顿·史密斯就做了一系列关于游戏变化与社会变迁之间相互关系的跨文化研究，获得了一系列有关儿童游戏发展变化趋势及现代儿童游戏特点方面的研究成果。他指出：在过去三百年中，儿童游戏的演变倾向是被驯化与孤独化，主要表现为成年人对儿童游戏的控制增强；儿童游戏由在户外进行的社会性集体活动逐步转向在户内自己玩，游戏活动也从以大肌肉动作为主要成分的、活动性较强的类型转变为较安静的、认知活动成分较高的类型。

在我国，也有一些研究工作者以某些特定地区儿童游戏为典型样本，对儿童游戏发展变化的特点进行了研究，尤其对建国以后的游戏进行了搜集、整理和分析工作，由此来说明我国儿童游戏发展的特点。如陕西师范大学吕逸的《中国古代儿童游戏研究》；刘焱、王丽、沈薇等所做的《建国以后儿童游戏发展变化的特点、趋势及原因分析》①。

（一）中国古代儿童游戏的特点

1. 受缚于伦理道德

在我国古代文献记载中，儿童游戏无论是形式还是内容，大部分都是被作为正统的封建伦理价值观来论述。凡是符合当时社会所崇尚的伦理价值观的游戏，被视为正当的游戏，因其能完善儿童的品行，因此不加干涉。凡是与当时社会所崇尚的伦理价值观相悖的游戏，则是不正当的游戏，因其将败坏儿童的品质，必须加以禁止。"孟母三迁"的故事中，孟母之所以三迁其居，就是因为儿时孟子所玩的游戏而起。由此可见，古人对待儿童游戏的态度是较为严肃的，儿童游戏常常因为其对儿童品行培养的重要影响而受到干预。

2. 服从于智力开发

具有高度的智慧内涵是中国古代儿童游戏的重要特点之一。七巧板的拼摆，博弈类游戏的盛行，灯谜等文字游戏的趣味，童谣朗朗上口的韵律等等无不昭示着古代中国人欲通过游戏，提高儿童学习的有效性，开发儿童智力，并使孩子把更多的时间和精力投入正当的学习，以"学而优则仕""唯有读书高"的境界和培养新一代仕儒君子的理想。

3. 受用于自然物质

中国古代儿童游戏绝大多数简单易行，甚至不需要任何材料器具，玩具大都是来自生活、来自自然的材料和半成品，一般分为两类：一是儿童自身的器官（手、脚等），如"剪刀石头布"还有"捉迷藏""木偶人"等，都是徒手进行的；二是利用大自然中的一些简单材料（石头、沙子、水等）。这些玩具没有固定形式，儿童在游戏时，可以根据自己的需要和兴趣，随意将玩具材料加以创造和想象。如，一张纸可以用来翻"东南西北"，也可以用来做风筝、做风车，简单易行，可玩性又高。游戏不受时间空间条件的约束，简单易行，自然化、生活化。

（二）新中国成立后我国儿童游戏的特点

1. 改革开放前，儿童游戏主要具有政治性、自然性和群体性强的特点

如古老的抽陀螺游戏在20世纪60年代的儿童那里被称为"抽汉奸"。在一向是男孩子喜欢玩的分队追逐对抗的集体游戏中，出现了以"抓特务"、"炸碉堡"为题材的游戏。一种用石头击自己垒好的小泥人的游戏被称为"斗地主"。

风靡20世纪60年代的"抓石子"游戏，具有较强的自然性，地上的石子、泥沙就是最好的玩具。玩法虽然简单，可是很讲究技巧。这一时期儿童游戏的材料许多直接来自于

---

① 《学前教育研究》，1999年第4期

自然界,或由儿童自己用自然材料制作。游戏的地点大部分在户外,儿童游戏与自然的关系比较密切。

20世纪70年代物质生活开始丰富,出现了铁皮汽车等玩具,但主要的游戏玩具还是生活中收集的小玩意,男孩子自己动手制作的小木枪和小木船,以及大家想尽办法收集的贝壳、糖纸、邮票、一根橡皮筋、一根树枝、一个破车轮都能成为孩子们最好的玩具。这一时期儿童主要以年龄相近的小伙伴(包括兄弟姐妹)为游戏伙伴,很少有独自一人玩或与父母玩的情况。一大群孩子或者兄弟姐妹们聚在一起,玩个老鹰捉小鸡、石头剪子布、掏个鸟窝,或者互相追逐,也是特别开心。那些发自内心的欢快声音,总是在乡村的田埂边、打谷场上乃至城镇的大院里回响。

2. 改革开放后,儿童游戏转向世俗化、商品化、个体化,游戏时间减少,游戏地点由户外转向户内

到了20世纪80年代,随着改革开放,物质生活日益丰富。儿童游戏的材料开始越来越多地通过购买的方式获得。如仿真过家家道具,包括煮饭和医生听诊套装两套;金发的洋娃娃,眼睛会动,嘴巴会笑;风靡全城的魔方。后期,慢慢开始有了一些软件游戏,如俄罗斯方块、曼陀罗、街头争霸等。

到了20世纪90年代,随着电子产品的急速发展,游戏机席卷了儿童生活。从国外传来的红白机、国产的小霸王学习机,游戏机的块头也慢慢缩小。与七八十年代的儿童不同,90年代的孩子是在城市改造中成长起来的,很多从老城区的街巷搬进了高楼,走街串门的活动越来越少。

人们已经很难再看到儿童在街头巷尾热火朝天地跳皮筋、跳房子的景象了。抓石子、滚铁环、扔沙包、跳花绳这些传统游戏被送进了民俗博物馆,只能成为人们缅怀过去的模具。传统的"一二三红绿灯"、"糖黏豆"等游戏也改良成了"真假地雷"、"拉火车"。

到了21世纪,游戏格局完全被颠覆,传统游戏所剩无几,取而代之的是电子类高科技产品所创造的游戏空间。21世纪出生的小朋友,绝大部分的课余时间都是在家里度过,他们游戏的方式更倾向于独立进行智力游戏和网络游戏。日常生活中孩子玩得更多的是动画片里的超人玩具以及各类遥控汽车。就连网络上风靡成人的"开心菜园"、"愤怒的小鸟"等游戏也成了儿童的掌中宝。根据一些调查资料显示,2010年中国游戏市场的收入达到21亿美元,这是相当大的市场规模,网游从2000年在中国市场出现,到2002年进入一个高速的成长期,现在进入一个稳定的发展期。

游戏形式与特点发生这样转变的原因在于:

第一,都市化进程使城市高楼林立,户外活动场地减少,儿童上下楼不便;单元楼式的居住环境使邻里之间交往减少,为安全起见,儿童游戏类型变为安静的、智力型的,游戏地点也进入户内。

第二,20世纪80年代以来,人们重新认识了知识和学习的重要性,开始重视儿童教

育,学习遂成为儿童生活的主要内容,游戏被挤得几近于无;

第三,计划生育政策的实施,使得独生子女缺乏游戏伙伴,亲子游戏占据重要地位,同时家长保护意识增强,儿童的冒险游戏受到限制。儿童游戏的性别差异缩小。

现代文明的日益发达一方面让人越来越重视与儿童成长相关的教育问题,游戏也是其一。但另一方面现代儿童游戏开展的情况并不理想,虽然网络游戏也存在一些如开发大脑,培养一定的积极性和团队合作精神,缓减压力,增强自信心的积极影响,但它们对青少年生理、生活、心理层面的负面影响仍是巨大的。比如游戏中的虚拟行为,把人性本能深处潜在的占有欲、报复心等丑恶面都调动了起来,对玩家的人格产生直接的影响。由于不能实现其在现实社会和网络社会这两个不同的生活世界中的角色转换,从而造成现实生活中思想和行为的错位。游戏中,以暴力、血腥或色情为特点的网络游戏对儿童心理产生的负面影响也极大。

游戏越来越形式化、模式化、虚拟化,甚至有不少儿童沉溺于电子游戏世界而影响了社会认知、人际关系以及情绪意志的发展。在这样的时代环境下,人们越来越渴望儿童游戏精神的重塑。

四、游戏精神的重塑

(一)游戏精神的理解

关于游戏精神的内涵,虽然不同的研究者根据不同的研究视角,对其界定也各不相同,但普遍认为游戏精神是一种自由的、体验的、创生的、整体的精神。

解释学的代表人物伽达默尔在《真理与方法》一书中阐述出游戏的精神是一种自成目的、积极开放、大胆创造、平等,并且不断自我生成、自我更新,是一种不断创生的精神。国内也有不少学者对其进行了界定,李晓洁认为游戏精神重在解释"怎样的精神"而不是"怎样的游戏",是一种态度和方式,她从自由精神、体验精神、合作精神三个层面揭示了游戏精神的内涵。范海霞、卢清从游戏者心理的角度界定了游戏精神,认为游戏精神是人们在游戏过程中持续体验到的一种自由平等、主动探索和开放创新的精神。丁海东从儿童生活的角度阐释了游戏精神,指出游戏精神是一种能给儿童的生命与成长带来完整、和谐、自由、创造的精神。陈维霞从幼儿实体性游戏的特点的角度指出幼儿游戏表现为一种可体验的游戏精神,即一种自由、愉悦、创生和整体的精神。黄进在《游戏精神与幼儿教育》[①]中指出所谓游戏精神即后现代精神,是对规则的建设和尊重,是对眼前功利

---

① 黄进.游戏精神与幼儿教育[M].江苏出版社,2006.6

的超越，是对强制性的"真理"的摧毁，是与自然、他者和自我生态式的对话，是对任何分裂和对立所带来的边界的消解，是一种充满爱的情感的、富有智慧的创造性的活动品质。可见游戏精神是对规则的超越，具有主动性、创造性、自主性，它没有社会的实用价值，没有强制的社会义务，不直接创造社会财富，但这种精神品质总是伴随着愉悦的情绪，反映着周围生活。

然而在现代社会种种因素的影响下，儿童的游戏精神面临衰落：知识和规范教学将游戏驱逐出了教育的领域；商业利益殖民了游戏的乐园；电子玩具控制了儿童的身体和心灵。一些游戏变成是被动的、重复的、封闭的、虚假的，束缚了儿童的自由。儿童教育应当从尊重儿童自由、唤醒儿童体验、鼓励儿童探索等方面入手，努力促进儿童的健康成长。刘慧认为要在幼儿园教学中充分体现游戏精神，必须确立"以儿童为中心"的教育理念，并在整个教学过程中渗透游戏精神。"以儿童为中心"重塑游戏精神的核心是回归儿童，遵循儿童的身心发展规律，一切从儿童出发，着眼儿童发展的全面性和长远性。实施"原色教育"是一种理性思维下的实践操作活动，要在教学活动中渗透游戏精神，前提要求是教师在理念上需要认同与接纳。

（二）重塑游戏精神必须认真对待的几种有争议的现代游戏

科学的进步带给了儿童前所未有的发展空间，也为教育者提出了更多更高的要求。诸多从电子媒介派生出来的游戏材料，如电脑、电视、电影、CD、VCD、电子游戏、电脑游戏等，对幼儿既可能产生积极影响，也可能具有负面效应。这就要求家长和教师一方面应知道如何使用先进技术来丰富儿童的游戏，例如，如何获取和使用来自电视和网络的资源，如何指导儿童理解这些信息等；另一方面，家长和教师也应知道如何避免这些具有争议性的游戏材料可能带来的负面影响。例如，有些电子游戏看似复杂、丰富、生动，吸引着孩子们，实际上却只是简单的重复操作，会抑制儿童的创造性，占用儿童进行其他游戏的时间。

1. 电视

电视的发明改变了人们的日常生活方式。由于电视的普及，无论成人还是儿童花在电视机前的时间比从前都增加很多。根据1983年美国的尼尔森调查报告显示，2～5岁幼儿平均每周看电视的时间约为27.9小时，据保守估计，学龄前儿童看电视的时间要占到其清醒时间的三分之一（Winn,1985）。占了儿童如此大量时间的电视对儿童生活不可避免地产生了影响。

① 电视的正面影响

一些研究者认为，电视可以提高儿童的游戏能力，因为媒体与假扮游戏具有一些相同之处，如视觉流动性、时间和空间的灵活性以及幻想和现实之间界限的模糊，电视节目的内容或情节，会刺激儿童的幻想游戏。

同时，电视播出的有教育意义的节目往往补充了儿童日常的学习经验，是儿童获得知识和信息的重要渠道之一。如芝麻街除了带给学前儿童欢乐外，也可促进他们智力的发展，其内容含有快速的动作、幽默的事件及经过仔细设计的教育课程，以教导字母、数字符号、数数、字汇和许多社会和情绪的功课。研究显示，经常收看类似节目的学前儿童对同学会较有感情、较能体谅他人、较善于与人合作及协助他人（Friedrich & Stein, 1975）。

② 电视的负面影响

与对电视正面影响的研究相比，对电视负面影响的研究要多得多。概括来说，电视的负面影响主要包括以下几点：

游戏时间的减少。布朗菲布伦纳（1970）曾经这样说过：电视最主要的危害不在于它所制造的行为——而是它所妨碍的行为，如谈话、游戏、家庭聚会及讨论等。这一说法得到了众多研究的支持（如 Corteen Williams, 1986; Harrison & Williams, 1986）。

不良游戏内容的影响，如暴力行为。儿童的攻击性行为与电视中的暴力行为相关。伊诺等人发现：根据儿童早期对电视暴力的偏爱程度可预测其长大后的攻击性；电视暴力和儿童攻击行为间的关系是双向的：电视暴力会引发攻击行为，这又会激发儿童对暴力性节目的兴趣，于是又更具攻击行为，造成恶性循环（Huesmann et al, 1984）。菲斯贝齐和史丹进行的一项研究发现，每天收看暴力性电视节目的儿童比观看非暴力性电视节目的儿童，更具攻击性。

性别刻板印象的形成。电视上常充满性别刻板的角色形象，经常观看电视的儿童容易受此影响，形成性别刻板印象。研究者（Kimball, 1986）研究表明，加拿大某偏远村落引入电视后，男孩与女孩的性别角色刻板印象有了大幅的增加。

消费主义。电视上充斥着各种广告，这些广告往往是从商业角度大力宣传各种玩具、食品。幼儿很难抵御这些广告的诱惑而要求家长购买。请求一旦被父母拒绝，冲突难免就会产生（Atkin, 1979）。

阅读障碍。电视中人物的快速走动、特技效果、响亮的音乐、独白以及小孩子的声音特别能够吸引幼儿。孩子大脑被大量运动的图案、画面所影响，容易抑制符号阅读区域的发展，这样脑的偏好就会发生变化，导致孩子在儿童后期发展中，更敏感于画面性的东西，而对静态文字的阅读则表现不适应。

玩具选择和游戏行为的变化。研究发现，儿童所选择的玩具与他们所喜欢的电视节目相关（Oppenheim, 1987; Pellegrini, 1995）；电视广告的玩具往往是最畅销的玩具，如米老鼠、蝙蝠侠等，大到玩偶，小到贴纸，很多孩子都以拥有为荣。克罗斯（1997）认为，这些玩具不断随着时尚潮流变化，吸引幼儿的注意；相比较之下，不随着时尚变化的教育性玩具就很难吸引幼儿的注意。另外，研究发现，经常看电视会影响幼儿在游戏时的想象力和创造力。经常看电视的幼儿，在游戏时常常模仿电视中的角色行为，而较少发挥想象和创造(Oppenheim,1987;Pellegrini,1995)。里夫金(1998)也指出,儿童看电视只运用视觉和听觉,这样获得的知识不如运用多种感觉的游戏来得丰富。

③ 合理利用电视

综上所述,电视是把双刃剑,对儿童发展既有积极影响的一面,也有负面影响的一面。如何扬长避短,合理利用电视,贝克给出以下一些建议:家长不要将电视当做保姆来用,对孩子收看电视应作严格的规定,如每天只允许看1个小时的电视,并规定其节目内容,要求孩子严格遵守规定;不要将看电视作为对孩子的惩罚或奖赏,这样只会增加孩子对电视的兴趣;鼓励孩子收看有意义的节目,收看一些对儿童发展有益的、知识性的以及亲社会的电视节目;尽可能地与孩子一起观看电视,就电视内容对孩子进行解释,帮助他们理解他们看到的,鼓励儿童批判性地评价电视节目内容,而不是随便地接受;将节目内容与孩子每天的学习联系起来。以建设性的态度来利用电视,鼓励孩子离开电视屏幕而多参与实际的活动,如在看一个与动物有关的节目后就可以带孩子到动物园参观,或者到图书馆查阅相关的书籍,或者让孩子用新的方法来观察和照料家里的宠物;建立良好的收视习惯为孩子作示范。避免自己过度收看电视,尤其要少看暴力的节目,父母收看电视的方式往往会影响孩子的收视习惯。

2. 电脑

20世纪50年代,斯金纳在女儿学校参观时突然想到,使用操作性条件反射,给学生逐步地强化。这样的教学方式可能比传统方法更为有效。20世纪的教育技术即发源于此。50多年后,可以轻松完成这一想法的工具——电脑,已经成为许多人生活中不可缺少的一部分,并正在飞速普及进入每一家庭。2002年的一项全国调查发现,在全国31个省会、自治区首府和直辖市中,北京市市区居民家庭电脑以64.7%的普及率雄居榜首,厦门、广州、上海及杭州紧随其后,数据皆在50%左右。电脑,作为另外一种重要的电子传播媒体,带给我们的比想象的要多得多,实际上,电脑与网络已经构成了另一个世界。

① 有利影响

诸多研究对电脑抱着乐观的态度,认为电脑功能强大,能提供各方面的刺激,且不同于电视,具有双向互动的特性,能促进儿童的全面发展。如克莱门斯等人(Clements, Nastasi, & Swaminathan, 1993)研究表明,小学低年级学生只要坚持使用一种计算机的操作练习程序几个月,他们的阅读和算术能力就能得到提高。许多研究者相信,学习一些编程的软件,能提高儿童的信息接受能力、问题解决能力和创造能力。

正因为如此,许多学校都配备了计算机及一些辅助教学器具,甚至一些幼儿园也在班级中加设了电脑。近期一项研究表明,在美国得克萨斯州,近75%的幼托中心都有电脑设备。但与此同时,关于电脑对儿童发展的负面作用的研究也大量出现。

② 不利影响

网络成瘾和暴力游戏。根据美国心理学会的调查显示,计算机上网人群中,网络成瘾者占6%;在我国台湾地区,网络成瘾者已达10.15%,而玩游戏的未成年人中患"网络成瘾症"的比例竟达14.8%,远远高出了成年人的比例。患上网络成瘾的大部分是男孩,他们十分沉迷于一些充满暴力的游戏,随着症状的不断加重,有些人会从上课精神不集中、成绩下降一直发展到逃学、夜不归宿,甚至是犯罪。同时,电脑游戏中的暴力内容会模糊儿童的道德认知,淡化游戏虚拟与现实生活的差异,对儿童产生不利的影响。

电脑对于儿童身体健康也有不利影响。看电脑时间过长,会影响视力。由于电脑文字是由像素组成,而不是墨水印刷而成的,因此长时间阅读电脑文字更易引起视力疲劳,引发相关眼病。另外长期坐在电脑前对儿童的身体也有很大伤害,患者会出现颈项酸疼、精神不集中、不耐烦,容易激动、惊醒、情绪低落、头昏眼花、双手颤抖、疲乏无力、食欲不振等,能造成植物神经功能紊乱,体内激素水平失衡,使免疫能力降低,引发各种疾患,甚至还有人因玩游戏时间太长而导致猝死。

③ 合理利用电脑

电脑的使用既然已成为现代社会不可抗拒的潮流,家长和教师怎么做才能将电脑的潜能发挥到最大,危害控制到最小呢?学者们也纷纷提出了一些建议:儿童距离屏幕应该远于60厘米,每隔一段时间(如20分钟)就应要求孩子让眼睛休息一下。选择适合儿童的游戏软件是引导儿童健康使用电脑的关键之一,将不适合儿童使用的内容锁码,成人能够在旁给予协助和引导,让儿童能在电脑游戏中获得解决问题和人际互动的机会(Lancy,1980;Silvern,1998)。

思考与练习

1. 简述游戏与劳动的关系。
2. 对身边的学前儿童游戏进行观察与调查,分组讨论当前儿童游戏的特征及演变发展趋势。
3. 案例分析:一个多月前,小明因获得幼儿园"优秀宝宝"称号,父母奖励给他一个时兴的iPad平板电脑,并下载了许多热门游戏供其玩耍。细心的姥姥发现宝宝最近出现了一些不是很正常的情况,很喜欢眨眼睛。父母赶紧带宝宝到医院救治,结果令家人大吃一惊:干眼症、点状角膜上皮病变。通俗地讲,就是由于眼睛干涩导致黑眼珠上破皮了,有如冬天手的皮肤皲裂一样。你如何看待此问题?
4. 如何理解游戏精神的重塑问题?

第三章
游 戏 理 论

理论是一套描述、解释和预测行为的、有序的综合系统。例如：一套关于婴儿－抚养者之间关系的理论就会描述什么样的行为会导致6到8个月的婴儿强烈地寻求家人情感抚慰的愿望的出现。解释为什么婴儿会出现如此强烈的愿望？并预测如果婴儿没有形成这种亲近的情感纽带可能会发生的状况。理论的作用就在于为我们关注的对象进行组织化研究提供了框架化的系统。被研究证实的理论为研究者采取现实行动提供正确的基础。

游戏理论是对游戏的实质、原因、发生、发展和意义的系统化的解释。即致力于通过概括行为表现和探索行为原因，从而围绕诸如人和动物为什么游戏？游戏行为意味着什么？它是怎么产生的？游戏有什么价值？游戏经历怎样的变化？这些变化受哪些因素的影响等问题进行研究和解答。理论的存在与丰富有助于提高我们对游戏的了解。

由于游戏行为似乎关涉到人性、人类文化、人的精神、人的生存意义以及人的发展，关涉到许多学科的根本性问题，所以对它的研究，曾引起了哲学家、美学家、人类学家、心理学家、教育学家等各方面学者的广泛兴趣，由于他们研究的不同立场、不同角度、不同出发点和不同指导思想，因此散见于各种学术论著中的对游戏行为的解释也就形形色色，但是从各种理论、各种观点的对立和联系中，我们仍可借鉴到不少有益思想，给我们今天理性思考儿童游戏以不少的启示。

一、早期的传统游戏理论

从19世纪下半叶到20世纪30年代左右，是儿童游戏研究的初兴阶段。在这一阶段出现了最早的一批游戏理论，由于这些理论在当时以至后来有着广泛和久远的影响，在理论界占据重要地位，所以也被称为经典的游戏理论。

（一）精力过剩说

也称剩余精力说，或能量过剩说。

这一理论的代表人物是德国思想家席勒(J. C. F. Schiller)和英国的社会学家、心理学家斯宾塞(H. Spencer)。

其主要观点是：游戏是由于机体内剩余的精力需要发泄而产生的。任何生物体都有一定的能量来满足其生存的需要，当生存需求满足之后，若还有剩余的能量，那就是多余的精力。多余的精力累积起来会造成压力，所以必须消耗掉。而游戏是剩余精力加以释放的最好形式。剩余精力愈多，游戏就愈多。低等动物用于维持生命的精力较多，剩余精力较少，所以没有游戏或很少游戏。高等动物用于维持生命的精力相对少，剩余的精力多，就有较多的游戏。

席勒认为，人与动物区别的根本标志就是有没有"自由意志"。在他看来，当人还被物质世界所束缚，整个的生命都被使用在为维持生存需要的劳碌中的时候，人是不自由的。一旦生命能力中的一部分能集中注意在单纯外观，并以此为快乐，即脱离了实用目的的时候，人才具有了自由意志，审美活动和游戏正是如此。他在《审美书简》一书中这样写到："当狮子不受饥饿所迫，无须和其他野兽搏斗时，它的剩余精力就为本身开辟了一个对象，它使雄壮的吼声响彻荒野，它的旺盛的精力就在这无目的的使用中得到了享受……"

可见，劳动是被原始的生存需求所驱使，是力量的被迫使用，而游戏是原始生存需求被满足以后的多余精力所致，是力量的自由表现。由于幼小动物和年幼儿童不必为自己的生存而操心，他们的总体精力就有过剩，因此儿童便更多地进行游戏活动，以消耗过剩的精力。

英国哲学家斯宾塞发挥了席勒的观点，认为消耗剩余精力的游戏活动是随种系进化而变化的，较高级的动物比起较低级的动物，一部分力量用于生存活动足以满足生存需要了，机体中就积聚了另一部分要求出路的剩余力量，便产生了游戏。当童年期的本能需求不再需要儿童自己通过真实的活动来满足，人类的幼年便创造出非真实的类似活动——儿童游戏。

精力过剩说说明了游戏的物质前提——只有当机体的基本生活需要满足之后，机体才有可能去游戏。这在游戏研究领域起到了"拓荒者"作用。但另一方面，它只是把游戏当成是"导泄"的手段，既然游戏是剩余精力的发泄，那么它就是无价值的、不道德的，应当予以禁止，从某种意义上说它对贬低游戏的价值负有责任。此外，进化论认为，对人类生存有利的行为特性才会一代代延续，而游戏被认为是多余的，对生存并不必需的活动，却一代代延续，甚至越高级的动物对它越需要，这似乎与进化论的观点产生矛盾。

(二) 松弛消遣说

也称为娱乐论。代表人物是德国哲学家、心理学家拉扎鲁斯(M. Lazarus)。

其主要观点是：游戏不是发泄精力，而是松弛、恢复精力的一种方式。艰苦的脑力劳动使人身心疲劳,这种疲劳需要一定的休息和睡眠才能消除,然而只有当人解除紧张状态时,才能使他们在生理上、心理上容易保持平衡,才可能得到充分的休息和睡眠,从而得到一定的自我安抚、自我保护。游戏和娱乐活动可使机体解除紧张状态,具有一种恢复精力、增进健康的机能,所以人需要游戏。因此游戏是使失去的精力重新恢复起来的一种活动。

拉扎鲁斯指出,游戏是发生在精力亏空的情况下,而不是精力过剩的情况下。游戏与工作的不同就在于,工作是消耗精力的活动,而游戏是储存精力的理想方式。

帕特里克(Patrick)扩展了拉扎鲁斯的观点。他认为当代职业要求人们所从事的劳动,必须具有抽象的推理,集中的注意力和眼手协调的能力,这种劳动需要后天的技能,而它比体力劳动负有更大的精神压力。所以他认为,要解除由精神紧张的工作所引起的疲劳,只有通过游戏来实现。

这个观点的实际意义在于,休闲活动有助于长时间工作后的精力恢复。对这种理论的批评,指出其有几方面的局限性:①这种观点无法解释体力劳动者为什么要游戏;②如果游戏确实具有一种可以从工作压力中得到恢复的功能,那么如何解释儿童的游戏;③把游戏看成是非脑力性的活动,这就排除了许多有智力参与的游戏活动。

(三)预演说

也称生活预备说或"前练习"说。此观点的代表人物是德国生物学家和心理学家、新达尔文主义者格罗斯(Graos),他是第一个在心理学中把游戏作为专门对象来研究的人,著有《动物的游戏》和《人类的游戏》,他的理论在20世纪初学术界很有影响,成为西方游戏理论中的中心理论。

著名的黑猩猩研究者珍妮·古多尔发现,幼小的黑猩猩常常玩这样的游戏:用手掌舀一点水,用牙齿嚼烂树叶,来汲取手掌中的水。而成年黑猩猩在干旱的季节,就是用嚼烂的树叶汲取树洞中的水解渴的。根据这样的发现,一些科学家认为,游戏行为是未来生活的排演或演习,游戏行为使得动物从小就能熟悉未来生活中要掌握的各种"技能",如追逐、躲藏、搏斗等,熟悉未来动物社会中将要结成的各种关系。这对于动物将来的生存适应是非常重要的。因此,提出了"游戏是生活的演习"的观点。

这种观点把儿童游戏看成是未来生活的预先练习。认为儿童游戏是他将来必须承担的更为成熟的活动的低级形式,游戏内容取决于他将来成人以后的活动内容,儿童自发地将自己投身于这样的活动,目的是为未来生活做准备。

他否认游戏仅仅是一种过剩精力的发泄,比如小狗互相嬉戏直到精疲力尽,只要经过短暂休息又游戏起来,这一短暂时间不可能使它们的精力又过剩,因此精力过剩不是游戏的必要条件,而是有利条件。他以自然选择理论为基础,认为人和动物有一种与环境斗争的生存本能,而游戏则是对这种本能的无意识的训练和准备,帮助儿童加强日后所需的本能。他列举小猫戏球是捕鼠的练习；小狗嬉咬是为将来自卫所做的练习；男孩子玩打渔的游戏是将来养家谋生的准备；女孩子玩娃娃是将来养育子女的准备。可见，游戏先于劳动。儿童不是因为年幼而要游戏，而是因为他要游戏才给他童年。

这个观点的价值在于，他第一个强调了游戏的实践意义。强调了游戏中的学习，把游戏与儿童的发展联系起来。对于改变人们的儿童观、扭转当时人们认为儿童游戏无价值的传统观念具有积极的意义。但它颠倒了游戏和劳动的关系，颠倒了游戏和童年的关系。

（四）复演论

又称种族复演说。其代表人物是美国心理学家斯坦利·霍尔（Hall）。

这一理论认为，游戏是个体再现祖先的动作和活动，重演人类种族进化的历史，通过游戏的重演，使个体逐步摆脱原始的本能动作，为当代复杂的活动做准备。如孩子玩打猎游戏，就是重复原始人的生活，捉迷藏的游戏就是反映当时原始人躲藏野兽保护自己，幼儿喜欢爬树，就是重复人猿的乐趣，幼儿喜欢玩水，就是重复祖先在水中寻找食物。

霍尔假定，人类的文化发展阶段与儿童游戏的发展阶段具有如下的对应关系：

（1）动物阶段，是指类人猿阶段。幼儿表现是本能的反应，如吸吮、哭泣、抓爬、站立。

（2）未开化阶段，是指靠猎取动物为生阶段。幼儿表现玩追逐游戏、丢手绢游戏和捉迷藏游戏等。

（3）游牧阶段，靠游牧为生。幼儿表现出爱玩小猫、小狗、小鸡、小鸭的游戏，爱护小动物的游戏等。

（4）农业耕种阶段。幼儿表现为玩娃娃、玩具、挖地、挖河等游戏。

（5）城市阶段，也称部落阶段。幼儿表现出小组游戏，由单个人玩发展成为一群人一起玩。

显然，这一理论把胚胎学关于人在发展过程中种族发展演化的情形会再现的思想，应用于表达儿童的游戏。它看到了儿童游戏内容的社会历史性、社会环境不同，儿童游戏的内容不同。但此论缺乏可靠的科学依据，也无法解释现代社会儿童游戏的内容。

综上所述，这四种理论皆有许多缺陷，不是缺乏逻辑，就是与事实不符。每个理论都有太多的例外。但尽管如此，这些理论在游戏领域里产生的重要的影响却是不可否认的，至少它们在人类的思想史上，第一次严肃地思考并解释了游戏出现的原因与意义。直至今天，当代关于儿童游戏的本质和功能的许多观点，仍可追踪到这些传统的游戏理论。

二、精神分析学派的游戏理论

从 20 世纪 40 年代到 60 年代,儿童游戏研究进入相对而言缓慢的发展时期。这一阶段,精神分析学派代表人物奥地利心理学家弗洛伊德(S. Freud)对游戏的研究,使游戏理论逐渐摆脱了美学的影响,成就了新的游戏论,儿童游戏理论与研究进入到一个新的发展阶段。

(一) 弗洛伊德的游戏观点

弗洛伊德融合在其他心理问题讨论中的游戏观点,成为精神分析学派游戏论中的核心观点,以致于这一学派的后来者,得以在此基础上加以发挥。

弗洛伊德的人格理论奠定了他游戏说的基础。他认为:个体在发展过程中,本我和超我的对立冲突是逐步达到平衡的,年龄越小越不平衡。儿童的行为更多地是受本我支配,其活动主要受"快乐原则"驱使。而成人又总是以社会准则去要求他,控制他,使儿童在现实中常常受到挫败。儿童的这种调节本我和超我矛盾的平衡机制是怎么实现的呢?是游戏,即儿童的自我获得是在游戏中实现的。因为弗洛伊德把现实看成是游戏的对立面,他在区分游戏时,不是看这一活动是不是严肃的,而是看这一活动是不是真实的。正因为游戏与现实的分离,才使儿童避免了现实的约束,能在游戏这一安全的氛围里自由调节本我和超我的矛盾。

根据弗洛伊德的观点,一方面儿童在游戏中能实现现实中不能实现的愿望,避免了现实的紧张感和约束感。儿童期的普遍愿望就是做大人能做的事,有大人一样的本领,像大人一样地生活,比如像妈妈一样烧饭,像爸爸一样会开汽车,像医生一样给人看病等等。这种愿望在现实生活中是不可能实现的,因此儿童就试图在游戏中寻求这种愿望的满足。另一方面正因为儿童的本我在现实中常受到超我的挫败,为了控制、排解这些痛苦的体验,儿童便在游戏中将痛苦的体验转嫁到同伴、娃娃或一个假想的对象身上,从被动的承受者变为主动的执行者,从而使痛苦的体验转化为愉快的体验。例如,在游戏中儿童把成人打他的仇恨发泄在娃娃身上,他给娃娃打针是为了克服他自己打针时的紧张。儿童就是通过游戏这一安全的场所回避现实的约束,排解现实的压力,补偿现实的遗憾,在游戏和现实的不断转换中,使心理处于一种平衡的状态,并在这个过程中,自我不断地完善起来。

(二) 帕勒和蒙尼格的游戏观点

儿童在游戏中扮演的角色,一直是精神分析学派感兴趣的问题。他们认为,关于在游戏中模仿什么人和什么事件,儿童具有较强的选择性,如果没有情感内驱力,也就没有模仿。角色和情景的选择建立在由游戏主题引起的特殊的动力和动机的基础之上。帕勒(Peller,1952)分析了儿童在游戏中经常选择的特殊角色和人物,并讨论了其选择背后的动机,丰富和发展了弗洛伊德的思想。

1. 帕勒(Peller)的角色动机说

帕勒是侧重于从角色扮演这一角度来扩展弗洛伊德的游戏理论的。弗洛伊德认为,儿童在游戏中扮演某个角色,模仿这一角色的行为举止,并非是一种模仿的本能,模仿仅仅是角色扮演的一种表现手段,而并没有说明角色扮演的原因。隐藏在角色扮演背后的是一种情感驱力,正是这种情感驱力使儿童在游戏中对扮演什么角色,对模仿角色的什么行为,有着高度的选择性,而这种选择所依据的原则又是由游戏主题所引起的原动力。帕勒就这一观点进行了论证,他曾对儿童在游戏中经常选择的角色及其角色的特点着手分析,并研究了存在于这些选择背后的动机。

帕勒认为,儿童对于角色的选择,基于他对于某个角色的感情,游戏的背后隐藏着深刻的情绪原因,对角色的选择具有高度的选择性。他通过观察发现,儿童扮演的角色一般有以下三类:

第一类:依据他们对一个特定人物的热爱、钦佩、敬重的感情,喜欢模仿他们热爱和敬佩的人,尤其是成人,以使他们"快快长大成人"、像成人一样的愿望得到满足。如,儿童在游戏中常常扮演他们身边熟悉的人:父母、教师、汽车司机、交警、厨师,等等。

第二类:依据他们对一个人的恐惧或愤怒等感情,儿童常扮演引起他们恐惧的那些人或事物。试图体验与那些人有关的焦虑,以帮助儿童征服恐惧。如,医生,是儿童感到恐惧的角色,但在游戏中儿童却十分愿意模仿,在重复性的动作中,使自己成为环境的主人。

第三类:儿童喜欢扮演那些"不合身份"、"低于身份"的角色。这样可以让儿童在游戏的安全范围内回顾并且尽情享受那些对他们来说不可能再获得的"小儿时"的快乐,并且在游戏这个"安全岛"中做自己想做而现实生活又不允许做的事情。如,他们常常扮演婴儿、动物、小丑等角色,就好比戴上了一副假面具,以掩饰自己的错误和过失。

可见,角色选择完全出于内部动机,即受情绪的驱使。模仿自己爱戴的人,可以实现成为这样的人的愿望;模仿自己畏惧的人,可以控制焦虑和创伤;模仿低于自己身份的人,可以享受已被现实排斥的稚趣。

此外,帕勒还从发展的角度描述了儿童性别心理发展阶段中的儿童游戏的结构的变化。每一阶段心理性欲发展的矛盾冲突不同,游戏内容也不同。他的研究极大地扩大和丰富了弗洛伊德的游戏思想。

2. 蒙尼格(Menninger)的宣泄说

弗洛伊德认为,游戏具有宣泄敌意和报复冲动的功能,如果人身上的焦虑、问题不宣泄出来,就会形成病症,伤害个体健康。蒙尼格发展了弗洛伊德的这一思想,强调了游戏对发泄内在冲动和减轻焦虑的益处,认为游戏最重要的价值就是为释放被抑制的攻击性提供了机会。

他认为人身上天生存在着一种本能的攻击性驱力,这种驱力过多地积聚在体内会有害于身体,并形成病症。因此,为了发泄这种攻击性的驱力,必须找到一个合法的、为社会所允许的途径,游戏正是这种发泄的合法途径。在他看来,体育竞赛是成人释放攻击性驱力的最好出路,而游戏则是儿童释放攻击性驱力的最好途径。儿童在游戏中的表现,或多或少地带有对现实的敌意和一种无意识的反抗,他们通过幻想,对现实施以报复。蒙尼格甚至认为,儿童玩攻击性或侵犯性的游戏可以减少攻击性行为。

就这一观点,引发了许多其他心理学家研究验证的兴趣。费奇贝克从儿童实践的角度出发,让儿童使用攻击性玩具(坦克、手枪、剑等)来进行游戏。实验证明,凡是使用了攻击性玩具的儿童既比未使用攻击性玩具的儿童表现出更多的侵犯性行为,同时也比自己使用攻击性玩具之前有了更多的侵犯性行为。班图拉从儿童模仿的角度出发,让儿童观看攻击性行为的表演,结果也证明,不论是实地观看成人的攻击性行为的表演,还是从电视上看到成人的攻击性行为,其侵犯性行为都比未观看过的儿童有所增加。看来攻击性行为是后天习得的,并非人的本能,对攻击性行为的任何鼓励都可能是对攻击性行为的强化,而不是减弱。

(三) 艾里克森的游戏观点

艾里克森(Erikson)的理论重点是关于儿童正常的自我发展是如何通过游戏实现的。他从弗洛伊德关于控制创伤性事件的角度出发,既承认了游戏对本能欲望的渲泄作用,即对本我冲突的调节,又超越了这一立场,即强调游戏对接纳社会要求、协调本我和超我之间冲突、推进自我发展的作用,从而扩展和丰富了弗洛伊德的游戏理论。

1. 游戏是一种自我的机能

与弗洛伊德不同的是,弗洛伊德将自我看成是消极的因素,自我不断地受制于本我和超我,本我和超我的矛盾经常导致自我的挫败。而艾里克森则把自我看成是积极的因素,他认为,自我的发展就是恰当的心理性欲和社会文化阶段的建立,也即社会因素和生物因素的成功结合,游戏就是其中的润滑剂。因为游戏可以帮助自我对社会因素和生物因素进行协调和整合。

2. 游戏调节了发展的阶段冲突

游戏的这种自我机能,体现在艾里克森为人格发展确定的8个发展阶段上,每一阶段都有一对发展的主要矛盾(即本我和超我的冲突)。在童年期的几个阶段里,儿童主要通过游戏来解决这些矛盾冲突,并控制矛盾所导致的伤害。(如下表所示。)在游戏中,儿童发展了自信、主动、勤奋等特征。儿童的自我就是通过游戏在矛盾的冲突和平衡中递进发展。

年　　龄	游戏形式	人格发展阶段
0～1.5岁	亲子游戏	信任对不信任
1.5～3岁	练习性游戏	自主性对羞怯、疑虑
3～6岁	角色扮演游戏	主动性对内疚

3. 游戏中的性别差异

艾里克森还经过严密、精确的统计研究发现,儿童在游戏中存在性别差异。年幼的男孩建造涉及积极性主题的直立的建筑物,而女孩的创作物则由静态主题的围栏物构成;在材料的使用上,男孩喜欢用积木,而女孩不用或少用积木,只是用家具来布置室内环境;在游戏内容上,女孩主要反映与家庭生活内部有关的情节,而男孩则更倾向于反映户外的运动性活动。

可见,艾里克森对弗洛伊德理论的发展就在于,他在肯定发展中生物本能的作用的基础上,引进了社会文化因素。研究方法也已由典型的精神分析向数据统计方法过渡,在研究方法上有所创新,促进了游戏研究方法的科学性。

(四) 游戏治疗理论

弗洛伊德和艾里克森对于游戏在控制儿童心理的冲突方面,既作出了重要的理论贡献,同时他们对此进行的实验性验证却又显得非常狭窄,然而他们的思想却导致了游戏治疗的产生和发展,并从中又生发出游戏治疗的各种观点。

1. 分析性游戏治疗

安娜·弗洛伊德(Anna Freud)和克林(Klein)最早将游戏引进儿童情绪困扰的治疗。她们都相信,游戏是一个能让儿童最自在地表达自己的方法,游戏可以取代语言式的自由联想,游戏提供了通往潜意识的途径。克林用游戏和玩具来鼓励儿童表达幻想、焦虑,然后根据儿童的表现解释儿童游戏的象征意义。安娜则不直接解释具体的游戏行为,只是在与儿童建立友好关系时,鼓励孩子说出他们的幻想,或想出一个画面,让儿童说出自己的内在想法,然后分析这一想法背后的意义,让儿童顿悟自己的潜意识。

2. 发泄性游戏治疗

大卫·莱温(David Ivy)是这一方法的代表。他认为,不必探索孩子的潜意识,也不需要了解能量是由什么造成的,只要当问题行为出现时,想办法消除累积的能量,这样行为即可纠正。孩子在游戏中自由表达,自然地宣泄和抒发情绪即可舒解孩子累积起来的能量。这是一种通过选定玩具、设计游戏重新创造激起儿童焦虑反应的经验,以达到释放能量纠正行为的方法。

3. 关系性游戏治疗

杰西·塔夫脱(Jesse Taft)和弗雷德里克·艾伦(Frederick Allen)提出的这个方法，主要强调治疗者与儿童之间情感关系的治疗力量。他们不把视点落在孩子的过去历史和潜意识上，而是注重此时此刻的感情与经验，即孩子与治疗者的正向良好的关系。孩子用自己的特质与治疗者相处，当他发现治疗者是友好的、信任的、尊重他和接纳他的，他便开始信任治疗者，并接纳自己，自在地处理情感问题。

4. 非指导性游戏治疗

卡尔·罗吉斯(Carl Rogers)延伸和扩展了关系治疗的一些思想，发展成非指导性游戏治疗，后又被弗吉尼亚·艾克斯林(Virginia Axline)运用于实践。他们相信，人有自我指导能力，任何人没有能力改变别人，人是由源自他自己内心的力量所改变的。因此，不用控制和改变儿童，只提供合宜的环境，让人内在的自主力量出现，然后孩子会不断自我完善，充满自信，问题就解决了。

以上各种治疗理论，为我们展现的是游戏对于心理健康的重要性。游戏的诊断治疗作用，表明了游戏对于儿童人格发展的重要作用。

精神分析学派把游戏的研究与心理发展的理论联系起来，注意儿童心理发展的阶段性。重视儿童游戏的动机，重视想象性游戏在儿童发展中的作用，强调早期经验对健康的成年生活的重要意义，对后世影响极大。另外，把游戏作为一种评价工具来使用，在研究游戏时引入统计方法，对游戏研究方法的科学性也起了促进作用。

但由于精神分析学派的研究带有明显的临床诊断的色彩，注重的是个别儿童个别阶段游戏的个案研究，因而缺乏普遍代表性。对于游戏原因的解释方面也有主观臆断之嫌，把研究者自己的思想模式强加给游戏者，使研究缺乏客观性。由于过分强调"性"的作用，强调个体的生物性而忽略了社会性，使其游戏理论带有一定的局限性。

三、认知发展学派的游戏理论

20世纪70年代开始，游戏研究领域出现空前繁荣的景象，儿童游戏研究呈飞跃发展的态势。过去一向被人们轻视的游戏引起了教育家、心理学家、人类学家、社会学家等不同学科专业人员的浓厚兴趣。来自各个学科的研究人员著书立说，丰富了人类关于儿童游戏的知识，使儿童游戏方面的研究资料数量激增。在这一阶段之初，以瑞士著名心理学家、认知发展学派的创始人皮亚杰(J. Piaget)为代表的认知发展的游戏理论占据了主导地位。

皮亚杰认为许多游戏理论不能正确地解释这种儿童期所特有的现象，主要原因是这些游戏理论都把游戏看做是一种孤立的机能或活动。因此，他把游戏看做是智力活动的一个方面,把游戏放在儿童智力发展的总背景中去考察。试图通过研究儿童的游戏和模仿,找到沟通感知活动与运算思维活动之间的桥梁。他认为游戏是思维活动的一种表现形式。儿童的认知发展阶段决定了他们不同的游戏方式,并提出练习性游戏、象征性游戏和有规则游戏,分别与认知发展的感知运动阶段、前运算阶段和具体运算阶段相对应。从皮亚杰开始,对于游戏研究的视角又扩大到了一个崭新的领域。

(一)游戏的认知基础

皮亚杰认为,游戏不是一种独立意义的活动,而只是认知水平的表现形式而已,因此促使儿童游戏的动力基础在于智慧的发展形式。智慧是生物适应的延伸,也是适应环境的一种手段,这种适应是在同化和顺应的动态平衡过程中实现的。

皮亚杰说,"同化就是把外界元素整合于一个正在形成或已经形成的结构"。例如,一个孩子在他原有的认知图式中已有了"狗"的概念,以后他把大狗、小狗、黄狗、黑狗统统纳入他原有的认知结构,这就是一个同化的过程,这个过程使他原有的认知结构变得更为丰满,并得以巩固。"顺应就是同化性的格式或结构受到它所同化的元素的影响而发生的改变"。例如,上述那个孩子,当他第一次看到羊的时候,把"羊"也说成是"狗",则表明的是一个同化的过程,但当这一刺激在输入并进行同化的时候,经过与原有认知结构中的相应刺激进行比较产生矛盾时,主体则对原有认知结构进行调整,以适应这一新的刺激,这就是顺应。认知的发展就是认知结构不断地顺应于外物,外物又不断地同化于认知结构的对立统一的结果。

皮亚杰认为,在儿童早期,由于认知结构发展的不成熟,同化和顺应之间往往是不平衡的。它不是表现为顺应大于同化,就是同化大于顺应,其在儿童活动中的不同比例,就决定了儿童活动的不同形式。儿童在游戏中总是用已有的经验去同化现实,将现实改造成为适合于他的认知水平的他自己的世界。可见皮亚杰认为,游戏只是一种在已有经验范围里的活动,它的价值不是促进认知水平的提高,而是对原有知识技能的练习和巩固。

(二)儿童游戏的发展阶段

正因为皮亚杰把游戏看成是认知水平的表现形式,游戏是随着认知发展而发展的,因此游戏的形式必然与智力发展阶段相对应。

皮亚杰通过系统的、长期的观察研究,推翻了游戏的本能练习的观点。他认为游戏的发生要以动作能力和心理发展的一定水平为前提,根据儿童智力发展的不同水平,皮亚杰把儿童游戏分成三个发展阶段,并归纳出每个阶段儿童游戏的主要形式:第一阶段:练习性游戏(0~2岁);第二阶段:象征性游戏(2~7岁);第三阶段:规则性游戏(7~11、12岁)。

皮亚杰游戏阶段论

大致年龄	认知阶段	主要游戏类型
0~2岁	感知运动阶段	练习性游戏
2~7岁	前运算阶段	象征性游戏
7~11、12岁	具体运算阶段	规则性游戏

皮亚杰不仅用认知发展的术语来解释幼儿的游戏,而且认为幼儿认知发展的阶段决定幼儿在任何特定时期的游戏方式。游戏的发展是与儿童的认知发展相一致的。

感知运动阶段的儿童,只有动作的智慧,而没有表象的和运算的智慧,他们仅靠感知动作的手段来适应外部环境。作为同化的游戏,便成为后天获得的动作图式的重复。最初,婴儿是对偶然产生的新动作进行重复。例如,当婴儿发现通过转头就能看见玩具的时候,这个动作的效果就使他一再地重复这个动作;随之,婴儿对重复动作本身的兴趣大于动作的效果,例如,当孩子不断地拉一根绳子使一个玩具移动的时候,可以发现,他似乎并不像热衷于拉绳子本身那样地热衷于这个结果;再以后,孩子开始将习得的各种动作进行整合性的重复,这时他的注意力集中在为整合而整合,集中在达到目的的途径中的障碍,例如,当孩子在将一只调羹放到桌子上时,不小心掉到地上发出响声,他便重复这一系列动作组合,从而游戏动作便日益复杂化。这些重复的动作就是游戏,因为它已独立于最初由适应而获得的动作。在皮亚杰看来,练习性游戏的愉悦来自儿童控制自身和环境的感觉,当这种控制能力被反复地证实后,儿童便沉溺于发展着的能力和自信的情感中。

在前运算阶段,儿童的游戏有了关键性的变化,幼儿游戏的典型形式——象征性游戏发展起来。它反映了符号机能的出现和发展,即理解一种东西能代表另一种东西。这种游戏反映了对环境的同化倾向,儿童的主要成就是学会使用不同的象征,而象征的一种主要表现形式就是象征性游戏:假装、假扮和幻想的世界。这时儿童会假装一个鹅卵石是一只狗、一块饼干是一只狮子,而一把举在头顶的刷子是一把伞……象征性游戏在自我中心的表征活动时期的第一阶段即前运算阶段(2~4岁)大量出现,并达到发展的高峰期。

随着儿童思维的发展,他们的社交圈子越来越大,游戏的角色也不断增多,而且越来越要求游戏接近现实,于是在具体运算阶段,也就是7~12岁的儿童中,象征性游戏开始减少,规则性游戏逐渐产生。这是象征性游戏发展的一个方向,即被规则游戏所代替。它的另一个发展方向就是逐渐转变为结构性游戏。

在规则游戏中,个体则以更抽象的角色来表现(如"它"与"非它",甲组、乙组或红子、蓝子等)。这种抽象的角色在与空间、材料、运动、顺序、推断中得到说明。由于对应、分类、序列、轮流、均等的观念被用在物和人的身上,并用各种方法使之形象化,双方的竞争,以规则来协调,以致使"获胜"的本质得以明确表示。显然,规则所要求的智力复杂性反映了这一阶段儿童认识能力的提高,儿童对社会行为的这些概括,也说明儿童的能力已经达到能够接受控制的,或者接受规则支配的社会关系的水平。

(三)游戏的发展价值

皮亚杰认为游戏有两个主要作用:一是愉快,或纯粹的乐趣,婴儿或幼儿经常长时间地使用一种玩具游戏,或者带着深深的满足把石头扔到坑里或水里;二是游戏提供的适应作用,幼儿经常游戏,幼儿最后更能使行为适应真实世界的要求。在游戏中孩子可以不受现实的限制和约束,可以实现许多在现实生活中得不到满足的愿望。因此,皮亚杰非常重视游戏的情感发展价值,认为游戏是解决儿童情感冲突、帮助儿童健康发展的一种重要手段。这与弗洛伊德的精神分析游戏理论有惊人的相似之处。但皮亚杰认为游戏是幼儿认知结构的外化。认知水平决定了游戏的形式和内容,不同的游戏形式对应于不同的认知水平,因此游戏与认知活动是协调的而不是对立的,游戏与学习是相辅相成的而不是相互排斥的。在学习中获得的知识和技能(适应),在游戏中得到练习和巩固(同化),前者改变了认知结构,后者将改变了的认知结构得以巩固,为新的学习奠定基础。

皮亚杰的认知发展游戏理论从内容到方法,较为充分地经受住了时代科学成就的考验。皮亚杰开拓了从儿童认知发展的角度考察儿童游戏的新途径,他的研究视角与观点深刻地影响了 20 世纪 60 年代以后儿童游戏理论的普及,并且对 70—80 年代以来游戏研究的繁荣起到了推波助澜的作用。皮亚杰游戏理论引发了一系列关于游戏与智力发展关系的实验研究,极大地扩展了人们对于儿童的智力发展价值的认识,对于传统的游戏与学习相对立的观念,无疑是一个巨大的冲击。后人对皮亚杰游戏理论的发展和补充,进一步推动了游戏研究的发展,使人们对于儿童游戏的认识更为深入,开始重视游戏促进儿童在智力、情感、社会性、身体等方面的发展价值,对学前教育实践也具有巨大的影响。

但是,在看到皮亚杰游戏理论所作出的贡献的同时,我们也应认识到它所存在的局限性:由于他只是试图以儿童游戏作为儿童认知发展特征的例证之一,这使得他只把游戏看成了智力活动的衍生物,而非独立的活动形式。从而导致他把游戏与智力之间的关系看成是单向的,而非相互作用的双向关系,被批评是剥夺了游戏的智力发展价值。另一方面,皮亚杰的游戏理论忽视了社会生活,特别是文化、教育在儿童认知发展中的作用,忽视了人的作用和影响。游戏的内容是反映现实生活的,如果没有一定的生活经验和关于成人的生活、劳动的知识,儿童游戏的发生、发展就无从谈起。

四、社会文化历史学派的游戏理论

社会文化历史学派也称维列鲁学派,是苏联当代最大的一个心理学派别,主要成员有维果茨基、列昂节夫、鲁宾斯坦、艾里康宁等,他们都在阐述自己的心理学思想时涉及到儿童游戏的问题,以辩证唯物主义和历史唯物主义为基础,创造了与西方不同的游戏理论。他们的主要观点是:

第一,强调游戏的社会性本质,反对本能论。

这种理论认为:"儿童的游戏,无论就其内容或结构来说,都根本不同于幼小动物的游戏,它具有社会历史的起源,而不是生物学的起源。社会形成和推行游戏的目的,是教育和培养儿童参加未来的劳动活动。"①

第二,强调游戏是学前儿童的主导性活动。

他们认为:"这种活动的发展与儿童心理发生最重要的变化有关系,而且那些准备儿童过渡到新的、更高的发展阶段的心理过程是在这种活动里得到发展的。"

第三,强调成人的教育影响,强调儿童与成人的交往在游戏的发生、发展过程中的决定性作用。

第四,强调游戏不会自然而然得到发展,孩子不会生来就会游戏的。

他们认为:"没有教育的作用,游戏就不会产生,或者停滞不前。""为了使儿童掌握游戏的方法,成人的干预是必要的。必须在一定的年龄阶段上教儿童学习怎样做游戏。"

(一) 维果茨基的游戏理论

维果茨基是前苏联社会文化历史学派的主要代表,他的游戏理论最集中反映了这一学派的基本思想,他看到了游戏在人的高级心理机能中的作用,并用这一观点来关注游戏与儿童情感发展、与儿童认知发展的关系,展现了他游戏论述的精辟之见。

1. 游戏的起源

维果茨基从文化历史发展的角度来探讨儿童的游戏问题,他强调儿童心理发展的高级机能是人类物质生产过程中发生的人与人之间的关系和社会文化历史的产物;强调心理发展过程是一个质变的过程。儿童游戏出现的诱因是:当儿童在发展过程中出现了大量的、超出儿童实际能力的、不能立即实现的愿望时,游戏就发生了。3岁前儿童的典型行为方式是想要一件东西就必须立即得到,这种愿望不可能延迟满足,否则儿童就会大发脾气。3岁后,出现的愿望和需要不能立即得到满足,此愿望能持续很长一段时间,渴望立即满足的愿望变成一种情感诱因,使不能得到满足的愿望以一种想象的、虚幻的方式实现,即把一个东西迁移到另一个东西上,以一种简缩的方式再现真实的生活情境,游戏就为愿望的满足应运而生了。

维果茨基认为游戏是社会性实践活动,儿童看到周围成人的活动,就把它模仿迁移到游戏中,强调游戏的社会性情感诱因。儿童在游戏中产生的情感,根源于他与成人的

---

① [苏]查包洛塞兹等著,李子卓译.学前教育原理,人民教育出版社,1984年,第248页

关系。

2. 游戏的发展价值

第一，游戏促进儿童思维的发展。游戏使思维摆脱了具体事物的束缚，使儿童学会了不仅按照对物体和情境的直接知觉和当时影响去行动，而且能根据情境的意义去行动。如，"打针"的注射器是一根雪糕棍。打针的动作是来自于头脑中已有的打针经验，而不是来自于注射器——棍子。这表明儿童在游戏中已经摆脱了具体事物的束缚，没有真正的注射器同样能玩游戏。游戏帮助儿童把词作为一个符号来掌握，在游戏中儿童能根据物体和动作的意义去行动。

第二，游戏创造了儿童的最近发展区。在游戏中，儿童总是试图超越他现有的水平，如超越他的一般年龄，超越他的每日行动。在游戏中，儿童心甘情愿地遵守社会规则，将目前的欲望臣服于假装剧情中的角色的规则，就会变成"新的欲生形态"。儿童从中了解很多表现在未来将变成他真实的行动和道德的基本层次。例如一个孩子在家庭的游戏中扮演父母亲的角色，便会逐渐了解在真实情境中父母的责任，并调查父母与孩子的关系。在这样的情况下，游戏正如放大镜的焦点一样，凝聚和孕育着发展的所有趋向，即游戏是儿童在最近发展区里的活动。相比教学和专门的指导，游戏为儿童的发展提供了更为广阔的背景。在这里，我们看到了维果茨基是将游戏与发展的关系和教学与发展的关系相提并论的。

第三，规则在游戏中的作用。儿童游戏最重要的特征是想象和规则，维果茨基强调指出，任何游戏只要有想象的情境，都有规则的存在。游戏不断对孩子的行动提出要求，要他们反对立即的冲动。这种对规则的服从和对直接冲动的放弃，之所以在游戏中成为可能，是因为尽管游戏是由儿童能力与愿望之间的紧张和压力所促使，但它却是由积极地控制这种紧张和压力所引起的愉悦这样一种后效所支持。孩子最大的自我控制就在游戏中产生。当一个孩子在游戏中放弃了立即的吸引，可以说是达到最高意志力的表现（例如游戏规则是禁止他吃糖果，因为那代表不能吃的东西）。逐渐地，孩子经验到拒绝所想要的东西以表示对规则的遵守，但在这里，服从规则和放弃行动中立即的满足，正是达到最高快乐的方法。可见，游戏中的规则是隐含的，是孩子自己制定的和乐于执行的一种内部的自我限制。由此，我们便不难理解，游戏有助于儿童意志行为的发展，儿童最大的自制力产生于游戏之中。

（二）列昂节夫的游戏观点

列昂节夫从心理学的角度论述了儿童为什么要游戏，论证了游戏作为学前儿童的主导活动的理由，从而揭示了游戏的特点和游戏发展的规律。

1. 游戏是学前儿童的主导活动

列昂节夫主要从活动的角度研究游戏及其心理学基础。他认为学前儿童的游戏与动物的游戏明显的不同之处是：儿童的游戏不是本能的，而是人类的及物活动（以行动的方式显示出来，通过用手操作物体的行动表现出来），这种活动作为儿童认识人类的实物世界的基础，规定着儿童游戏的内容。学前期儿童的及物活动的需要越来越强烈，以致于他们已经想做大人们正在做的事，限于自身的能力还不能实现这样的行动，那就只能在想象的活动形式中解决。只有在游戏里，才可以用其他操作代替真实活动所要求的操作，用其他实物条件代替真实的实物条件，而且行为的内容保持不变。这时，游戏在学前期成了儿童活动的主导形式。列昂节夫还特别指出：我们称为主导活动的不是儿童的某一发展阶段最常见的一种普通活动，比如说，游戏绝不占据儿童的大部分时间，问题不在于占据时间的多少。我们称这种活动为主导活动是由于这种活动的发展与儿童心理发生最重要的变化有关系，而且那些准备使儿童过渡到新的、更高发展阶段的心理过程就是在这种活动里得到发展。

2. 游戏的特点

首先，游戏行为的动机在活动过程，不在活动结果，比如儿童玩积木，不在于要建成什么，而是用各种方法去摆弄积木的过程。他认为，当内在的动机不是要玩，而是要玩出点什么来的时候，游戏实际上已经不是游戏了。

其次，游戏过程的操作与行动，对于儿童来说总是真实的行动，永远不是伪造的、幻想的（儿童在游戏中想象的只是情境）。他指出，不是在想象的情境里产生游戏行为，而是操作与行动不相符合时，才产生出想象的情境，所以，不是想象规定游戏行动，而是游戏行动的条件造成了产生想象的必要。

再者，游戏行为永远是概括的行为，儿童在游戏中不扮演、不表现某个当事人的特殊事件，而是表现那些典型的、一般的事件。正因为如此，游戏才能够在与实物不相符合的情况下实现。此外，列昂节夫还分别论述了角色游戏、规则游戏、教学游戏的特点和作用，对后人的研究都有很大启发。

（三）艾里康宁的游戏观点

艾里康宁是苏联现代游戏理论的主要代表人物。20世纪60年代以后，他在维果茨基思想的基础上，借鉴列昂节夫的活动理论，创立了自己的游戏理论体系。艾里康宁的游戏理论，是体现社会文化历史学派关于儿童心理发展理论的又一范例。他重点研究了学前儿童的角色游戏，并从不同的角度揭示了游戏的社会性本质。艾里康宁指出，角色游戏是儿童最主要的游戏，是较发达的一种游戏形式。因此，他的理论被称做儿童角色游戏理论。

1. 游戏的起源

从角色游戏的社会起源来看，艾里康宁认为，游戏是人类历史发展到一定阶段上的产物。社会生产力的发展导致了劳动工具的高度复杂化，儿童在社会生产劳动中的地位发生变化,儿童不经训练就不能掌握劳动工具以致不能直接参加劳动时,便出现了角色游戏。由此说明,游戏就起源和本质来说,是社会性的,是与儿童生活的一定社会条件有关的,而不是本能的。

从角色游戏的个体起源来看,艾里康宁认为,游戏是个体发展到一定阶段的产物。儿童随着年龄增长,动作技能不断发展,独立性不断提高,便出现了想参加成人活动的愿望,但此时儿童的能力却还不能胜任成人的活动,这种矛盾促发了角色游戏的产生,通过角色游戏对成人活动的模仿,缓和了儿童想做而又力不所及的矛盾。可见,游戏体现的是儿童与成人的一种新型关系,游戏是成人生活的反映。

2. 游戏的发展阶段

艾里康宁把角色的形成和出现作为研究角色游戏的重点,他认为角色游戏的象征机能主要表现为以人代人和以物代物,而以物代物是被包含在以人代人的象征结构中的,以人代人就是游戏中的角色扮演。儿童在成人的引导下循着:掌握物品的习惯用法——最初动作的概括化——进一步的动作概括化三个发展阶段完成从再造成人的实物活动到再造成人之间的关系和成人与儿童之间的关系的发展。

前苏联社会文化历史学派儿童游戏理论的最大意义在于,不满足仅在理论上的探讨和描述儿童游戏发生发展的现象和规律,而是注重于将理论上的研究成果广泛运用到指导儿童身心发展的游戏实际活动中。强调了游戏的教育价值,揭示了游戏与教育的联系,赋予儿童游戏重要的认知价值。肯定了成人在儿童游戏中的作用。但是该理论过于强调儿童游戏应当被成人示范、教导的一面,而较为忽视的是游戏作为儿童天性的一面。使教师"导演"儿童游戏的现象被普遍支持。如果该理论在强调角色游戏的同时,还能重视其他类型游戏对儿童发展的价值;重视游戏的社会价值的同时,能注意个体的主观能动性的发挥,在游戏中发挥儿童的主动性、独立性和创造性,将会对游戏的研究起更大的促进作用。

五、游戏的激活理论

游戏的激活理论也称觉醒理论,内驱力理论,是一种试图通过解释环境刺激和个体行为的关系,来揭示游戏的神经生理机制的假设性理论,由伯莱因(Berlyne)提出,再由埃利斯(Ellis)等人发展和修正,理论的实质是阐明游戏是一种内在动机性行为。

(一)理论基础——内驱力说

传统内驱力理论一般只讲生物内驱力,这种内驱力是由饥、渴、呼吸、排泄等生理需要而引起的寻觅食物、水、空气等的活动。但是这一内驱力却难以解释游戏、探索、创造、好奇等与直接的生存需要无关的一些行为。研究发现,老鼠探索新环境的需要,有时比克服饥饿更强大。实验中,老鼠为了探索具有新颖性的迷宫,宁可离开安全、熟悉的巢穴,即使受到电击,也要实现这种探索;被囚禁的动物常常拒食;猴子解决疑难问题仅仅是为了取乐。这些发现就导致了活动内驱力、探索内驱力的说法,从而也导致了内外动机的区别。

那么引起内在动机性行为的生理机制是怎样的呢?于是,一种神经系统激活状态的假设被引用。这个假设推断,大脑神经系统对刺激的感受所引起的激活状态,影响着人的行为。所以激活是中枢神经系统的机能状态,它与两个因素有关,一个是外界刺激,另一个是机体内部的平衡机制。从生理上,中枢神经系统需要适当的刺激,使它保持在一个最佳的激活水平上,如果外部刺激水平过高或过低,就会引起中枢神经系统的激活状态失衡,那么有机体就会采取不同的行为,通过内部平衡机制,使失衡的激活状态恢复到一个最佳水平。

(二)激活理论的各种观点

1. 伯莱因的观点

在伯莱因的激活模式中,外界刺激水平过强或过弱都将引起中枢神经系统处于最佳水平之上的激活度。当外界环境中的刺激对儿童来说是新异时,表明这一刺激较强,机体处于一种紧张状态,使主体产生一种不确定性,中枢神经系统的激活水平高于最佳状态,这时主体便通过对这新异刺激的探究活动(这是什么?)来减弱刺激,从而降低激活水平,使之达到最佳;而当外界刺激对儿童来说是熟悉而单调时,表明这一刺激较弱,使主体产生一种厌倦,中枢神经系统的激活水平高于最佳状态,这时主体便通过增强刺激的活动(我能用这个东西干什么?)来降低激活水平,使之达到最佳。例如,当儿童对滑梯已经熟悉,产生厌倦时,滑梯这一刺激对他来说已经很弱,这时他便变换新的滑滑梯的方式,如倒滑、趴着滑等不同的方式,以增强这一刺激。伯莱因称前者为"特定性探索"行为,称后者为"多样性探索"行为。前者是真正意义上的探索,后者是游戏。游戏的作用在于增强刺激,降低激活水平,当激活水平达到最佳,游戏就停止了,只有当刺激重又减弱,激活水平再次提高时,它才又开始。

可见,柏莱因等更倾向于把最佳觉醒水平理解为一条线,在这条线的上下两端分别是探究和游戏的功能区域。探究是由外部刺激控制的行为,游戏是有机体自身控制的行为。

2. 埃利斯的观点

埃利斯提出了另一种相关理论。他把游戏与多方探索等同。他认为,有刺激时,激发水平高;无刺激时,激发水平低。游戏的作用是制造刺激,以使激发水平上升到最适宜的水平。在这一模式中,有机体是趋向积极的状态,而不是避开消极状态。在埃利斯的模式中,游戏是寻求刺激的行为。但寻求刺激的行为是以几种形式出现的,如,小孩跑到这儿跑到那儿自己找事消遣是一种寻求刺激的行为。

3. 赫特(Hutt)的观点

在赫特的模式中,环境刺激是不断地从过多向过少循环着的,有机体的行为是为了使激活水平避免一个极端与另一个极端相对的情况,并沿着这个途径暂时地经过中等水平,游戏就产生在这个中等水平上(即伯莱因和埃利斯所表述的最佳水平)。在此,赫特把中等激活水平理解为一个范围,这个范围是游戏活动区域,它既容纳了认知行为,也容纳了嬉戏行为,认知行为即特定性探索,嬉戏行为即多样性探索。顺序是先认知,后嬉戏。认知行为是与获取知识技能有关的行为,嬉戏性行为是对已有知识经验的运用。

赫特的这个观点对解释儿童的一些自发活动很有启发。我们知道,有时在同一个活动里,游戏和探索之间的行为界限是很难截然划清的,在一个自然的状态下,活动并非是从完全的学习突然进入到完全的游戏的,常常会有一个交融的阶段,这个阶段就是赫特所表述的暂时的过渡状态。然而在赫特那里,只要进入完全的境界,那么行为的性质是有鲜明区别的,即认知性行为与嬉戏性行为一个是获得知识,一个是运用所获得的知识表现自己。实际上,他所说的嬉戏性行为就是我们习惯上的游戏。

4. 费恩(Fein)的观点

在费恩的表述中,与上述几个人一样,游戏是用以调节在熟悉的环境中的激活状态的。不同的是,上述所提到机体的不确定性所造成的紧张感是由新异刺激引起的,而费恩认为,在游戏中,有机体本身也能引起一种新奇事件,从而引起不确定性并伴随着一种机体的紧张感。这就是对旧有刺激的潜在意义的探索,从而提高激活水平。在这种提高的过程中,就会体验到一种伴随着消极情感(紧张感)的不确定性,继之而来的就是这种不确定性的减弱和积极情感的产生。可见,这种不确定性不是由外界新异刺激造成,而是主体自己产生的。例如,一个儿童在变换方法滑滑梯的时候,每一次变化总有一些伴随着紧张的不确定性,同时也为这不确定性的减少创造着机会。这个观点表明,滑梯并不是一个新异刺激,不确定性是由儿童自己引起,并通过活动本身去减少和降低这一不确定性。比如,当他试图倒着滑时,确实因为结果的不确定而有点紧张,但经过几次倒滑,他变得胸有成竹,不确定减少了,这时又尝试趴着滑,新的不确定又产生了……当各种方法用完了,滑滑梯游戏也大致就要停止了。

这个观点也许解释了为什么儿童游戏会上瘾,为什么儿童会在很长的一段时间内天天从事着似乎同一种活动。也有人用此观点解释某些成人的文化性活动,认为也具有游戏的动机特征。比如医生、作家、数学家对他们工作的兴趣和内在的热心,也许更多地受控于激活水平的调节(即不确定性的产生——减少)机会的促动,而不是外部奖赏。

这就为我们理解激发儿童的学习兴趣,在教学中使儿童获得游戏般体验提供了可能性,以及为组织游戏化的教学确立了信心。

六、游戏的元交际理论

游戏的元交际理论是由贝特森(Bateson)从逻辑学和数理论两门学科的原理中引发的。他在一个具有抽象意义的交流表达系统中讨论游戏中的交际,从而揭示了游戏的元交际特征及其意义。

贝特森认为,人类的交际包含两种类型:一种是意义明确的言语交际,另一种是意义含蓄的交际,即元交际。元交际是一种抽象水平的交际,依赖于交际双方的关系和对于所传递的信号通常是意义不明确的隐喻信息的辨识和理解,这种意义不明确的隐喻信息就是"言外之意"或"不言之意"。例如,当人们在游戏时,往往会用"我们在玩呢"这样的话来说明自己正在从事的活动,而当人们在说"什么是游戏"的时候实际上往往在同时说它不是什么——"它不是真的"。也就是说,人们在对游戏进行肯定表述的("这是玩啊")同时包含着一个否定的表述("这不是真的"),在这里否定的表述就是肯定表述的隐喻,即"不言之意"。例如,当小孩子驾着一根木棍当马骑时,他的动作实际上表明:"我在骑马,但这不是真的,而是在假装骑马。"这种隐喻或"不言之意"正是元交际的对象。只有参与者能够带着隐喻信息的信号进行元交际时,游戏才能发生。因而,游戏是信息的交流和操作的过程,其特征就是元交际。也就是说,游戏过程要以游戏双方能识别对方的游戏意图为前提。所以,游戏过程需要元交际,同时游戏过程也是使儿童获得元交际能力的最好途径。

元交际与交际的符号和游戏内容与游戏背景之间的关系相似,所以游戏的价值不在于具体的内容,而在于内容与背景之间的关系。具体地说,玩医院游戏的儿童并不是在学习如何做医生,并不是在掌握医生的行为方式,学习医生听诊、开药的本领,而是在了解医生与医生相应的行为方式,医生与病人的差异,医生与非医生的区别。

贝特森的游戏的元交际理论从游戏的内在心理过程着手来挖掘游戏本身的价值,打破了把游戏看做是发展其他重要的、有价值的品质和技能的工具或手段的传统观念,认为游戏本身就是有价值的,它不仅在文明的进化中发挥过重要的作用,而且它本身就是进入人类的文化和表征世界的途径和必需的技能。所以,这一理论开阔了人们游戏研究的新视野,对后来的研究产生了极其重大的影响。

以上各派游戏理论,从不同的立场和角度分别论述了游戏的性质和游戏的功能,我们大致可以区分出三条主要的路线,一条是偏重认知的路线,以皮亚杰理论为先导,强调认知的发展与游戏的关系;另一条是偏重情感的路线,以精神分析理论为先驱,强调了情感的成熟与游戏的关系;还有一条是偏重社会性本质的路线,以前苏联活动理论为核心,强调社会的实践与游戏的关系。这样三条路线的划分,并不意味着它们之间存在着不可逾越的界线,事实上每一条线上本身展现出的各种观点之异同,又多少与其他线上的某些观点有异曲同工之处,而现代的各种理论和观点,又都能找到古典理论的影子。每一种理论观点都是借鉴和扩展前人的理论观点的,正是它们之间的差异和联系,今天的游戏理论宝库才显得如此精彩和丰富。

思考与练习

1. 请将下表填写完成。

游戏理论	主要观点	代表人	意义价值	作用与影响

2. 同样是"商店"游戏,其内容在战前和战后是不同的,战前表现的是商品贫乏,凭证供应,战后的商店游戏商品内容就丰富多了。这样的现象说明了哪个游戏理论流派的什么观点?

3. 游戏的发展阶段正是以不同的方式重现祖先的进化历史,是哪一种游戏理论的观点?请细述之。

第四章

游戏对于学前儿童发展的价值

　　游戏是儿童最喜欢的活动,儿童可以在游戏活动中享受到快乐,获得发展。也正是通过游戏,儿童认识了我们生存的世界,并在自身条件下进行着正常的生活和活动。

　　现代游戏理论研究表明:儿童发展与游戏有着密切的联系,至少可以通过三个方面来说明。其一,游戏水平是儿童发展结果的反映,可以揭示儿童发展的现状和水平;其二,游戏可以强化儿童的发展,是巩固儿童发展成果的重要环境;其三,游戏是促进儿童发展的重要工具,通过游戏可以促进儿童发展。由此可见,游戏在儿童发展中的作用非同一般,具体的,我们可以从以下几个方面来说明。

一、游戏促进儿童身体的成长发育

　　游戏与儿童身体的生长发育关系较密切。

　　1. 促进儿童身体发育和生理机能的提高

　　儿童通过做游戏,带有一定运动量,可以使他们的肌肉、骨骼、关节等各身体部分得到有效的活动和锻炼,从而使身体的灵活性、敏捷性和协调性得以发展。如游戏"小动物来做操"、"快快追上我"、"小兔采蘑菇"、"乌龟运粮"、"打怪兽"、"小猴上树"等分别可以发展儿童的走、跑、跳、钻爬、投掷、攀登等基本动作能力。与此同时,儿童的心、肺等内脏器官也得到相应的锻炼,从而使其机能得以提高,进而从整体上提高儿童的身体素质,提高他们的生长发育水平。另外,插塑、搭积木、穿珠等游戏中的操作,练习儿童手部的小肌肉活动能力,促进着眼手协调的技能发展。

　　2. 提高儿童的环境适应能力

　　在儿童游戏的过程中,不管他们参与的是户内游戏还是户外游戏,都必然为其接触阳光、空气、水等自然因素创造极大的便利条件,让孩子们有诸多的机会去享受阳光、享受空气、享受大自然,并在这一过程中适当地感受自然环境中的阴与晴,温热与寒冷、干燥与潮湿。例如,在户外场地进行的玩沙玩水的游戏、"踩影子"游戏等都是利用了阳光、空气、水等自然因素来促进儿童的身体健康。这既有利于他们的生理和心理需要,又可以增强他们适应外界环境变化的能力,以使他们能够在自然环境中健康成长。

总而言之,幼年时期,是身体生长发育的关键时期,儿童在游戏中蹦蹦跳跳,使儿童身体的各种器官得到活动,特别是在体育游戏和户外游戏中,有运动量大的活动,也有运动量小的活动,有全身运动,也有局部运动。可以根据不同儿童的身体状况、个人的需要进行集体和自由活动。这些活动促进了儿童骨骼肌肉的成熟发展,锻炼他们平衡、持久、协调等各方面的能力和运动的技巧,也有利于内脏和神经系统的发育。游戏活动中借助的材料随之不断的复杂,能促进儿童手眼协调,脚眼协调能力的发展。

二、游戏促进儿童认知能力的发展

(一) 游戏促进儿童感知觉的发展

人类知识最初来源于感觉和知觉,因此,要培养聪明的孩子,就要重视儿童的感知觉训练。感知觉能力是在活动中得到不断发展的,成人应注重给孩子一个丰富的有刺激的环境,使感观得到健全发展及良好的训练,从而培养出聪明伶俐的孩子。游戏是孩子生活中最喜欢的活动,他们在游戏中自由自在、轻松愉快,不妨在游戏中培养儿童的感知觉。有研究者为此专门做过如下儿童感知觉培养方案。

1. 视觉游戏

儿童对周围世界的注意和兴趣,往往首先是从视觉渠道产生的,并且人接受外界信息大多通过视觉。儿童的视觉信息颜色多于和优先于形状。在感性经验中,视觉在对物体的明暗、颜色和形状等外观特征的认知和对物体大小、远近等空间属性的区分上,起着重要的作用。"看一看"这类构思的智力游戏着重发展儿童的颜色视觉和空间概念,提高目测力和视觉分辨力,培养观察的准确性和敏锐性。

(1) 分辨颜色的游戏

儿童最初的视觉游戏着重在发展颜色分辨能力,使儿童学会辨认物体的各种颜色。开始,游戏设计应从静态物的基本颜色入手,并逐渐增加颜色的种类。例如,找一些正方形的硬纸块,贴上或涂上红、黄、绿、蓝、咖啡、黑、白、灰、紫、粉红等多种颜色,每种颜色准备两个色块。将这些色块混在一起,请儿童通过对比和分辨这些色块,把颜色相同的色块找到一起。通过玩色块游戏,能使儿童学会命名颜色,给颜色配对,提高颜色的识别和类分能力。

随着儿童颜色识别能力的提高,游戏设计的范围可以逐步扩大到一些中间色,如橙黄、橘红等,还可以就一种颜色的深浅浓淡进行比较。这种游戏的设计难度主要是对颜色差异的控制。色差小,游戏难度大;色差大,游戏则容易。为了增加游戏的趣味性,这类游戏还可设计成与儿童喜爱的其他游戏相结合的综合游戏。如用色块或色纸作商品，把儿童分成售货员和顾客，玩"开纸店"游戏。当儿童辨色能力达到一定程度时，游戏设计应向动态辨色游戏发展。动态的辨色游戏主要是通过色彩的合成与分解，让儿童知道颜色会变化，并了解一些色彩组成的规律。

这类游戏设计有三种思路。

第一种设计思路是利用色的合成原理。例如，把黄色和蓝色的颜色水混合在一起，水的颜色就会变成绿色。又如，把一块红色的橡皮泥和一块白色的橡皮泥糅合在一起，最后就会成为一块粉红色的橡皮泥。

第二种设计思路是利用色的叠加原理。例如，让儿童们搜集一些彩色玻璃纸，用硬卡纸做个镜架，把彩色玻璃纸贴上做成一副有色眼镜。戴上眼镜，请儿童说说观察到什么，不同颜色的眼镜，又会产生什么不同。

第三种设计思路中色彩的变化是通过快速旋转，利用视觉暂留现象获得的。例如，用厚纸板做一个陀螺，在陀面上涂上两三种颜色。转动陀螺，就会发现陀面改变了颜色。让孩子们说一说，原来涂的什么颜色，转起来变成了什么颜色；请孩子们比一比，看谁做的陀螺转起来最好看。这类游戏除了能发展儿童的颜色视觉能力，还能锻炼儿童的动手操作能力。

（2）分辨图形的游戏

图形分辨能力对观察力的意义十分重大，各种智力测试中考察观察力指标的测试项目都有图形分辨的测试内容。因此，游戏设计者们十分热衷设计此类游戏，各种读物上这类游戏层出不穷。一般可将这类游戏分为数图形、找图形、找相同、找不同和找错误等五种。

A. 数图形游戏

数图形游戏要求游戏者迅速准确地从给出的图形中数出某一指定图形的数目。这种游戏主要训练儿童对同类图形的认知和反应能力。做这种游戏的关键是掌握有序的观察方法，做到既不漏数，又不重复计算。数图形游戏有2种设计思路：一种设计成几何图形，一种设计成美术图形。数几何图形的游戏要求游戏者具备一定的几何知识，由于几何图形比较单调，不易引起儿童的兴趣和注意，所以对小班、中班的儿童要少用，对具备了基本的几何图形知识的大班儿童，运用时也要加入一些竞赛性因素来提高游戏性。相对而言美术图案画面生动有趣，能很好地吸引儿童投入。

B. 找图形游戏

找图形游戏要求儿童在观察中准确地把握图形的典型特征，找出隐藏其中的指定图形。一般说来，这类游戏给出的图形特征越明显，越为儿童熟悉，设置的干扰因素越少，游戏的难度就越小。在游戏中，儿童遇到困难时，教师除了给予一定的提示外，还可相应地延长观察时间。找图形游戏有五种设计思路。

第一种设计思路是把一组物品画成重叠的图,请游戏者来分辨。

第二种设计思路是给出一些局部的线索,要求游戏者根据观察推知隐藏事物的整体。

第三种设计思路是将某一图形隐藏在纷杂的干扰图案中,请游戏者分辨和寻找。

第四种设计思路则要求游戏者找出指定图形的位置。

第五种设计思路是把找图形与数图形结合起来,要求游戏者找到隐藏的图形并数出来。

C. 找相同游戏

找相同游戏是一种要求寻找图形相同特征的观察游戏。在游戏中,教师应指导儿童分析和确定图形的典型特征,然后通过反复比较来求同存异。

找相同游戏也有四种设计思路。

第一种设计思路是给出一个指定的图例,要求游戏者在一组相似图形中寻找与之相同的。

第二种设计思路是在一幅图案中设计出几个相同的局部,要求游戏者在一定的时间内把它们找出来。

第三种设计思路是选取一幅图案中的若干局部,进行一定的翻转作为指定图例,请游戏者于一定时间内在原图中找出它们的位置。

第四种设计思路是在两幅截然不同的图案中设计出若干相同或相似的局部,要求游戏者一定时间内把它们找出来。

D. 找不同游戏

找不同游戏要求儿童区别两幅图案的微小差异,迅速找出其中的不同之处。在一定时间内,图案越复杂,不同处设计得越多,越隐蔽,游戏的难度就越大。在找不同游戏中,教师应指导儿童掌握有序的观察方法,即从左到右,或是由上往下,用"逐行扫描法"依次进行对比观察,就能迅速而准确地找到目标。

找不同游戏有二种设计思路。

第一种设计思路是在两幅基本一致的图案中安排若干处不同,请游戏者在一定时间内找出。

第二种设计思路是将一幅图分成若干块,既在每个分块上安排与原图不同的内容,又将每个分块进行位置移动处理,或者翻转处理,从而增加了游戏的难度。

E. 找错误游戏

找错误游戏要求儿童根据对客观事物的正确印象,找出图形中的错误。做这种游戏,教师应在儿童指出错误点后,请他说说正确的情形。找错误游戏有二种设计思路:

一种思路是设计各种美术错误,如牛长着象牙,鸡长着鸭脚,左右两个裤腿不同颜色等等。

另一种思路是设计各种逻辑错误,如公鸡在水里游,鸭子上了树,旗帜飘向西而炊烟吹向东,太阳当头照而星星眨眼睛,等等。一幅图可以只用一种思路进行设计,也可两种思路兼而有之。

(3) 分辨空间的游戏

这类游戏主要训练儿童的目测力,形成准确的空间概念。游戏可就大小、远近、粗细、前后等等单项概念进行识别,也可综合起来进行分辨。如,找一些形状各异、大小不同的盖瓶,把瓶盖全部打开集中在一起,让儿童给这些瓶子配上瓶盖,看谁在规定的时间内配成的多。

2. 听觉游戏

听觉在人的感觉中举足轻重,特别是在语言交流中起着重要的作用。在口语中,语音是语义的载体。一个人只有能正确地发音,才能使自己的言语被人们所理解、接受。而听音又是发音的前提,只有听得清,才能发得准。有些儿童存在着言语障碍,虽然看起来是口、喉、舌等发音器官的问题,实则大部分障碍源与听觉有着密切的联系。听觉游戏有两个方面的训练任务:一是分辨声音特征;二是判定声源、声向。

(1) 分辨声音特征的游戏

分辨声音特征的游戏主要是训练儿童分辨各种声音,区别声音的性质(如音高、音强、音长、音色等)以及从物体的音响特征来识别物体的能力。例如,让儿童闭上眼睛静坐室内,仔细倾听和分辨发生在周围的各种声音,如说话声、咳嗽声、交通工具声等等,看谁说得又对又快。这种类型的游戏一方面要求儿童去最大限度地使用他们的听觉器官,另一方面还能促使儿童为了要听清楚那些微弱的声音,而高度集中他们的注意力。游戏时,教师应注意在声音内容上有所变化。如可找一些钥匙、硬币等儿童熟悉的东西,先让儿童看过,然后蒙住眼睛,请儿童分辨是什么物品在发声。设计分辨声音特征的游戏可以采用蒙上游戏者眼睛的游戏方式,也可以采用遮住分辨物的方式。例如可以用一条大毛巾搭成"幕布",教师躲在后面制造一些声音,如拍球、剪纸、翻书、削铅笔等,请儿童猜猜老师在干什么。有的听觉游戏要求儿童对日常物品与其声音特征能建立一定的联系,设计或选择游戏必须在儿童具备足够的听觉经验基础上进行。当然,由浅入深的系列游戏必然能丰富儿童的听觉经验,提高听觉识别物体的能力。

(2) 判定声源方位和声向的游戏

判定声源声向的游戏有二种设计思路。

第一种游戏设计中的发声源是固定的,可与分辨声音特征的游戏混合进行。如设计数个发声源,每个发出的声音各有其特征。让数名儿童根据各自指定的声音特征进行寻找声源的比赛。

第二种游戏设计中的发声源是移动的。如,蒙上儿童的眼睛,并将他们排成一路纵队,教师手持一只小铃,在儿童的前、后、左、右各方向摇动,要求儿童根据铃声的方位改变行走的方向,或跟着铃声走。又如,蒙上儿童的眼睛,将一只响铃球从儿童面前向某一方向滚去,请儿童根据球滚动时所发出的声音去向,迅速准确地找回球。

3. 触觉游戏

触觉是我们感知事物的一大途径。对物体的软硬、冷热、光滑及粗糙等质地的认识,主要通过触觉完成。蒙台梭利认为"儿童常以触觉代替视觉或听觉,即常以触觉来认识周围事物,因此更应该重视触觉。"她的感官教育就是以触觉练习为主的。

(1) 触摸辨物游戏

触摸辨物游戏以"摸一摸"为主要构思,通过游戏丰富儿童的触觉经验,加深儿童对物体的大一小,长一短,圆一多角,光滑一粗糙,软一硬,冷一热等性质的触觉认识,提高儿童通过这些性质特征来识别物体的能力。

这类游戏常用的道具有两种,一种是内装触摸物两边开有触摸取物洞口的纸箱,一种是内装触摸物能收紧袋口的布口袋,我们称之为"百宝箱"和"百宝袋"。

设计触摸辨物游戏应把握三个难度层次。

第一个难度层次是从物体的相对特性入手的。例如,在百宝箱里放两个大小不等的球,两根长短不一的尺子,两个软硬不同的娃娃等,要求儿童两手到箱中摸取具有相对特性的物品,如左手摸塑胶娃娃,右手摸木制娃娃,两手同时摸出即为正确。

第二个难度层次是围绕物体的相同特征进行设计。例如,在两只百宝袋中,分别装上同样的物品,如棉花球、鞋带、尼龙布等,请儿童两手分别从两只袋中摸出相同的东西。

第三个难度层次是以分辨物体的相似特征为主,有时还可以结合语言训练一起进行。例如,在百宝箱中放入一些十分相似的物品,如纽扣、棋子、瓶盖等。要求儿童依次去摸一件,取出箱之前要描述所摸物品的特征,并说出该物品的名称,比比谁说得好,说得对。另外,将各种触摸辨物的游戏构思引用到对几何形体的认知教学中,也会起到非常好的教学效果。

(2) 触摸分类游戏

触摸分类游戏是建立在触摸辨物游戏基础上的,要求游戏者首先对物体的差别与近似之处进行触摸辨别,然后再类分物体的游戏。游戏的难度主要受物品的差异大小左右。分类游戏有两种:一种是给出分类依据,要求类分物体的归类游戏;另一种是没有分类依据,要求自定分类依据并类分物体的分类游戏。后者难度大于前者。下面这个"看谁摸得对"就是一个归类游戏:

收集一些纸盒子,在盒子上贴一个特定的形状(如△、□、○)或物品(如纽扣、砂纸、丝绸等)作为类别样品标志。需要多少种类就贴多少盒子。再准备一个大纸盒,里面装满各类数量相等的物品,这些物品的种类与每一个盒子上贴的样品相对应。游戏时发给每个儿童一个贴有类别标志的小纸盒,蒙上眼睛,让他们轮流从装满各类物品的大盒子中拿一件属于自己一类的东西,放进自己的小盒子中。这样一直做下去,最后以全部拿对的儿童为优胜者。如果给儿童一把纽扣或一些几何图形,请他根据触觉进行分类。这样的游戏就必须先自行确定一个分类的依据,然后再进行分类,游戏的难度也就大大增加了。

(3) 触摸造型游戏

触摸造型游戏的重点是分辨各种造型的特征,发展儿童的图形认知能力。游戏设计有两种思路。

第一种设计思路是通过触摸辨别图形及图形边框的特征进行镶嵌的游戏。游戏所用的嵌板采用硬纸板或薄木板做成,板上设计一些几何图形。挖下这些形状成为嵌卡,并使之与嵌板上的孔相吻合。为了使儿童能选择不同的难度的嵌板进行游戏,还可以多设计制作几块不同图形不同难度的嵌板备用。如果嵌板上设计的是美术图形,则会大大增加触摸镶嵌游戏的难度。游戏前可以先让儿童熟悉嵌板,然后蒙上眼睛,将嵌卡和嵌板分离,要求儿童用触模将图板镶嵌完成,同时,还要让儿童边镶嵌,边说出图形的名称。

第二种设计思路是通过触摸图形及其相互的关系特征进行排列的游戏。游戏方法是在百宝箱里用双面胶固定排列一些用硬纸板、塑料等制成的形状物,让儿童把手伸进箱子里,用触摸去发现箱子里东西的形状和排列次序,然后要求他从另一些形状物中选择与箱内相同的形状物,并在箱子上用同样的次序排列出来。

(4) 触摸动作游戏

触摸动作是盲人感知他人身体姿态和动作的主要方法,明眼人一般不需要如此来获知动作。但通过触摸动作的游戏,儿童却能获得一种特别的体验。如游戏"盲人塑像师",3个儿童作为一组,1人担任塑像师,1人为模特,1人为塑材。蒙上塑像师的眼睛,由模特任意摆一个动作并保持不动,然后请塑像师触摸模特的动作,再将塑材摆成与模特同样的动作。游戏时还可对塑像师的"作品"进行评比,看谁摆得像。

4. 嗅味觉游戏

"尝一尝"和"闻一闻"这类构思的智力游戏着重发展儿童的嗅味觉。通过尝尝,可使儿童区别溶解在水或自己唾液中有味道的物质的甜、酸、咸、苦等等;通过闻闻,可使儿童从各种不同的物体所发出的特殊气味中来识别物体。嗅味觉游戏所使用的分辨物可以是食物,也可以是非食物;可以是固态物质,也可以是液态物质。游戏设计可以单就一种感觉进行训练,也可以把两种感觉综合起来进行游戏。例如,在同样的瓶子里装上酒、醋、桔汁、水、汽油等液体,请儿童通过闻闻来区分和识别这些液体,游戏训练的是儿童的嗅觉;而在同样的杯子里装上不同浓度的糖水,请儿童通过尝尝排出糖水甜度的次序,则是训练儿童味觉的灵敏度;如果将苹果、梨、香蕉等水果切成同样大小的块,让儿童先闻闻,再尝尝进行辨别,就是一种嗅味觉综合训练游戏。

三、游戏促进儿童记忆力的发展

国内外大量的研究表明,儿童不善于记忆抽象事物,不善于理解记忆,无意记忆是儿童记忆中的特点。儿童对感兴趣的事物和一些有趣味性的活动他们会很快熟悉和记住它。而游戏中提供的场景就是对儿童意识的一种无意识刺激,让儿童在潜移默化中去记住一些东西。以游戏的方式记忆某些事物,是发展孩子记忆力的重要方法。

比如,语言活动《一起睡着了》中,小朋友戴上小动物头饰后,进行了分角色表演,对整个故事细节都记忆犹新,包括故事中各个角色出场的先后顺序及角色之间的对话。又如,音乐游戏《小小蛋儿把门开》中,老师借助于身体动作,让孩子感受蛋儿开门、小鸡出壳的情趣;双手抱的动作表示小鸡可爱、胖乎乎的模样,形象的动作表演深受小朋友的喜爱,又便于儿童记住歌词。游戏《猜一猜》中,教师用实物或图片让孩子看一看、想一想、说一说"什么东西不见了?"、"哪一种变多了?",游戏刚开始时,出示的实物品种数量由少到多,每次增添或拿掉一两样实物后,让孩子说出少了什么物品。等孩子完全熟悉了这游戏后,教师可适当增强游戏难度,每次增添的物品相应的增多。对于年龄稍大一些的孩子来说,教师可以跟孩子轮流讲一个故事的不同段落,组织孩子比赛背诗歌"接龙",要求中间不停顿。再如,锻炼孩子的即兴记忆时,给孩子几张物体的图片,让他看几分钟,拿走图片,说出看到的图片内容,孩子一般能说得较准确,即记忆清楚;而如果图片较多,则引导孩子对图片进行比较、分类,寻找图片内容间的关系,对它们在进行概括之后再进行识记,比如把图片内容分别划为"衣服"、"家具"、"交通工具"等等,再记忆不同类别中的具体事物。

四、游戏促进儿童思维想象能力的发展

任何一种游戏活动的进行都蕴含着锻炼和发展儿童思维能力的条件,游戏的经验也蕴含着思维活动的内部操作经验,并能够迁移到解决问题的策略中去,从而有助于提高儿童解决问题的能力。心理学家们关于游戏经验对于解决问题的效能研究,证实了游戏经验有助于儿童的创造性能力的发展,有助于集中性思维和创造性思维的发展等结果,都较为微观地从不同侧面反映了游戏与儿童思维能力发展之间的密切联系。

积极参与游戏的儿童要不断地思考,思维一直处于活跃状态并解决一个一个的问题。如在有角色扮演的游戏中,儿童要首先确定游戏的主题和情节。他们要相互商量是玩"过家家",还是"捉迷藏"。确定了主题、情节,还要分配角色,选择用什么物体来代替

什么物体；没有现成的，还要想办法去寻找或制作。玩搭积木时还要考虑搭建什么，用什么材料、形状等，如何才能美观匀称，如何才能坚固不会倒塌等。在特别强调需要儿童动脑筋的智力游戏中，儿童思维的积极性更是突出，计算游戏、猜谜语、下棋等游戏明显地有利于儿童思维的发展。

单就游戏中以物代物的活动成分而言，它就是一种儿童的象征性思维活动过程。这一过程是伴随感知、概括、回忆、想象等心理活动的复杂思维活动。这一过程包括三个步骤或模式：一是对当前刺激物的外形特征进行感知分析，概括出其一般的或基本的特征。如感知到半个皮球是一个空心的半球体。二是从长时记忆中提取与当前刺激物及其特征存在类比或隐喻关系的物体的表象进行比较、分析，找到它们的相似之处，然后进行概括。如找到半个皮球和碗都是空心的半球体，都可盛放东西等。三是以它们之间的相似性为支柱，用不在眼前（但在头脑中）的物体意义来代替当前刺激物的真实意义，即意义转换。如用"碗"对"半个皮球"进行命名，并按碗的意义要求来操作半个皮球。可见，以物代物是一种代替物与被代替物之间的对偶联结的思维模式，它以儿童能够敏感地细察或认识到当前物与其他不在眼前的物体之间潜在的类比或隐喻关系为前提。以这种关系的认识为前提的代替物与被代替物的联结，也是对当前游戏材料的筛选及游戏中对被代替物的需要的判断的结果。这里面包含着对当前情景的知觉，头脑中原有信息的重组与改造，意义的转换操作等因素。这些因素正是由人的思维，特别是创造性思维的积极主动的介入方能出现或发生的。这一心理过程即完成了一个象征性思维的活动。这种以物代物的象征思维的发展暗含着儿童抽象逻辑思维的开始萌芽，为文字等高级象征（符号）能力的掌握奠定了基础。而且在以物代物这种现实与假装之间的意义转换中，一方面儿童知道一物不是另一物，是"假装"或"好像"，另一方面，又愿意把假的当成真的来对待，儿童的守恒和可逆的思维得以锻炼，从而其思维更具灵活性。

虚拟性或象征性是游戏的普遍特征，并以"假装"或"好像是"为标志或条件，给儿童提供了想象的充分自由和空间。这样儿童在游戏中不仅以物代物，而且可以一物代多物或多物代一物，不仅能自己假装成他人，而且可以"串演"多个变换角色或多人共同扮演一个角色。这有利于儿童想象力的发展特别是促进了创造性想象力的发展。如儿童在游戏中，枕巾可以当棉被，也可以当衣服；床可以当舞台，还可以当医院；棍子可以当马骑，椅子可以当马骑；他可以当司机，也可以当警察等。这些游戏中的想象从物到人，从动作到背景都极富创造性，甚至成人想象不到的他们也能想象到。儿童的创造性想象是儿童创造性能力的一个重要方面。可见，在心理学家科琳·亨特关于游戏与创造性的研究中，发现创造性探究者（好游戏者）在以后的创造性测验中的得分较高，是与游戏经验促进儿童想象能力发展的作用有关系的。儿童游戏中的创造性想象力的发展，也为儿童思维的创造性以及流畅性、灵活性的发展，打下了基础。

由此可见，游戏对儿童来说也是一种学习的过程，通过游戏不但使儿童增加了解各种物体的知识面,还通过想象,手脑并用,集中展现自己的智慧、技巧和能力,并提高学习兴趣,真可谓是"其乐融融"、"其益无穷"。

五、游戏促进儿童情绪意志力的发展

一个人的情绪是否健康是由其情绪的稳定性与愉快感来衡量的,快乐的情绪对人的心理健康十分重要。儿童的年龄特点决定了他们情绪的不稳定性,因此他们的内抑制能力发育不完善,容易受到外界的影响,常有时而哭、时而笑、时而精神萎靡等消极情绪的行为表现;如果一个孩子每天都会表现出过多地发脾气、经常哭闹等则会被视为情绪不健康。

游戏具有娱乐性,它总是伴随着愉悦的情绪体验,可以给人带来无穷的快乐。因此,游戏总是伴随着肯定性的情感体验,即使是在否定性的情感煎熬中的人,只要一融入游戏,这些否定性的情感也能促进他们个性的良性发展。如有的小朋友在初入儿童园时会显得不安、常哭、不爱说话,总是闷闷不乐的样子。这主要是小朋友初到陌生环境的一种不适应性表现,并产生了与父母的分离性焦虑。此时的孩子需要教师的细心引导,让他们参与到游戏活动中来,做游戏时轻松愉快的气氛有利于缓解儿童心理的紧张情绪。

游戏轻松安全、没有压力、易获成功的特点,有利于发展儿童的成就感,增强他们的自信心。成就感是一种与自我意识相联系的情绪和情感,对活动的成败感到自豪、焦急、害羞或惭愧等都属于这一类情绪、情感。在游戏中,儿童享有充分的自由,没有任何来自外界的压力和强迫,因此,孩子的情绪是放松的,而且还可以任意摆弄物体,表现人物的形象,反映自己对生活的认识。当儿童利用游戏材料做出了成果时,会产生自豪感,享受到成功的快乐。如果失败了,在游戏中也不会产生任何负担,不会造成任何损失,可以重玩。因此,通过在游戏中学习解决疑难问题,可以使孩子觉得自己有能力去解决问题,增强自信心。

在游戏时,儿童可以通过假想的情境把自己的恐惧、焦虑的情绪宣泄出来,从而排解内心的压力。例如,害怕打针的孩子总喜欢玩打针游戏,总把周围的人或玩具当做自己的病人。男孩特别爱玩黏土,他们玩黏土时那一系列用劲的"挤"、"压"、"捏"、"摔"等动作,都具有宣泄功能。有的儿童有时喜欢反复地搭积木,然后又用力地把它推倒,这也具有宣泄意义。在玩娃娃家游戏时,有的孩子喜欢把布娃娃的裤子拉下来,然后狠狠地打它的屁股,并且口中念念有词。只要我们注意观察,就可以发现,儿童通过游戏把精力和情绪发泄之后,他们的脸上总会露出一种满足和痛快的表情。

在合作性的游戏中,小伙伴之间相互合作,相互帮助,成功了,大家共同分享快乐;不成功,大家齐心协力来解决问题。孩子们能够学会分担、分享,有利于培养他们关心和同情他人的情感;前苏联儿童教育学者门捷利茨卡娅指出,尽管游戏辞典里有"好像"、"假装"等词,但儿童在游戏时产生的情感永远是真诚的,孩子不会作假,也不会装样子,"妈妈"真心爱着自己的孩子,"飞行员"由衷地关心怎样更好地使飞机降落就是在游戏中的获得与成长。

六、游戏促进儿童个性的发展

把握好儿童个性自发形成的关键期,使儿童形成良好的个性,就可为儿童未来个性发展奠定一个良好的基础,因此,培养儿童良好的个性品质应从儿童期开始。

游戏是儿童自主自愿的活动。这是因为游戏是活动的指南,在于活动过程本身的享受,而不是在于对活动结果的追求。儿童在活动中始终是自由自在,毫无心理压力的。因此能在轻松愉快的游戏气氛中,获得通过自我努力而成功的欢欣和自豪。这种积极的情绪体验,将使儿童们的求知欲急升、心理需要得到满足,只有游戏才能使儿童摆脱对成人的依赖,激发起一种完全出自本身的勇气,促进其个性的和谐发展。

首先,学前儿童往往只是从自己的角度出发看问题,以自己的想法、体验、情感来理解周围现实的人和事,这反映了儿童在社会性认知上的自我中心化特点。在游戏中,由于担当了角色,出于角色的需要,他必须以别人的身份出现,把自己当作别人来意识,这时,他既是"别人",又是自己。在这种自我与角色的同一与守恒中,他学会发现自我,发现自我与他人的区别,使自我意识得到发展。自我意识的发展,与人——我意识的发展是相互关联的,知道别人与自己不同,也才能够理解别人,学会从别人的角度去看问题。所以,当孩子在扮演角色例如"母亲"时,一方面,他清楚地知道自己不是"妈妈",但是另一方面他又能够从母亲的角度看问题,这样,就比较自然地学会改变自己看问题的角度,逐渐克服"自我中心"的观点和思维的片面性。游戏中的角色扮演帮助学前儿童由自我为本位的社会认知向以他人为本位的社会认知过渡,从而为理解他人、助人为乐、宽容、友好等良好的品质形成奠定了心理基础。

其次,游戏带有竞争性,这使儿童在游戏中同时面临着成功与失败。如玩《布剪锤》《跳绳》等游戏时,当儿童在游戏中获胜,他们体会到成功的喜悦和满足感,增加了自信心和成就感;当他们面临失败,会产生挫折感,但儿童好胜心强,丰富有趣的游戏又深深吸引着儿童,使他们能承受失败和挫折给他们带来的不安,分析自己的不足,克服自身的弱点,继续参加游戏。所以,在这个过程中,儿童学会自我控制,锻炼了抗挫能力,增强了明辨是非、正确评价的能力,形成乐观、开朗的性格。

再次,游戏本身就具有浓厚的趣味性,它符合了儿童好奇、好动的特点,又能让儿童在游戏中充分享受到自由。在自然、自发的游戏中,儿童没有任何干预,没有心理压力,情绪是放松的,他们自娱自乐,敢于大声说笑,大方地表现,大胆地想象;他们随时随地、自由结合,不用任何道具就玩得很开心。这说明游戏为儿童创设了良好的情绪环境,使儿童跨越了情绪障碍。因此,游戏的开展过程,可以说是儿童逐步形成良好个性心理的过程。

七、游戏促进儿童品格的发展

加强儿童的品德教育和进行行为习惯的培养、训练,对促进儿童身心和谐发展,起着十分重要的作用。如果在物质文明不断发展的今天,忽视德育,不能为儿童良好道德品格、行为习惯奠定基础,并且随着儿童年龄的增长逐步巩固和提高德育的成果,那么,未来社会因道德造成的社会问题,决不亚于生态环境遭受破坏造成的恶果。

让学前儿童理解并遵循社会的行为规范,培养儿童良好的品德和行为,仅靠成人的说教是难以奏效的,但在无拘无束的游戏中,儿童可以潜移默化地懂得什么是应该做的,什么是不应该做的,通过对是非、善恶、美丑、真假的判断,掌握文明的行为规范,形成良好的品德。

游戏是对现实生活的反映,游戏中蕴含着人与人交往的基本规则。儿童在内容健康的社会性表演游戏中,通过扮演角色,模仿社会生活中人们的文明行为,可以缩短儿童掌握道德行为规范的过程。例如在角色游戏中,儿童能认识和体验到医生与病人、父母对孩子、同学与同学等人与人之间的关系,从而理解关心别人、尊敬长辈、团结同学的文明规范。儿童在日常生活中,碰到与游戏相似的情景时,就会按照游戏中的做法来支配自己的行为。比如玩过"牵盲人过马路"游戏的儿童,在生活中遇到盲人或老人过马路时,可能就会主动去帮助他们;玩过"拾金不昧"游戏的儿童,不仅自己拾到东西要交给老师,而且看见父母或其他人拾到东西,也要坚持让他们还给失主。可见,儿童在游戏中通过模仿学习的社会行为规范,会迁移到儿童的实际生活中,从而有助于在现实生活中对道德行为规范的理解和遵守。

游戏是儿童自由结伴进行的,它能给儿童带来欢乐和满足。让孩子们自由发挥,充分开展游戏,通过扮演角色,反复地模仿,可以提高他们的道德认识,激发道德情感,实践社会道德行为规则,有利于他们在现实生活中掌握和形成良好的道德行为品质。

此外,游戏中编配的部分儿歌对儿童良好品德的形成有不可低估的作用。如:"摇摇摇,摇元宵,我的元宵是宝宝。穿红衣、戴红帽,不说话,总爱笑。吃饭不让妈妈喂,走路不让爸爸抱。看见小鸟点点头,看见客人问声好。"在玩游戏"摇元宵"时,是由两名儿童合作边念儿歌边玩的。而这首儿歌融于此游戏中,不仅教育了孩子自己的事情自己做,培养了孩子的生活自理能力(吃饭不让妈妈喂,走路不让爸爸抱);而且又教育了儿童从小懂礼貌,争做文明人(看见小鸟点点头,看见客人问声好)。从中也增添了游戏的情绪,儿童能从中受到感染熏陶,从而形成良好的道德品质。游戏能促进儿童良好行为品质的形成。

八、游戏促进儿童社会性的发展

人文主义心理学家马斯洛认为:"当儿童生理的、安全的需要得到满足时,儿童就渴望自己有所归属,成为团体中的一员,渴望在团体中与他人间建立深厚的感情。"正常、友好的人际关系不仅有助于维持心理健康,而且也是衡量心理是否健康的重要指标。大量的调查研究表明,许多的儿童心理障碍的产生是由于儿童缺乏社交而导致的;如孤僻症、社交恐惧症等。

从个体发展来看,人是社会关系的总和。人所特有的高级心理机能都是在人际互动过程中,通过掌握中介工具而不断发展的,游戏对于儿童的社会化发展具有较大的影响,它是同伴之间进行社会交往的重要媒介。

游戏是儿童学习和掌握社会角色的一个途径。社会角色的承担者(或扮演者)的行为要符合社会规定或认同的标准,就有一个学习和掌握的过程。如果社会角色的学习不良,就会导致个体与其角色不相符合的非角色行为,就难以适应社会生活。儿童通过各种游戏获得各种不同的社会角色的角色行为、角色意识以及角色认同。例如,在角色扮演的游戏中儿童逐渐学会如何使用恰当的语言与同伴交流,"超市售货"游戏中,"营业员"会礼貌地对"顾客"说:"请问您需要点什么?""我能帮助您吗?"通过扮演这样或那样的角色,儿童也就能掌握一些这个角色所必需的行为准则。扮演家长,儿童可表现出对"孩子"的体贴和关怀,扮演医生则需要关心病人,扮演售货员时要礼貌待人等等。

游戏可以培养儿童遵守规则的能力。许多游戏都有约定俗成的游戏规则,由此才能使游戏进行下去。富有情趣的游戏对儿童具有很大的诱惑力,为了参加游戏,游戏时儿童必须相互协调、合作,学会自己解决人际矛盾,学会控制自己的行为和情绪,学会理解和照顾他人、平等待人等。同时,在游戏中,每个儿童自然的更换角色,也会自然地产生"领袖",自然地淘汰"领袖"。因此儿童必须克服任性、独尊、娇惯等不良习性,学会协调与组织、团结与协作、牺牲与分享、援助与服从、理解与宽容等,形成有益的责任感和集体意识,才能更好地融入集体、参与游戏。儿童从游戏中认识到:规则是游戏的保障,人人都必须遵守,从而培养遵规守纪的行为习惯,这对于促进儿童的社会性发展是具有深远意义的。

游戏能使儿童形成交往的习惯,并能养成和同龄人建立某种相互关系的本领,促进同伴关系的发展。就儿童的年龄特点而言,游戏是儿童生活的主要活动,他们是活泼好动的,喜欢与同伴嬉戏,因为,没有社会功利目的的儿童自发的活动能在真正意义上满足儿童自身的需要。孩子游戏的过程本身就是一个很好的交往过程。

由于儿童的年龄较小,他们的自我中心意识还比较强,自我控制的能力比较弱,这便制约着儿童的个性发展和社会化过程。所以在游戏中发生冲突、忽略游戏规则及常规的事情常有出现,作为教师不应过多地苛责这些行为而应提供适时、恰当的指导,游戏才能发挥出更好的作用。

综上所述,游戏是儿童的基本活动,游戏同时又是孩子在成长过程中不可缺少的一部分,就像人体的维生素一样必不可少,是适合孩子人格健全发展的活动。游戏对学前儿童身体、认知、社会性和情绪情感、个性品格等各方面发展具有积极而全面的促进作用。游戏是童年幸福与快乐的砝码,也是儿童成长的阶梯。因此在学前儿童教育教学中,应充分发挥好游戏的功能,让孩子们真正能够在游戏的快乐中成长和学习。

思考与练习

1. 游戏是怎样促进儿童身体成长与发展的?
2. 说说游戏对于儿童社会性发展的价值。
3. 幼儿的认知能力是如何通过游戏实现的?
4. 案例分析:辛格对3~4岁儿童进行了为期一年的研究发现:经常玩假装游戏或者有假想伙伴的儿童在游戏中有较多的微笑和欢笑,坚持性和合作性较好,较少出现攻击行为,也较少出现愤怒和悲伤。此研究说明了游戏的什么价值?请简述之。

第五章

游戏的环境与条件

游戏的顺利开展依赖于各种充足条件的具备,如,游戏时间的保证,游戏环境的优化,游戏材料的丰富以及游戏者之间和谐的人际关系等,只有充分提供安全、合理、适当的游戏条件,才能保证儿童在游戏中自由、健康、快乐地成长。因此了解和掌握游戏的条件及其标准有利于充分发挥成人在儿童游戏中的指导作用。

一、游戏的时间条件

在儿童游戏的条件中,时间是一个很重要的因素。"自由"是游戏的本质特征,如果没有"自由"就无游戏可谈。凡是幼儿能够得到"自由自在感、支配感、胜任感、成功感"等游戏性体验的才是游戏。无论是哪种游戏,儿童都需要有充分的时间去探索和尝试,让幼儿有充分的时间从容地变换其自发的游戏,并自然地遵循着游戏的共同兴趣和情节发展而形成小组,进行同伴间的交流与互动。幼儿需要充分的时间去进行游戏的准备。

游戏的时间往往是反映游戏水平的一个指标,一个孩子如果能长时间地坚持一种游戏,并表现出丰富的游戏情节或复杂的构思,说明他活动的有意性很强,能够有目的地为实现自己的计划和意图行动。但同时这种水平的提高也需要时间来保证。幼儿在游戏中需要足够的时间探索材料,选择合作伙伴,计划和构思游戏情节,还要通过各种方式去实现自己的构思。如果没有足够的时间,当儿童刚刚规划了游戏,建构了场景,还未进入想象的情节和互动合作,就被宣布结束了;如果没有足够的时间,结构复杂的造型才刚刚完成了一半,就被宣布结束了。这样游戏不能尽兴,游戏的水平也不易提高。因为往往高水平游戏是在游戏的高潮中反映出来的。

幼儿游戏时间的长短,受幼儿经验和兴趣制约。儿童游戏时间的保证需要从三个角度去理解:

一是游戏时间总量。一般说来,小班认知水平低,活动具有无意性,结构化的认知学习要更少,游戏时间要多一些,而大班孩子的活动有意性增强,快进入小学的正式学习阶段,相应的游戏时间应该比中小班少一些。

二是单位游戏时间的延续。年龄大些的孩子,由于游戏的有意性和计划性更强,情节结构相对复杂,需要合作沟通的规则相对要多,因此单位游戏时间随幼儿年龄增长而递增。

三是游戏次数的频率。由于不同年龄儿童单位游戏时间的不同,因此游戏次数的频率安排也有所不同。大年龄幼儿一次游戏时间较长,在一日活动时间安排时可集中安排。小年龄幼儿一次游戏时间较短,在一日活动安排时可分段安排。游戏时段的安排没有绝对的标准,小年龄幼儿的游戏可以陆续开始,陆续结束,大年龄幼儿则可以同时开始,同时结束,这是依据了不同年龄幼儿游戏合作水平差异的特点。例如,有的幼儿园每天都安排了角色游戏,但每次只有半小时,有的每周三次,每次 50 分钟,有的每周两次,每次一个多小时,总数都是 150 分钟。其他类型的游戏(结构、表演)的安排也有这种情况,比如,结构游戏总数 100 分钟,以不同的频率提供,单位游戏时间大班长,游戏频率小班高,总数是小年龄占的游戏时间长。当然不同的游戏类型在时间的总数上对不同年龄班也是不同的。

游戏是否每一次都需要有开始部分的组织?自主性游戏组织的功能是什么?是个值得思考的问题。由于时段的不同,有的游戏根本不是同时开始的,组织也就无从谈起。同时开始的游戏,有时则需要教师在游戏开始部分,提示、协调游戏场地;了解现有的游戏环境材料是否符合幼儿当前的游戏需要,仅此而已。教师的组织尽量简短,因为,幼儿迫不及待的是开始游戏。

游戏是幼儿园的基本活动,因此,一方面要充分保证幼儿自发游戏的时间,另一方面教学要尽可能游戏化,即教师组织设计的教学性游戏也是必须的。两者各不相同又不能相互替代,有时是相对独立的,有时可能是相互渗透的,因此它们之间没有绝对的时间比例,思考这个问题时,应当以满足幼儿自主发展的需要、以幼儿一日在园的愉快体验、以幼儿园课程方案的实施需要为参照。

二、游戏的空间环境

游戏场地的设计、游戏空间的安排对儿童的游戏行为具有重要影响,它可以影响儿童游戏活动的类型、数量、时间和质量(Frost, Shin & Jacobs, 1998; Petrakos & Howe, 1996; Smith & Connolly, 1980)。经过认真设计和规划的户外场地、室内环境能够为幼儿提供一系列的学习机会,促进幼儿全面发展。儿童最好的游戏和学习场所应该是穿行于这两种环境之间。

(一) 户外场地

户外游戏的独特之处是多方面的,由于配备了大型设施供游戏者使用,这使得游戏者进行更广泛的运动成为可能。因此,户外游戏场地促进了游戏者的动作发展,提高了他们的运动能力、操作能力和社会能力。而这些能力得以促进和提升的方式与室内有限的空间内同样进行的促进的方式是不同的。户外游戏场地比室内环境更适合混乱的或嘈杂的游戏,装、运,用沙子、水和其他液体材料的相关问题减少了,孩子们获得更多样化的感官刺激——如听觉、嗅觉、质感的机会。此外,友好的、非暴力的追赶游戏以及有限制的超级英雄或战争游戏在室内是无法进行的,只能在户外进行。游戏场地上响亮的嗓音和高活动水平恰好成为室内环境中"内部声音"和有控制的活动的补充。

在形成同伴文化方面,户外游戏场地似乎比教室更具有影响力。这与户外环境空间更宽裕和环境更灵活有关,户外游戏场地环境的相对自由使得儿童在与同伴交往时有更多的选择自由,期间如果老师对此提供支持,那么就可以让学生学到积极的社会行为。

户外游戏场地可以并且应该提供比室内环境更丰富的自然材料,这包括了多种材质——如草、尘土、石头、砖块、塑料、金属、树皮、树叶、沙子、水等;和更丰富多样的植物、花园、自然区域和生物。游戏场地上精心准备的储存要提供多种设备,如三轮车、马车、独轮车、工具、建造材料和有组织的游戏使用的器材。而这些都是室内无法有效使用的。因此,将室内环境与户外环境结合在一起就能扩展复杂性、挑战性、多样性、新颖性以及所有支持创造性、学习和发展的元素的机会。

有研究表明:发生在游戏场地的语言比室内环境中的语言更复杂(Tizard, Philps & Plewis, 1976),男孩在户外环境比在室内更多地参与表演游戏(Henniger, 1985),女孩在户外游戏中更自信(Yerkes, 1982),男孩和女孩在户外环境中都更多地进行大肌肉动作游戏(Campbell & Frost, 1985)。活跃的户外游戏能促进儿童的身体健康和整体健康。许多人都认同新鲜空气和户外环境在减少呼吸道感染,抑制细菌传染,维持健康的免疫系统方面的价值,适当地暴露在阳光下对儿童是有益的。

在游戏场地的建造中,游戏专家们建议不要把儿童在游戏场地上按年龄进行分组。儿童之间是互相学习的,而从大孩子传递给小孩子的游戏场地文化,有助于保存传统游戏、发扬社会主流价值观和道德观念。尽管小孩子与大孩子的游戏是不同的,但不同年龄的孩子一起进行合作游戏和相互交往仍然存在着许多可能性。

1. 游戏场地的功能与标准

功　　能	标　　准
1. 鼓励幼儿游戏	吸引人的,容易接近 开始的空间和令人放松的环境 户外内流行无阻 有适合不同年龄的设备设施
2. 刺激幼儿游戏	在比例、亮度、质地和色彩上变化和对比 多功能的设备 给幼儿多种经验

续表

功　能	标　准
3. 激发幼儿的好奇心	可以让幼儿自己加以变化的设备 可以让幼儿进行实验和建构的材料 植物和动物
4. 满足幼儿基本的社会和身体方面的需要	对幼儿来说是舒适的 设备和设施的尺寸适合幼儿的身体 具有体能上的挑战性
5. 促进幼儿和环境之间的互动	能为幼儿的行为提供一定规范的、摆放整齐的储藏室 可供幼儿阅读、拼图或独处的半封闭式的空间
6. 支持幼儿与其他幼儿的交往	各种不同的空间 足够大的空间以避免冲突的发生 能促进幼儿社会性交往的设备和设施
7. 支持幼儿与成人交往	易于保养和维护的设备设施 足够大的、使用方便的储藏室 方便教师观察监督的空间 可供幼儿和成人休息的空间
8. 丰富幼儿认知类型的游戏	功能性、体能性的、大肌肉运动的、活动性的 建构性的、创造性的 扮演角色、假装的、象征性的 有组织的、规则的游戏
9. 丰富社会性类型的游戏	独自的、独处的、沉思性的 平行的 合作性的相互关系
10. 促进幼儿的社会性和认知发展	提供渐进的挑战性 整合户内外的活动 成人参与幼儿的游戏 定期的成人和幼儿共同参与的对活动的安排 游戏环境具有动态性，处在不断的变化之中
11. 保障儿童安全	挑选安全的材料和设备，减少危险状况 提供突发事件应急预案及监管方法 避免安全事故的发生

2. 游戏场地的建设规划步骤

在最初的游戏场地规划中要充分考虑基础性因素，它指的是游戏场地的内容，包括空间、游戏材料和器材、自然地貌、储存区域、设备安放的位置、围墙、儿童的数量和年龄、残疾儿童的类型。空间、儿童人数、个体差异、社会和文化因素，都在影响儿童在游戏场地上的游戏行为。而成人对游戏环境的精心规划和他们与孩子互动的能力可以在有限的空间里创造出积极的游戏机会。

理想的幼儿园的游戏场地的空间安排是每个儿童平均9～10平方米，他们应该在一定时间内总面积大约900平方米的游戏场地上进行游戏。游戏场地设计得好的话，应该容纳大约100个儿童同时进行游戏，其中还要有开展，有组织的、比赛的有限开阔空间。

建设规划过程中要具体考虑一下步骤：

第一步是要确保场地的公用设施规划，决定在什么地方安置地上或地下公共设施（化粪池系统、污水管道、电话线等），必须谨慎地避免损坏公用设施或者与这些设施冲突，特别是在考虑为支撑大型多层游乐设施或大的固定设施挖坑洞的时候。

第二步是要决定该场地的使用模式。会有多少孩子参与其中，是什么年龄段的孩子，如何排定孩子们使用该场地的时间表（学校或日托中心）或者预计如何安排同时来玩的孩子们（城市公园）？

第三步是要总体布置出大型永久固定设备的初步安放格局。在这个过程中必须参照适用于当地或者本国的安全指南或标准。尽管这些安全标准只是针对人造设备的（如，秋千、大型多层游乐设施、滑梯、大肌肉运动设备）但有一点是必须牢记的，人造设施只是具有高度创造性和想象性特征的游戏场地的一小部分，要想把人造的和天然的、创造性的元素整合在一个游戏场地上还要寻求其他资源渠道的帮助，例如，与环境专家合作，与教育专家合作等。

第四步是要保证材料和设备的到位，安装或者开发永久性的布置，例如，储存区、自然生态区、有组织的比赛区和围墙。很多社区、日托中心、学校都是与专家一起共同规划并建造自己的游戏场地器材的。

要想把传统的游戏场地转变为能保存和提高儿童的探险精神的自然的、神奇的、特别的地方，必须要延展游戏场地的概念，要从结构化的、高科技的、人造的、设计的、标准的适宜于发展的和对应适当年龄特征延展到自然的、创造的、美轮美奂的、有活力的、独特的、神秘的、丰富的和充足的特征上来。标准的游戏场地过于乏味，孩子们需要荒野之地。把自然地貌融入户外游戏和学习环境，建成包括蝴蝶园、香菜园、菜园、温室和有一大片野花、青草和树木的湿地在内的自然奇境户外课堂，能把幼儿室内与户外的活动和探究学习整合起来，让游戏环境变得神奇。

此外，好的游戏场地是永远不会完工的，而是应该为了适应使用者不断变化的兴趣和能力而持续不断地进行发展和改造的。因此必须按照优先次序或者分阶段添置材料设备。

3. 不同年龄段儿童的游戏环境

（1）婴儿与学步儿的室内与户外游戏环境

婴儿的游戏表面上看相对简单，但是其发展性作用却很大。他们所进行的感知运动游戏的名称很恰当，因为他们就是在用一种看似无休无止的动作方式来品尝、感觉和倾听。他们在室内游戏场所相对较小但要很整洁，所选择提供的游戏物品要安全和具有感官刺激性。等到婴儿长成学步儿，他们就变得特别乐于探索，试验所见的周围环境中的一切东西。他们的游戏场地中要有许多抓握玩具、积木和推拉式玩具、不同质地的物品和声音。在成人的帮助下，他们开始使用小型秋千、滑梯和小的有轮车。

(2) 学前儿童的游戏环境

当儿童进入学前阶段后,他们会非常认真地进行假想游戏,并学习独立使用有轮车和大型游戏场地的装备,他们也广泛地参与到大肌肉动作游戏或练习游戏盒结构游戏中。学前儿童的游戏场地更大、更复杂,提供的游戏种类更多。假想游戏所要的材料和设备包括娃娃家、有轮车、车辆轨道、沙子、水和许多固定物件或者可移动的材料。当他们到四五岁开始对有组织的游戏认真感兴趣时,游戏场地就必须再扩大了,要提供可以玩球和进行追赶游戏的,平坦的草地,还要为有组织的比赛准备带有网子和其他设备的铺设区域。

更为正式的游戏场地是为了让儿童进行大肌肉动作练习游戏,假想游戏和结构游戏而建造起来的。游戏场地上设有储存可移动材料(非固定物件)、玩沙和玩水的游戏设备、大肌肉动作游戏的大型设备(滑、荡、攀爬、平衡等)、假想游戏的材料和区域(车、船、沙、有轮车、娃娃家等)及建造游戏用的材料(沙子、水、工具、建造积木和木材等)。在学前儿童的游戏场地中设自然区域、花园和宠物可以让他们的游戏得到进一步的促进。儿童的社会行为的发展与其游戏环境的质量和丰富程度是紧密随行的。荒芜的、单调乏味的游戏场地以及缺乏成人的支持都会导致儿童误用游戏场地并且出现互相伤害的行为。

4. 户外游戏场地的安全管理

(1) 加强对户外游戏器械的管理和维护

所购游戏器械要具有相关安全指标,确保幼儿安全。在游戏器械的安装时,应严格按照安装说明书进行施工,安装后,要进行检查,确保安全投入使用。在大型器械周围要采取保护性措施,如在滑梯的地面四周铺设海绵拼图。要加强对户外大型玩具器械的安全检查,对于螺丝生锈、松动、老化等各种威胁幼儿安全的现象都要记录,及时反馈,并定期维修。若游戏玩具器械已过保养期或损毁严重,则应及时报废,以免发生因游戏器械年久失修而导致的事故伤害。

(2) 重视户外玩具的卫生安全

要加强对玩具和游戏材料的清洁与消毒。首先,应保持户外玩具和游戏材料清洁,应1~2周消毒一次。其次,对二手玩具和自制游戏材料进行原料的检查和彻底的消毒处理。再次,应及时仔细地检查和清理户外游戏场地中的卫生死角和危险物品,如及时清理地上的积水,防止幼儿跌倒摔伤。最后,游戏中使用的自然材料,如沙池中的沙子要常更换。

(3) 完善户外游戏活动的组织管理体系

在户外游戏活动中教师良好的组织和管理是预防意外伤害事故的有力保障。在开展户外游戏之前教师应先强调活动的规则和相关安全事项,教师要检查幼儿的衣着、鞋帽,注意检查幼儿是否携有不安全物品,如小刀、玻璃,以确保幼儿的生命安全。在开展户外游戏时教师要考虑游戏内容、场地大小与游戏人数,避免由于拥挤、碰撞而发生意外安全事故。教师在游戏中要监督观察,注意调节幼儿活动量,倾听幼儿的交谈内容,制止幼儿危险行为的发生,及时进行必要的安全指导和安全教育。在户外游戏活动结束时,教师要清点幼儿人数,检查幼儿身体是否有擦伤、跌伤的现象,是否携带危险小物品等,以确保幼儿安全。

(4) 对幼儿进行安全教育,提高幼儿自我保护能力

《幼儿园教育指导纲要(试行)》指出,应"密切结合幼儿的生活进行安全教育,提高幼儿的自我保护意识和能力。"对幼儿进行适度的安全教育,提高幼儿安全意识和自我保护能力是确保幼儿生命安全的重要措施。

幼儿园要将安全教育落到实处,如将每学期某一个月定为安全教育月,每个月第一周定为安全教育周,每一周第一天定为安全隐患排查日教育日。幼儿园可以开展常见的户外意外事故专题教学活动,播放安全类视频以及邀请专业医护人员,对跌伤等户外安全问题进行专门性的安全工作指导,来帮助幼儿理解安全常识和提高幼儿自我保护能力。幼儿教师可以把安全教育直观、形象地渗透到幼儿的游戏活动中,使幼儿在轻松、愉快的具体场景中了解安全教育,增强户外安全意识。老师让幼儿学习安全教育歌曲、故事,如在幼儿滑滑梯时,教师可以和幼儿一起唱"滑滑梯,滑滑梯,你先我后别着急"。幼儿在上下楼梯时,教师可在一旁引导幼儿唱儿歌"走廊慢慢行,有序不争抢。楼梯靠右行,不闹不推搡。"也可以将一些突发事件作为专门的教育教学活动来进行,如地震。教给孩子们一些地震前的预兆常识,利用地震视频,让幼儿充分感受地震的危害,老师还要引导幼儿分析如何躲避等。

(二) 室内环境分区

在有限的区域创设游戏场所不仅是成本或者空间的问题,而且是想象力和独特性的问题。好的游戏环境具有超越当下、单调和标准的神奇特质。它们有"流动的"特质,能把孩子带到其他地方或另一个时代;它们在现实和想象的特质中被融入敬畏和奇观。而坏的游戏环境则僵化,一成不变,被成人控制着而且缺乏弹性和魅力。在这里,孩子们无法编织梦想,也很少展现天性。被局限在这种游戏环境中的儿童,几乎接触不到自然的奇观、想象的乐趣和创造的喜悦。因此,游戏环境的创设本身就体现了创设者对于儿童游戏的重视和尊重程度。室内游戏环境的设计更是如此。幼儿园的室内游戏环境大多分区设计,以下是对幼儿园一般活动区的分区、材料提供及设计建议:

活动区	主要材料	设计建议
积木区	☆各种质地、大小、颜色、形状的积木; ☆各种道具供幼儿拓展游戏类型,如形态各异的恐龙(可建构恐龙馆)、可站立的小人偶(可将建构游戏演化为戏剧游戏)、各种交通工具和交通标志、各种动物昆虫模型玩具等。	☆空间应该足够大,同时应离通道远些,以防幼儿的搭建物被来往的幼儿碰倒; ☆最好铺设地毯或泡沫垫,以免构建大积木时噪音过大; ☆需要放置积木的专用柜,积木要分类整齐放好。可在积木和橱柜上标上颜色、数字等,让幼儿自己配对整理; ☆积木区忌潮湿; ☆积木区可以与戏剧区相邻,因为两个区域的游戏常常会交叉重叠。

续表

活动区	主要材料	设计建议
戏剧游戏区	各种厨房用具,如煤气灶、冰箱、水槽、锅等; 各种家具,如卧室里的大衣柜、梳妆台等; 各种家庭摆设,如花瓶、壁画等; 各种家庭用品,如电器、水杯等。	对于以家庭生活为主的娃娃家,设置时需要注意适当的私密性,宜采用半封闭式; 在各种家庭生活用品上面可贴上标签,有助于儿童文字符号意识的发展; 安设镜子可促进幼儿自我意识的发展以及对游戏的兴趣。
艺术区	各种大小、宽窄、质地的图画纸; 各种画笔,如水彩笔、蜡笔、记号笔、毛笔等; 各种素材,如毛线、纸板、皱纹纸、牙签、纸盒、纸杯、吸管、花边、碎布等,这些素材会充分激发幼儿的想象力、创造力以及环保意识; 各种工具,如画架、刷子、剪刀、胶水、打洞机、订书机、胶带等; 各种泥塑材料,如黏土、彩泥、陶土等; 清洁用品,如擦手毛巾、防水围裙、抹布等。	有专用柜陈列各种材料,材料陈列有序而且有标记; 艺术区最好能够靠近水源,便于清洁(有的幼儿园会将需要用到水的一些活动如用水彩颜料绘画移到盥洗室); 地面最好为瓷砖类的,易于清洁; 设立作品展示区如墙面、作品展示台、用铁丝做成挂钩将幼儿作品变成吊饰。
科学区	动物、植物(可放在户外); 有关物理科学,如磁铁、矿石、沙土等; 实验器材,放大镜、显微镜、滴管、烧杯、镊子、轴轮等; 记录卡——供幼儿记录植物成长变化、实验变化或发现等。	可根据时令、活动主题等需要来提供材料; 一些器材如显微镜等还是惊喜器材,需要实现示范并说明用法; 经常带孩子到野外去观察、采集标本等,而不只是提供现成的标本让孩子摸摸、看看,记住名字。
图书区	各种毒物,如童话故事、自然科学图画书、谜语书、笑话书等; 录音机或碟片机、磁带或碟片; 布偶(供儿童讲故事); 订书机、铅笔、便纸条等(儿童可以随时写画,制作自己的小书); 软靠背垫。	图书要适龄; 图书的尖尖锐角最好能修圆,尤其是对于低年龄的幼儿; 图书每周可更换几本,而不是全部,对于大班孩子,在换书之前可由其讨论决定; 应设在不受干扰的安静区; 书架可设三层,体现出年龄层次的差异,让不同发展水平的幼儿都能找到适合的图书。
益智玩具区	木珠、大小雪花片、套筒、七巧板、乐高组合玩具、钉板、拼图等; 各种棋,五子棋、跳棋、飞行棋、象棋、围棋等; 供下棋或桌子操作游戏的桌子。	应设在不受干扰的安静区; 游戏内容和材料可根据幼儿发展需要,而不一定受主题约束; 注意地面的消音措施,如铺小块地毯或泡沫地垫; 开放式摆放玩具的玩具柜,配对放置。
拆卸区	一些适宜的废旧可拆卸的物品,如电话、小马达、钟、表等; 各种拆卸和装配的工具,如老虎钳、锤子、螺丝刀等。	远离安静的区域,否则容易对安静的区域造成干扰,可靠近积木区、木工区、也可放在外走廊; 可做一工具带挂在墙上,各种工具插在里面,悬挂高度应让幼儿伸手可及; 收集的各种废旧可拆卸物品依属性分类,并贴上标签; 可靠墙放置大纸箱或大收藏箱,分类放置收集来的各种废旧可拆卸物品; 可设立一个制物架,用以放置儿童当日未做完的物品,上面可挂一标签,标签上可有"尚未完工,有待继续"的标记以及幼儿的姓名; 拆卸前的说明和规范非常重要,包括工具的使用说明、安全教育、规则制定等。

续表

活动区	主要材料	设计建议
主题区	以戏剧性游戏主题相关的某个特定环境如杂货店、饭店、邮局或动物医院的道具和家具。	一次只介绍一个主题区,每个主题区持续几周; 主题区与戏剧扮演区临近,以便儿童将两者的游戏主题进行综合; 对幼儿不熟悉的主题,应该通过实地参观、阅读、看录像等途径预先为幼儿提供经验。如关于邮局主题,如果不为幼儿熟悉,则在开展该主题区游戏之前,需要组织幼儿参观邮局、拜访邮递员、给朋友写信寄信等。

三、游戏的材料

游戏是儿童最正当的行为,玩具是儿童的天使。绝大多数游戏的进行都离不开特定的玩具或游戏材料。例如,在功能性游戏中,孩子们会拍、打、推、滚、摆弄各种玩具和游戏材料;在结构游戏中,需要使用积木或其他建构材料去建构;在戏剧性游戏中,需要用到各种道具;大多数规则游戏也用到一些如扑克牌、骰子、球之类的材料。吉丁斯等(1981)的研究显示:儿童在家时间中每天平均有 4 小时花在操作玩具或各种游戏材料上,而在学校与玩具或游戏材料接触的时间甚至比这更长。可见,玩具、游戏材料是游戏活动的重要物质条件,具有促进儿童身心发展的教育价值。

(一) 游戏材料的标准

为保证游戏的健康发展及玩具教育作用的充分发挥,玩具及游戏材料的选择和提供应符合下列标准:

1. 具有教育性

各种玩具,虽然在用途上不同,对儿童发展的具体作用不同,但都应在某种程度上促进儿童某一方面,如,身体、智力或情感的发展,有助于对儿童进行全面的发展的教育,真正成为儿童良师益友,也就是说玩具及游戏材料应具有教育性。一物多用、富于变化的玩具或材料,往往会使儿童久玩不厌,能促进儿童用手、动脑,多方面地启发儿童想象力,发展儿童创造性,使儿童在玩中得到发展。如结构游戏材料,能拆开装合的玩具等。玩具的的教育性并不取决于玩具的复杂程度,选择玩具时也不能从其装潢是否漂亮或价钱的贵贱来判断其教育性。有许多玩具,积木、洋娃娃、皮球、黏土、纸张等,虽然很普通,构成也简单且价格较便宜,但往往变化多,又可一物多用,有启发性、耐玩,使儿童成为玩具的主人,而不是它的奴隶。昂贵的电动玩具,虽能引发儿童的好奇心,但由于功能的单调,并不一定能长久地吸引儿童注意力,对儿童的发展作用就相对较小。玩具的教育性,一方面取决于玩具本身,另一方面取决于儿童的身心发展水平。

2. 符合儿童的身心发展水平

不同年龄阶段的儿童由于生理和心理发展水平不同，儿童的需要也不同，应该为他们提供适合其年龄特点和需要的各种玩具，促进他们身心发展和游戏活动的开展。

一般而言，2岁以内的婴儿正处于各种感觉器官迅速发展的重要时期，他们主要是通过看、听、摸、抓握等感觉运动来认识事物，应为他们提供发展感觉运动的玩具。如各种彩球、彩带、塑料娃娃、塑料动物等有助于发展婴儿的视觉和触摸觉；能发声的摇鼓、音乐盒等有助于发展婴儿的听觉，能抓握的软塑料玩具、橡胶制品，可发展婴儿的触摸觉等。在一、二岁时，婴儿开始走路，要提供给婴儿可以发展站立和行走的玩具，如学步车、小围栏、小推车、大皮球、滚筒等，促进婴儿运动机能的发展。在婴儿时期也应提供一些娱乐玩具，如不倒翁、小熊打鼓、小猴爬杆等，以引起儿童快乐的情绪。

3～4岁的幼儿是形象思维能力形成和发展时期，应为他们选择较丰富的形象玩具，如，娃娃玩具、动物玩具、医疗玩具、餐具和茶具以及能活动的、能拆能拼的玩具，有助于发展幼儿的思维和想象力。在该时期，儿童的独立性和运动能力进一步发展，很喜欢运动性的玩具，所以应多给儿童提供攀登架、秋千、滑梯、三轮车、转椅等玩具、设备的使用机会。

5～6岁的幼儿抽象思维能力开始发展，运动机能也更加成熟。幼儿园和家长应较多地为他们提供复杂一些、活动性强、能组合的各种大小玩具，特别是智力活动成分较多的结构玩具、智力玩具、电动玩具。如各种拼合、装配玩具——像拼板、插板、拼图、镶嵌板、大型的图片接龙等。这些玩具不仅发展幼儿思维能力，也发展幼儿的精细动作，培养动手动脑的能力和探索创造的意识。

另外，也有一些玩具具有一物多用的特点，玩法也从简单到复杂，如积木、积塑、皮球等，这些玩具为不同发展水平的儿童所喜爱，供不同年龄儿童使用。

在幼儿园不同年龄班的玩具及材料的提供和选择上须遵循儿童身心发展的不同水平和游戏的不同特点。为小班幼儿选择的玩具应以成型的形象玩具为主，以有利于支持儿童游戏愿望的产生和游戏的进行。从品种数量上小班幼儿玩具品种不必过多，但相同品种的玩具数量一定要多，以保证儿童的相互模仿。

在中大班，玩具的种类应增多，以供儿童自主选择。供角色游戏用的玩具应能反映广泛的主题内容。体育玩具、音乐玩具应多样化、复杂化，智力玩具要有一定难度。在中大班还要设一些未成型的材料即非专门化玩具，以满足和激发日益增长的创造性。

3. 符合艺术要求

玩具的形象和色彩要符合艺术的要求，能引起婴幼儿快乐和喜爱的情感，培养儿童的美感，有助于发展儿童的审美能力。所以玩具要能反映民族风格和现代艺术及民间艺术的特点。符合艺术要求的玩具能够给人以美的感受、美的情感。

4. 符合卫生和安全要求

玩具及材料是否安全、卫生是选购玩具的最基本的标准。游戏材料和玩具的涂色、原料及填充物要应无毒无异味,容易洗晒。带声响的玩具,声音要和谐悦耳,避免噪音。带毛和口吹的玩具不卫生。玩具还应绝对保证儿童的安全,预防一切可能引起的伤害。带有硬的尖角和锋利边缘的粗糙玩具,不要提供给儿童。另外,具有发射能力的枪炮、弓箭等玩具也暗含不安全因素。室外的运动设备要定期进行卫生和安全检查。玩具的安全性一方面取决于玩具本身,另一方面则取决于儿童的发展水平和知识经验。所以成人不仅要确保玩具的卫生、安全,也要让儿童正确使用玩具并照护儿童等。2岁以下儿童的玩具应大于嘴巴,以免儿童吞咽,如小的玻璃球、纽扣等就不要让婴儿单独去玩。

5. 经济适用

玩具应牢固坚实、经久耐用,不易损坏,色彩不易脱落。提倡就地取材,利用自然物和废旧物品自制玩具。对于年龄稍长的幼儿,提供一些诸如旧纸盒子、破皮球、小木块等物品,不仅符合经济要求,也可开展有助于儿童想象力和创造性发展的游戏活动。玩具的好坏不应从原料的贵贱和外表的装潢出发,要以教育作用为主要依据。在有限的经济条件下,要优先配备教育价值高的玩具,符合既经济又有利于儿童发展的双重要求。

6. 具有多样化和新颖性

玩具和游戏材料的选择和提供,要注重形式和功能的多样化,避免单一化,以适应各类游戏及综合性主题游戏的开展和保证儿童自由地选择和使用,并且有利于实现玩具全面发展的教育价值。幼儿园要为儿童提供各个种类的玩具,如形象玩具、结构材料、智力玩具、体育运动玩具、娱乐玩具等。同时还要注意随儿童兴趣的转变和认知水平的提高,定期或不定期地增减和更新。

(二) 提供游戏材料时需要考虑的因素

1. 游戏材料的种类

不同类型的材料会引发不同认知类型的游戏,某些游戏材料对儿童游戏行为具有导向作用。如积木更可能引发结构游戏;洋娃娃、扮家家等模拟玩具更可能引导儿童进行戏剧性的游戏;"变形"玩具,如变形金刚(一种可以从机器人变为车子的玩具),则倾向于鼓励儿童的机能性游戏(Bagley & Chaille,1996);橡皮泥、黏土、沙和水也可促进机能性游戏,而颜料、彩笔以及剪刀则鼓励结构性游戏(Rubin,1977);积木则既可促进结构性游戏,又可鼓励戏剧性游戏(Rubin & Seibel,1979)。

同时,不同的游戏材料还会影响游戏的社会性(Hendrickson,Strain,Tremblay & Shones,1981;Rubin,1977)。一些材料如小积木往往一个人可单独玩,游戏的社会性相对较低;而另一些游戏材料如飞行棋则需要更多人的参与,从而引发团体游戏,游戏的社会性相对较高。

2. 游戏材料的特性

真实度和结构化是玩具和游戏材料身上两个相关联的特征(Johnson,1999)。真实度指的是玩具与真实物品的相似程度。真实度越高,玩具的逼真性越高;反之,玩具的逼真性越低。结构化是指玩具用途的特定性程度和玩法的固定性。结构化程度越高,其用途范围越狭窄,玩法越单一;反之,用途范围越广,玩法越多。

玩具的这两种特性是相互关联的——真实度高的玩具往往也是高结构化的玩具,真实度低的玩具往往同时也是低结构化的玩具。例如,一辆模型只能被用来当做警车,而一辆特征模糊的积木汽车可能被用来做,也可能用来做其他类型的车(如急救车、工程车等)。

一般而言,对于2~3岁年龄较小的儿童,应多提供真实度、结构化的玩具。因为他们缺少表征能力,需要较多的细节来帮助他们进行模很强的活动,这也是为什么那些形象生动、色彩鲜明、特征明显的玩具易引起幼儿的注意和游戏行为的原因。随着儿童年龄的增长,儿童的表征能力增强,建议多提供结构化程度的玩具,尤其是一些自然材料如沙、水、石等,真实度高、结构化程度高的玩具反而可能会抑制他们创造性、想象力的发挥。因为低结构的玩具会让儿童思考"这像什么",这个过程正是"以物代物"的象征建构过程。另外,对于年龄比较大的儿童而言,真实度和结构化较低的玩具让儿童获得主控性,更能满足其游戏的目的。

总之,从促进儿童认知发展考虑,提供的玩具通常具有以下几个特征:

(1) 允许不同年龄的儿童用不同的方法玩。如积木,2岁的幼儿可能满足于堆高、推倒的机能性快乐,而更大年龄的儿童则会构建出复杂程度不同的物品,还可以将之作为戏剧游戏中的道具。

(2) 结构性低、真实度低、玩法多样。这类玩具更容易让幼儿发挥想象力和创造力,如蜡笔和空白纸比涂色纸具有更多的玩法。

(3) 复杂性低。精密或复杂的玩具如发光和发声的电动枪,一般制造精密,玩法也比较固定,幼儿无法依照自己的意思改变玩具的玩法,因此也就很难激发儿童的想象力、创造力并进而促进其发展。

3. 游戏材料的数量和品种搭配

游戏材料的数量和品种搭配对儿童的游戏均有着影响。

(1) 游戏材料的数量

游戏材料的数量可以影响儿童的游戏行为。自20世纪30年代起,研究者就对在儿童团体游戏中投放多少游戏材料才适合这一问题感兴趣。众多的研究结果都揭示(Connolly,1980;Patrick Doyle,1977,1978):无论是在室内还是室外,玩具数量和儿童的社会性行为之间成反比关系。玩具数量减少,儿童社会性行为会增多,玩具数量增加,儿童社会性行为则会减少。社会性行为包括两个方面:积极的社会性行为如分享、积极交往等;

消极的社会性行为如攻击性行为。也就是说,减少玩具数量,则每个儿童得到的玩具平均数量减少,会导致单独游戏减少,而积极的社会性行为如平行游戏、分享会增多,但同时消极性的社会交往行为如攻击性行为也会增多。反之,增加玩具数量,则每个儿童得到的玩具平均数量增加,这时会导致单独游戏增加,而积极的社会性行为如平行游戏、分享则会减少,同时消极性的社会交往行为如攻击性行为也会相应减少。

这给教育的启示是:若想要增加儿童群体中的分享合作行为,可考虑适当移除一些玩具(但玩具数量不能太少,否则容易导致攻击性行为的增加);同样的,群体中过多的攻击性行为也可由增加玩具数量来消除(但又不可增加太多,否则会导致单独性游戏增多,而分享合作行为减少)。

(2) 游戏材料的品种搭配

游戏材料的品种搭配对幼儿的游戏行为也会产生影响。

提供可供多人共同游戏的材料,如,多人用的长绳、跷跷板、滑梯、大型攀爬架等,将会鼓励儿童合作等亲社会行为的发生,相比之下,那些只供一人游戏的材料如单人短跳绳、三轮车、木马等更容易导致儿童间的冲突和攻击性行为的出现。

搭配不固定的材料(如积木、组合玩具)比搭配固定的游戏材料(如拼图)更容易导致冲突发生(Doyle,1978)。这是因为,搭配灵活的材料可以让儿童用来参与许多不同的游戏活动,所以容易导致在使用上的争夺;而搭配固定的材料因为只限于目前正在玩它的儿童使用,因而争夺会较少发生。

材料的不同搭配会导致不同的游戏行为。如当拼图块和拼图板放在一起的时候,往往引发的是儿童单独或平行的建构游戏;而只提供拼图块,儿童则可能玩建构游戏或社会性的戏剧游戏(Rubin&Howe,1985)。刘焱在研究中发现,如果只给孩子提供餐具、炊具等这样的玩具,儿童表现出的游戏行为更多是对这些物品的操作,表演性行为不太会出现;但如果玩具中增加"娃娃",儿童对玩具的机能性操作会退居次要地位,游戏会演变为表演性游戏,侧重表现人与人之间的关系。此时使用餐具、炊具不仅仅是"做饭",而是为"娃娃"做饭,幼儿会模仿成人对待孩子的态度,游戏就由无角色变成有角色扮演的游戏。

由此可见,玩具的品种及其搭配会对儿童的游戏造成影响。尤其是对年龄稍大的儿童来说,他们会试图在多种游戏材料间建立联系,从而构建一个他们掌握的"小世界"。因此,成人在提供玩具时,需注意尽量增加玩具的种类,注意不同玩具之间的联系,使儿童在游戏中能充分发挥想象力,延长游戏时间,提高游戏水平。

4. 儿童性别及年龄与游戏材料的选择

儿童在玩具和游戏材料的选择上表现出性别偏好和年龄差异。

(1) 儿童性别与游戏材料的选择

儿童在玩具选择上的偏好是儿童游戏性别差异的表现之一。诸多研究发现,某些游戏材料更受男孩或女孩偏爱(Parten,1933;Benbow,1986)。如女孩较常玩洋娃娃和艺术材料,并且玩的时间也较长,男孩则偏爱积木和带轮子的汽车。儿童在玩具选择上所表现出的性别差异固然有生物因素的影响,在很大程度上也是儿童受到社会文化因素影响的结果。如成年人在给儿童选择玩具时常常把性别作为重要的参考因素之一。但新近的一些研究则发现男女差异随着时代、社会的发展在日益缩小,与之相应,男女儿童在游戏中的差异也在缩小,即女孩表现出对男孩典型材料和活动的偏爱增加,而男孩也向女孩偏爱的游戏活动和材料倾斜。

(2) 适龄游戏材料的选择

玩具的选择要适合儿童的年龄特点,如适宜小年龄儿童的玩具应是零件数量较少、逼真程度较高、模拟实物的玩具,玩具所包含的任务宜简单。

① 适合2岁以前儿童的玩具

年　　龄	玩　　具
0～3个月	因为此时期的婴儿尚无法抓住东西,所以适合的玩具主要是可以刺激感官的玩具,如摇铃、风铃、彩色图片和壁纸、婴儿床饰品、音乐盒和其他可以发出音乐声的玩具。
3～6个月	这个时候开始有基本的抓取动作,故可加入适于抓取、扭挤和置入口中的玩具,还可提供布球、柔软的物体和可以磨牙的玩具。
6～12个月	可以反应儿童活动的玩具,如有彩色图页的书籍、积木、海绵、镜子、玩具电话等。
12～18个月	可以推和拉的玩具、各种球类。简单的拼图(大块易于处理的)、积木、有轮子的玩具车。
18～24个月	用于戏水和玩沙土的玩具,如铲子、各种大小的水桶;故事书、洋娃娃、木偶、填充式的动物玩具、积木。

② 适合3～6岁儿童的玩具

3～6岁是儿童游戏的高峰期:动作机能逐步完善,大动作运动技能、小肌肉动作发展以及手眼协调等能力增强;对结构游戏产生浓厚的兴趣,拼板、套叠、镶嵌、积木、橡皮泥等玩具将是具有吸引力的玩具之一;象征性游戏走向成熟,角色开始成为游戏的中心,游戏的主题扩大,情节更加复杂,同时玩伴的合作性加强;开始萌发规则性游戏。4岁开始,儿童逐渐能够理解一些简单的规则并试图遵守,这时开始出现简单的棋牌类游戏,5岁以后,由于逻辑推理能力以及自控能力的增强,儿童可以进行一些更加复杂一点的规则游戏。

无论是使用玩具的频率方面,还是所使用的玩具的品种,这个阶段可能是一个人一生中使用玩具最多的时期。这时所提供的玩具应该围绕儿童发展的各个方面,具体如下:

提供大肌肉活动的推拉玩具(如玩具的婴儿车、吸尘器等)、球、骑乘玩具等;

提供促进小肌肉动作发展的玩具,如串串珠、编织带等;

提供各种建构类玩具,如各种形状/颜色/材质的拼图、积木等;

提供可供认名、分类、配对、排序、计数、测量、实验的玩具;

提供竞争性不强的简单规则游戏所需的材料,如扑克、棋类等;

提供简单的电脑游戏和科学玩具,如磁铁、放大镜、三棱镜、温度计、罗盘、指南针、尺、手电筒、听诊器、岩石、贝壳、水族箱等;

提供各种低结构的自然材料,如沙、水,以及各种大小的杯、桶、筛子、铲子等玩水和玩沙工具;

提供象征性游戏材料,除了前阶段提供的玩偶、填充玩具以外,各种真实物品和模拟物品均会引发儿童象征性游戏的发生,包括父母亲的衣物和鞋帽、日常生活用品以及各种模拟玩具如厨房玩具、微型家具等。手偶和指偶可以用来表演故事或进行角色扮演,交通工具的模拟玩具也是这个阶段儿童的最爱;

提供阅读的材料,与儿童经验相关的故事、动物故事、童话故事、谜语、笑话等皆可;

提供各种美工材料,包括各种画笔、剪刀、黏土、颜料、纸张等;

提供音乐活动的材料,既包括录音带,同时还应包括一些乐器。

以上列举了不同年龄阶段适宜的玩具,但是值得注意的是,年龄不是选择玩具时唯一考虑的因素。儿童的发展存在个别差异,成人在提供玩具时,务必根据其实际发展状况,酌情调整。

5. 游戏材料的安全

玩具安全是坚决不容忽视的问题。在所有的玩具伤害中,发生次数最高的是儿童被玩具的尖锐部分割伤或被玩具绊倒或从玩具上坠落而受伤;其次是吞食小玩具、玩具零件引起的窒息或者将之塞入鼻子或耳朵引起的伤害。2005年,中国消费者协会公布了我国玩具九大安全隐患:刺伤皮肤、窒息、夹伤手指、烧伤、缠绕、噪音伤耳、制动问题、电池动力安全、卫生隐患。

(1)常见玩具安全隐患

根据中国消费者协会的调查以及其他一些资料,常见玩具的安全隐患如下:

毛绒玩具:①小动物身上的眼睛、鼻子易脱落,形成小零件,存在被儿童误食造成窒息的危险。②面料中甲醛含量超标,一些纺织品在生产中添加了含有甲醛的整理剂、固色剂、防水剂、柔软剂、黏合剂等助剂,儿童接触甲醛等有害化学物质后,容易引起流泪、起红斑,严重者还能诱发皮肤病或其他传染病。③内部填充物不合格,如个别不法厂家利用黑心棉填充材料,对儿童身体健康造成危害。④毛绒的表面容易隐藏灰尘、细菌和螨虫,儿童玩耍和接触时会引发儿童敏感症。

面罩玩具:没有提供足够大的通气面积,儿童带上容易呼吸不顺畅造成窒息。

仿真武器、弹射玩具:弹珠体积非常小,易被儿童吞食,产生窒息危险。

发声玩具:①一些发声玩具如小手机电话,含有可触及的小零件电池,如被儿童放入口中或塞入鼻孔,可以产生因吞食引起的梗塞或电池液泄漏的危险。②另外,发出的声音限定力超标,将对儿童听力造成伤害。有证据表明,孩子们对声音的感应要比成年人灵敏,超过70分贝的噪音会对小儿的听觉系统造成损害,但40分贝以下的声音对儿童无不良影响。如果儿童玩具发出很大声响,就可能给婴幼儿带来灾难性的后果。一些幼儿玩具如冲锋枪、大炮、坦克车等,在 10 厘米之内,噪音会达到 80 分贝以上。还有一些玩具除了能玩,还能低音量播放一些音乐和歌曲,有益于儿童的智力发育,但是如果音量很大,播放时间较长,也会伤害儿童的耳朵。

儿童自行车:车链罩不能将链条全部遮蔽,车轮与车身间隙大,易夹伤儿童手指;松开脚踏开关后不能切断电源制动而依旧行驶,极易发生意外;充电过程中仍有启动,存在触电和电击的危险,遇到下坡时儿童自己没有关闭开关的意识,也会造成意外。

恐怖整人玩具:造成潜在精神伤害,引发儿童的不安全感,影响孩子的身心健康。

除此之外,常见的具有安全隐患的玩具还包括:

拖拉玩具。拖拉玩具都有较长的绳索,若不慎缠绕颈项,会有窒息的可能。因此,拖拉玩具的拉绳长度超过 30 厘米时,不得有可能使绳子缠绕成环状的珠子或其他附件。

金属玩具。由薄铁皮、铝合金等材质制成的玩具,含有危险锐利边缘存在割伤的危险。有的玩具被拉后会使某些部位拉脱,个别部件会外露,形成危险突出物,当孩子跌倒在玩具上的时候,存在刺伤的危险。

(2) 玩具选购的安全考虑

为预防玩具伤害的发生,家长在选购玩具时,应注意以下事项:

① 符合国家玩具安全标准

早在 20 世纪 80 年代,当时的欧洲共同体就颁布了玩具的标准 EN71,我国也有 GB6675《国家玩具安全技术规范》,对玩具产品提出了严格的质量要求。它针对不同年龄段的儿童使用的玩具作了不同的规定。经过十几年的完善,我国已经正式颁布了十几种相关的标准,覆盖各种类型的玩具,并规定了严格的玩具使用说明及标识的标准要求,如必须标明生产厂名称、厂址、商标、使用年龄段、安全警示语、维护保养方法、执行标准号、产品合格证等,涉及 12 项内容。家长在购买玩具时,首先要检查玩具的包装上有没有这些内容,然后再购买。

② 选择适合儿童年龄、能力、技能和兴趣水平的玩具

对于婴儿和学步儿童(以及所有喜欢将物体放入嘴中的儿童),避免那些会导致窒息的小配件;

对于所有 8 岁以下的儿童,应避免尖锐和粗糙边缘的物件;

对于所有 8 岁以下的儿童,避免使用有发热部件的电子玩具;

儿童的自行车等要适合儿童年龄。

③ 有害物质的排查

检查化学套装玩具内的化学物品是否对人体健康有害;

注意玩具上涂绘油漆中可能含有的毒素;颜色较深的玩具,可能含有较高的铅化合物;

检查玩具里的填料要符合卫生要求。

④ 危险因素的排查

检查玩具的结构,是否容易破碎,有没有隐蔽而锋利的尖角,表面是否粗糙,边缘是否锐利,孔、缝是否有夹伤手指的可能性;

注意玩具的配件,例如塑胶珠子、洋娃娃的眼睛等,是否容易脱落,以防儿童将脱落了的小配件吞下,或塞进耳朵和鼻孔里;

注意附有绳索或蝴蝶结的玩具,稍一不慎,绳索可能缠绕儿童的颈项,导致窒息;

检查嬉水用具的接缝是否紧密。一般吹气的塑胶玩具不能用做救生用途;检查掷射性玩具,例如弓、箭、飞镖或假枪等是否具有保护销子。

⑤ 损害因素的排查

如电动玩具,应检查玩具是否会发出极高的噪音,影响儿童的听觉;注意用电力发动的玩具的开关系统是否安全。

(3) 玩具使用的安全考虑

为避免幼儿因玩具而发生的意外伤害,除了购买时要注意安全以外,还要注意到玩具使用是否得当。玩具使用过程中的安全考虑建议如下:经常检查玩具是否有破损和损坏,如玩具有没有尖角、碎片等突出部分,配件是否松脱等。

一定要阅读玩具标签并按照标签上的指导去做。细读玩具使用说明,教导儿童适当的使用方法。

不要给幼儿买有长绳的玩具,这些玩具可能导致窒息。

立即扔掉玩具包装纸,避免小孩子将袋子套在头上或脸上,导致窒息。

在儿童玩耍时要在一旁看护,确保他们安全地游戏。

将适合较大年龄儿童游戏的玩具锁在柜子里或放在高架子上,使得年幼儿童不能接触到它们。

为了避免跌落,应教会儿童将他们的玩具放在架子上或玩具柜中。盛玩具的柜子应注意要有可移开的盖子和安全闩,以确保盖子能够被安全地打开。

不要将电池留藏在玩具内过久,以免电池腐蚀产生毒素,危害健康。

四、游戏者

(一) 儿童自身的知识技能的发展

游戏是儿童对现实生活的反映,也是儿童已有知识和技能的展现。儿童只有在具备了一定的知识经验和操作技能,才能够在游戏中自主自由地表现和创造,儿童的知识经验才越丰富,游戏的主题、情节也越丰富、多样,儿童的技能越熟练,游戏的行为表现和作品制作也越从容越形象。成人和教师要多方面、全方位去开阔儿童的视野,拓宽儿童的生活空间,多观察,多模仿,接触自然和社会,体验现实生活,积累丰富的知识经验和生活印象,掌握操作物体的经验和与人交往的技能。这不仅仅是促进儿童游戏发展的需要,也是让儿童学会自理、学会生活、学会生存锻炼和发展儿童的需要。儿童游戏能力的培养并不只是在游戏过程中培养的。

(二) 同伴

婴儿在很早的时候就意识到同伴的存在,事实上,婴儿有独特的对同伴的反应方式,如盯着看、探身过去、手舞足蹈等,(Fogel,1979)。对出生后第一年的同伴互动进行的观察表明,当周围环境中没有其他物体时,婴儿之间会发生更多的互动。(Garner,1998)。在出生后第二年,他们会边玩边对着笑,边玩边说话(Howes,Unger& Seidner,1989)。

学步儿可以和其他孩子一起开展有限形式的游戏,环境中的物体在同伴互动中发挥着越来越重要的作用,并且在游戏的一开始就被使用(Garner,1998)。学步儿接近其他孩子或成人让他们参与游戏,玩具成为游戏中介。假想游戏的出现为共同游戏提供了载体,他们一起做相同的假想游戏,如推玩具车,相互对笑,他们也玩奔跑追逐的游戏。

游戏中,我们不仅要给儿童以充分的自由,重视提供儿童自由活动、做个人选择、产生个别接触的机会。另外,也要让儿童自由地与同伴相互友好交往,建立和谐的伙伴关系,让儿童感受到在集体生活中的愉快和自信体验。只有在和谐、民主、平等、友爱的师生关系和伙伴关系中,才会造就儿童温和、安全、轻松、愉快的良好氛围,儿童的游戏才是愉快的、自主的、富有创造性和合作性的。

(三) 成人介入

在许多文化中,成人尤其是父母是婴儿和学步儿的第一个游戏伙伴。婴儿一出生,成人就开始与其进行简单的言语交流,挠痒痒游戏在此时很普遍,但到8个月时,躲猫猫游戏,拍手童谣游戏多了……

在儿童游戏中成人通过提供材料,搭建舞台鼓励孩子们的假想游戏,还可以使用玩具、物品来示范假想游戏,父母是游戏技能的启发者而不是游戏的指挥者。

成人可以在游戏中帮助孩子保持兴趣。根据孩子变化的兴趣或情绪反应来修正自己的行动和提供新的游戏材料。

儿童游戏中成人的介入主要有直接和间接两种方式:

直接介入也称外在干预,指成人在指导游戏时,并不直接参与游戏,而是以一个外在的角色,引导、说明、建议、鼓励游戏中幼儿的行为。其方法主要是语言提示和材料提供。

教师在幼儿游戏之外,在一种自然的状态,以不干扰幼儿游戏为前提,教师直接点拨给幼儿建议帮助的显性指导,可以帮助幼儿获得一定的知识或技能,以更好地开展游戏。但应注意的是,这种介入一定要自然,以不影响幼儿的游戏意愿为基本条件。

间接介入是指成人以游戏中的角色身份参与幼儿的游戏,以游戏情节需要的角色动作和语言来引导幼儿的游戏行为。其方法主要是与幼儿平行游戏或共同游戏。由于没有直接建议幼儿干什么,而是使幼儿随着教师的暗示行为而行动,所以也称间接指导。

这种介入的好处在于,因为成人与幼儿一起游戏,无形中就是对幼儿游戏的支持和认同,会引起幼儿的更大兴趣和持久性,同时也潜移默化地塑造了幼儿的游戏行为,提高了游戏的水平。

总之,创设学前游戏的良好条件,既有物质条件的提供,也有良好人际关系的创设,既有外部客观条件的具备,也需个体知识能力做基础,涉及到儿童全面发展教育的全过程。构建良好的游戏环境和氛围,不仅是教师的责任,还需要教师和家长乃至全社会达成共识,相互配合,共同努力,来为儿童营造一个健康成长的大教育环境。

思考与练习

1. 游戏的顺利开展依赖于哪些条件?
2. 户外游戏场地有哪些标准?
3. 如何加强户外游戏场地的安全管理?
4. 提供游戏材料时需要考虑哪些因素?
5. 成人应如何介入儿童游戏?

第六章

游戏的分类与指导

游戏分类与其定义一样,是个复杂的问题,每种游戏分类来源于各自不同的研究立场与理论根据。邱学青在《学前儿童游戏》中的归纳整理基本涵盖了比较有代表性的一些游戏分类。

一、游戏的分类

根据儿童在游戏中的表现及游戏的内容,可以从儿童身心发展这个纵向的角度及游戏自身的表现形式这个横向的角度来分析游戏的分类。

(一)根据儿童发展的分类法

以儿童生长发育中出现明显的重要变化为分界线,以儿童年龄发展特征为依据,来划分儿童游戏的类型,这是一种被广泛接受的游戏分类方法,是以儿童发展阶段为参照系的分类方法。随着儿童年龄的增长,他们使用游戏材料的方式不同,游戏的类型也不同。

1. 认知的分类

皮亚杰认为对游戏的认识是随认知发展而变化的,他根据儿童认知发展的阶段,把儿童游戏分为感觉运动游戏、象征性游戏、结构游戏和规则游戏等四类:

※ 感觉运动游戏(练习性游戏)

感觉运动游戏是儿童最早出现的一种游戏形式,一般处于从儿童出生到 2 岁这一阶段。儿童主要是通过感知和动作来认识环境、与人交往的。他们的游戏最初是通过自己的身体作为游戏的中心,逐渐地会摆弄与操作具体物体,并不断反复练习已有动作,从简单的、重复的练习中,尝试发现、探索新的动作,从而使自身获得发展。在反复的成功的摆弄和练习中,获得愉快的体验。游戏的驱动力就是获得"机能性的快乐"、"动"即快乐。该游戏的主要表现形式为徒手游戏或重复的操作物体的游戏。

※ 象征性游戏

象征性游戏是 2~7 岁学前儿童最典型的游戏形式。象征即用具体的事物表现某种特殊意义,游戏中出现了象征物或替代物。儿童把一种东西当做另一种东西来使用即"以物代物"、把自己假装成另一个人即"以人代人",是象征的表现形式。游戏中的主要特征是模仿和想象,角色游戏是其主要的表现形式。通过象征性游戏,儿童可以脱离当前对实物的知觉,以象征代替实物并学会用语言符号进行思维,体现着儿童认知发展的水平。

※ 结构游戏

结构游戏是儿童利用各种不同的结构材料来建构、反映现实生活中的物体的活动。它是游戏活动向非游戏活动的过渡,前期带有象征性,后期逐渐成为一种智力活动。

※ 规则游戏

规则游戏是儿童按照一定的规则进行的、带有竞赛性质的游戏,参加游戏的儿童必须在两人以上。它包括智力性质的竞赛、动作技巧方面的竞赛、运动能力一类的竞赛等等。由于规则本身具有不同的复杂程度,动作技能的要求不同,这种游戏可以从幼儿一直延续到成人。

目前,国外还有从思维发展的角度来对游戏进行分类的,认为游戏的类型与思维的类型是相对应的,根据集中性思维和扩散性思维这两种思维类型,把游戏分为集中性游戏与扩散性游戏,给游戏的分类开辟了新的视角。

2. 社会性的分类

美国学者帕顿(Parten)从儿童社会行为发展的角度,把游戏分为以下六种:

※ 偶然的行为(或称无所事事),儿童不是在玩,而是注视着身边突然发生的使他感兴趣的事情,或摆弄自己的身体,或从椅子上爬上爬下,到处乱转,或是坐在一个地方东张西望。

※ 旁观(游戏的旁观者),儿童大部分时间是在看其他儿童玩,听他们谈话,或向他们提问题,但并没有表示出要参加游戏。只是明确地观察、注视某几个儿童或群体的游戏,对所发生的一切都心中有数。

※ 独自游戏(单独的游戏),儿童独自一个人在玩玩具,所使用的玩具与周围其他儿童的不同。他只专注于自己的活动,不管别人在做什么,也没有作出接近其他儿童的尝试。

※ 平行游戏,儿童仍然是独自在玩,但他所玩的玩具同周围儿童所玩的玩具是类似的,他在同伴旁边玩,而不是与同伴一起玩。

※ 联合游戏,儿童仍以自己的兴趣为中心,但开始有较大的兴趣与其他儿童一起玩,同处于一个集体之中开展游戏,时常发生许多如借还玩具、短暂交谈的行为,但还没有建立共同目标。儿童个人的兴趣还不属于集体,只是做自己愿做的事情。

※ 合作游戏,儿童以集体共同目标为中心,在游戏中相互合作并努力达到目的。游戏中有明确的分工、合作及规则意识,有一到两个游戏的领导者。

3. 情绪体验的分类

比勒根据儿童在游戏中的不同体验形式,将游戏分为四大类:

※ 机能性游戏

机能性游戏是一种通过身体运动本身产生快感的游戏。婴儿期的游戏多属于这种游戏,三四岁以后完全消失。如动手脚、伸舌头、上下楼梯、捉迷藏等。

※ 想象性游戏

想象性游戏也称模拟游戏,指利用玩具来模仿各种人和事物的游戏,一般从2岁左右开始,随年龄的增加而逐渐增多。如烧饭、木偶戏等游戏。

※ 接受性游戏

通过听童话故事、看画册、听音乐等以理解为主的游戏。儿童处于被动地位愉快地欣赏所见所闻的游戏。

※ 制作性游戏

儿童用积木、黏土等主动地进行创造并欣赏结果的游戏。从2岁开始,5岁左右较多。如搭积木、折纸、玩沙、绘画、泥工等。

4. 根据游戏发展理论进行的分类

美国研究者基于实验研究、非正规观察和被试自我报告等的结果,提出了一个游戏的发展理论,(高月梅《幼儿心理学》,浙江教育出版社1993年版,第59~60页)他们将游戏分为六种:

※ 探索性活动

开始于婴儿早期并持续发展下去,当个体面临新的物理环境和社会环境时出现。虽然探索活动的模式会有所改变,花费的时间会因经验的积累而下降,但这一活动贯穿一生。

※ 感觉运动/练习性游戏

开始于出生后的4~6月,延续至婴儿、幼儿期的最初的游戏形式。以后继续发展,每当需要掌握新的技能(如打球等)时,就会有这种练习。

※ 假装/象征性游戏

在将近1岁时出现,于幼儿期达到明显的高峰。虽然小学儿童仍有明显的象征性游戏(特别在非公众场合——家中或校外户外活动场中),但游戏的性质变得"小型化"——用纸偶、玩具兵等小物件来替代游戏者本人;变得"抽象化"——用观念和语言来替代身体的行为;变得"社会化"——游戏有了新的定义和喻义(如表演"滑稽短剧")。

※ 规则游戏

开始于婴儿参与成人发起的嬉戏活动,以后在幼儿自发的社会性游戏中出现了规则游戏的雏形。幼儿期有一些通常由成人发起的简单的规则游戏。学龄初期规则游戏的数量和复杂性不断发展,至小学中期达到高峰,然后发生类似象征性游戏的演化:变得

"小型化"——进入桌面游戏;变得"抽象化"——出现纸笔游戏或猜谜游戏;变得"社会化"——出现运动竞赛和其他一些有正规规则的游戏。

※ 结构游戏

当感觉运动/练习性游戏开始衰退、象征性游戏开始减少时,综合了操作性和象征性因素的结构游戏逐渐成为主要的游戏形式。小年龄儿童的结构游戏较多地反映具体的事物(如"房子"等),年长些的儿童则更多地反映抽象的概念(如"战争"或"和平"的情景等)。这些行为持续到青少年期和成年期,逐渐演化成艺术、手工艺、建筑创作等。

※ 象征性规则游戏

虽然许多早期的游戏带有象征的因素,许多象征性游戏又带有一定的规则,但直至小学期象征性规则游戏才成为主要的游戏形式。这类游戏将规则的结构与象征性的内容相结合。这类游戏盛于青少年期和成年期,基本的规则结构相对稳定,而象征性内容可因年龄、性别或文化背景的不同而不同。

5. 按发展顺序对假想游戏的分类

另一个按发展顺序而进行的分类(Rubin, Fein and Vandenberg, 1983, and Bee, 1989)则认为儿童的发展过程经历了:

※ 感觉运动游戏,在出生后的头 12 个月存在,包括运用各种有效的感觉运动策略探索和操纵物体(比如,把物体放到嘴中,摇动物体,将它们扔掉和移动它们)。

※ 初期的假想游戏,在 2 岁的早期出现,此时儿童开始以他们自己的意图来使用物体,并完全是假想的(如,用玩具的勺子和梳子来喂和梳理自己)。这种活动的指向仍针对儿童自己的身体。

※ 物体假想性游戏,在 15~21 个月时出现,儿童的假想不再针对自己,而开始与玩具或其他人进行有关的假想游戏(如,用玩具勺子喂玩具娃娃,用玩具梳子梳理妈妈的头发)。

※ 代替性假想游戏,2~3 岁的儿童可以用物体来代替其他事物而不是它们本身(如,一个木块成为一辆汽车,塑料瓶则成为一艘船)。

※ 社会戏剧性游戏,在 5 岁时产生这种游戏,儿童开始扮演一些角色,并假想其他人也如此(如,一个护士或医生,母亲或父亲)。

※ 角色的知觉,这标志着又发展了一步,儿童大约从 6 岁开始,产生给别人安排角色的行为,并对角色的活动进行精心设计。

※ 规则性的比赛,从 7~8 岁开始出现并一直发展下去,儿童逐渐开始用特殊的规则的比赛来替代假想游戏。

(二) 根据游戏活动的分类法

从游戏自身横向的角度,按照每一发展阶段中游戏活动的类型对游戏进行分类,这种分类方法对描述儿童的游戏行为提供了依据。这种分类有的以理论假设为指导,也有的以自然观察为指导来对游戏进行分类。

分类的方法多种多样,下面我们介绍几种主要的分类:

1. 以游戏的特征分类

萨拉·斯米兰斯基(Sara Smilansky)根据游戏的描述性特征,把游戏分为四个阶段:

※ 功能游戏,指一些简单的肌肉活动,包括行动的和言语的,开展游戏的目的是对表现形式加以操作。儿童尝试新动作、模仿他人。游戏使他们了解自己身体的能力,并且去探索、体验周围环境。

※ 建构游戏,儿童从形式创造中获得乐趣。通过学习使用材料,他们把自己看成是事物的创造者。

※ 扮演游戏,用以展示身体技能、创造能力以及社会性技能的象征性游戏。通过现实与幻想来满足愿望和需要,把儿童世界与成人世界连结起来。扮演角色的两个主要因素是对成人现实世界的模仿和想象、装扮非现实的游戏。扮演游戏在儿童2岁左右开始,到了3岁左右时,产生了扮演游戏的最高形式——社会角色游戏,儿童通过模仿别人的言行伪装成其他人。这种伪装依赖于言语表达,言语的功能表现在:① 表明一个角色,如"我是……";② 识别一个客体的想象特征,如某儿童手持一块积木对同伴说"我买了面包回来";③ 替代一个动作,如"我在擦玻璃";④ 描述一个情景。

社会角色游戏鼓励言语表达,可以帮助认识一个活动、计划并逐步展开一个情节;保持合作与解决问题。

※ 规则游戏,开始于学龄期,延续到成年期的主要活动。参与游戏者必须能根据规则控制行为、活动和反应以有效地参加到集体活动中去。

萨拉·斯米兰斯基界定的这四个游戏阶段,它们会相互交叉或相互平行,有的甚至延续终身。但她认为一个阶段最终在任何一点上都支配着其他阶段。如果儿童不能参加全部的游戏,将严重地阻碍其认知和社会性的发展,社会角色游戏在学前期是协调经验、形式切实可行的观念的关键。

斯米兰斯基将游戏发展的四阶段模型,与帕顿的社会参与分类相结合,形成了游戏等级(Rubin et al.,1978)。这一分类对标定儿童的活动很有用,但是也有两个局限性。第一,这些发展阶段未被广泛接受。如,一些单独游戏已相当成熟,结构游戏似乎与表演游戏同时出现而不是更早。第二,它忽略了一些重要的游戏种类,特别是杂乱无章的游戏(友好地与同伴打闹)和语言游戏。

2. 以游戏的内容分类

布瑞恩·萨顿·史密斯(Brian Sutton Smith)在广泛吸收别人理论的基础上,结合跨文化研究形成了其独特的游戏分类法。他描述了六种主要的游戏类型:探索、自我检验、模仿、构建、竞赛游戏、社会角色游戏,而后又将此六种游戏合并为四大类:

※ 模仿游戏,儿童从出生到1岁,重复做自己会做的事情。1岁半时,儿童会延迟模仿几小时甚至几天,直到一个比较适于重复的时间;2岁时,五官的知觉和认知技能使儿童能模仿他人;3岁时,在角色中装扮他人;4岁时,角度游戏与想象混合,转化为想象性的社会角色游戏。在集体成员中可以交换和分担扮演一般角色和主角。

※ 探索游戏,在婴儿6个月时便出现,以舌和手当做探索的工具,在2、3岁时,这类游戏增多了,且变得更加复杂。言语探索以笑话、谜语以及同音词的方式一直延续到学龄期。

※ 尝试游戏,包括对身体技能和社会性技能的自我评价。在2岁时,儿童集中学习大肌肉活动技能;由于身体技能和社会活动的增长,学龄期学会了复杂的躲避游戏,如捉迷藏。通过此类游戏,儿童不仅学习并加强了身体和社会技能,而且提高了自我意识并学会了控制记忆和冲动。

※ 造型游戏,开始于4岁,儿童以富于想象的建造房子等活动为游戏的目的,并常常伴随着扮演角色或社会角色游戏活动。

3. 以游戏的主题分类

心理学家比拉认为游戏的主题类型是日趋完善的,它主要经历了五种游戏类型:

※ 未分化型

这是一种最简单的游戏类型,几乎每隔2~3分钟就出现一种不同的动作,而且每个动作都是无规则的。如,摆弄玩具或在椅子上跳等。这是1岁左右儿童的典型游戏。

※ 累积型

这是一种把片断性的游戏活动连接起来的游戏类型。如,看几分钟画册后,又在纸上乱涂几分钟,之后又玩起布娃娃来,在1个小时内能进行4~9种游戏。这类游戏一般在2~3岁时比较多见。

※ 连续型

这是一种对同一类型的游戏能连续玩耍近1小时的游戏,在一个游戏后连续一种与前一个游戏内容无关的游戏,或是插入其他的游戏。这种游戏一般多见于2~4岁期间。

※ 分节型

这是一种把完整的游戏分成两次或三次来进行的游戏。如,玩腻了画画,就换玩沙子。这种游戏在4~6岁儿童中较为多见。

※ 统一型

延长分节型游戏的时间(1个小时左右)就是统一型游戏。与连续型游戏不同的是,整个游戏是在统一的主题、目标下进行的,游戏内容彼此有联系,游戏方式也基本一致。这种游戏同分节型游戏一样,在年龄稍大的儿童中较为多见。

这种分类方法,较为详细地描述了儿童游戏中的游戏动作及游戏主题的稳定性程度。对于游戏主题的稳定性程度,也有人将它的发展(游戏主题的变化,体现了幼儿游戏

的目的性、计划性的发展)分为三种类型:

(1) 无主题。幼小儿童的游戏往往无目的,计划性极差,想玩什么就玩什么,不知道自己的游戏主题是什么。如,婴儿拿钥匙向娃娃嘴里喂食,但还不会把自己想象成"妈妈",把娃娃想象成"孩子",严格说来只是游戏动作而不是真正意义上的游戏活动。

(2) 有简单的主题但不稳定。儿童年龄稍长,游戏有了一定的目的性,有了前后较一致的主题,但主题较简单而不够连贯,很容易受到外界的影响而发生变化。如,儿童在游戏中表现为想一点,做一点,做完一点再想一点。玩娃娃家时把娃娃哄睡了,后来看见了洗衣的玩具,就把娃娃的衣服脱下。忽然听到同伴说:"着火啦!"他会马上把娃娃家的家具变成"消防车",自己也就成了"消防队员",投入到另一游戏主题中去。

(3) 有明确而稳定的主题。幼儿后期(6岁左右),由于各方面能力的发展,他们在游戏前可以确定明确的主题,商定游戏规则和彼此间的分工,为游戏做好准备,按游戏的主题展开游戏。如,这时的孩子玩"娃娃家",可以分出各种家庭成员的角色,可以有完成场景布置、准备材料等不同的分工,然后按照设计出的起床、洗衣、烧饭、进餐、上学或上班、访客、娱乐等情节来开展游戏。有时某一游戏主题甚至能持续几天或更长的时间。

4. 以利用的替代物分类

游戏替代物的变化,体现了儿童游戏中的抽象性、概括性的发展。表现为以下几个阶段:

※ 用与实物相似的替代物

幼小儿童往往用与实物相似的替代物游戏,因为他们的思维带有直觉行动性,思维的抽象性、概括性很差。他们对实物的知觉比对实物所代表的意义在思想上更占优势。所以此时的游戏依赖于与实物在外形、功用上都十分相似的专用替代物,主要是一些特制的玩具,如炊具、餐具、娃娃等。如果给他们与实物相似性低的替代物,他们往往会拒绝。有人观察2岁半左右的孩子,给他们一辆玩具汽车,要求他们把它当做铲子使用,结果他们中的许多人仅把汽车放在桌上推来推去。还有一些孩子则干脆拒绝:"不,我不能,这是汽车。"(艾尔德和彼得逊,Elder & Pedeson,1978)

※ 用与实物相似性较低的替代物

幼儿中期(4~5岁),随着知识经验的丰富、联想能力的提高,逐渐能脱离专用替代物,选择一些离开原来实物功用的替代物。此时的孩子,思维有明显的具体形象性,虽然不能完全离开实物,但一般来说意义已比实物重要。替代物与实物的相似性减少,通用性增大,一物可以多用。如小棒可以分别代替筷子、刀、勺、炒菜铲、擀面杖、注射器、体温表等。儿童年龄越大,使用替代物的范围也越大。有人用相同数量的游戏材料让不同年龄组的孩子来作替代物,结果3~3岁半组代替了35种物品,3岁半~4岁组代替了54种;而4~4岁半组被替代物数量多达76种。

※ 不依赖于实物(用语言、动作等)的替代

幼儿晚期(6～7岁)思维逐渐向抽象性、概括性过渡,对事物的关系、意义有了更深的理解,心理活动的随意机能也进一步发展,在游戏中表现出可脱离实物,完全凭借想象以语言或动作来替代物品。如用斟酒的动作和小心翼翼的端杯动作来替代酒,尽管实际上杯中空无一物,甚至根本不需要"杯";用朝空中抓一把、撒向小锅的动作配以语言"放点盐"来替代"炒菜"中所需要的"盐"等等。

5. 依据游戏教育作用的分类

前苏联的学前教育注重从教育角度研究游戏,根据教育实践中如何以游戏作为促进发展的途径,依游戏的教育作用进行分类,将游戏分成两大类:

※ 创造性游戏,包括角色游戏、结构游戏和表演游戏。此类游戏由儿童自由玩。

※ 有规则游戏,包括体育游戏、音乐游戏、智力游戏等。此类游戏由教师组织儿童进行。

苏联也有学者把游戏分为四类:模仿性的游戏、创造性的游戏、有规则的游戏、民间的游戏。

以上从不同角度进行的分类,基本上概括了全部儿童游戏。虽然从属于各种分类标准之下的游戏名称,由于分类角度不同而不同,但它所含的游戏范围都是一样的。所以,在各种分类标准下罗列的游戏之间,既具有一定的对应性,又不完全对应。如从认知发展角度分类中的象征性游戏,与从游戏形式角度分类中的装扮性游戏,与从游戏内容角度分类中的社会戏剧性游戏以及与从教育实用角度分类中的角色游戏之间,基本对应,又不完全对应;又如从游戏内容角度分类中的动作技能性游戏与从游戏形式角度分类中的运动性游戏,以及结构性游戏与操作性游戏等,都只是部分对应的关系。这种分类之间的交叉关系,完全是出于研究的需要,一种分类标准就是对研究范畴的一种限定。

二、我国幼儿园游戏分类

为了便于游戏与教育的结合,便于教师在教育中更好地利用游戏这一形式,我国幼教界在学习和借鉴国外游戏理论的基础上,按照游戏在教育中的作用,把幼儿园游戏分成了创造性游戏和规则性游戏两大类。

(一) 含义

1. 创造性游戏

这主要是指以幼儿自由创造为主的游戏,游戏中幼儿完全可以按自己的需要、兴趣和意愿来进行活动,不受外界规则的约束,具体包括角色游戏、结构游戏和表演游戏。在

这里,角色游戏和表演游戏的区别在于,角色游戏是反映现实生活中的人和事件,表演游戏是反映文学作品中的形象和事件,至于如何反映,完全取决于幼儿对生活和对作品的体验和理解。因此,角色游戏与真实生活、表演游戏与真正的表演也是有区别的。

这类游戏反映了儿童的心理发展水平,是教师观察儿童、了解儿童的最好途径。

2. 规则性游戏

这主要是指以教师组织和创编为主的游戏,游戏中的幼儿行为必须受到规则的限制,即游戏有明确的规则,幼儿必须服从规则所要求的步骤、玩法进行活动,不得违反规则,游戏的结果是幼儿在游戏中要努力达到的目的。这类游戏常常是为教学服务的,包括体育游戏、音乐游戏和智力游戏。在各种教学活动中,教师为配合教学的任务,设计相应的游戏活动,以一种生动活泼的形式来完成教学任务。

(二) 两类游戏的区别与联系

1. 创造性游戏与规则性游戏的区别

创造性游戏其自由玩耍的意思与英文"play"意思相似,规则性游戏其有组织的意思与英文"game"相似。而"play"与"game"二者在词义上是有区别的。作为名词前者表示"玩耍"、"娱乐"、"轻松愉快"等意思;后者表示"游戏"、"比赛"、"遵守规则"、"照章行事"等意思。作为动词前者表示"玩"、"扮演"、"轻快移动"、"不规则的自娱自乐"、"秘密行事"等意思;后者表示"赌博"、"投机"、"碰运气"、"追求共同目标"等意思。由此可见:创造性游戏的本意是不追求外在结果的自由玩耍,它强调的是自娱自乐;规则性游戏的本意是遵守规则的游戏、追求共同目标的比赛,它强调的是整体的相互关联。因此,为了区分的方便,我们可以将创造性游戏称做玩耍游戏(也有称之为纯游戏),将规则性游戏称做规则游戏或竞赛游戏。

从游戏的态度倾向来看,玩耍游戏是以自我为中心,自娱自乐地扮演自己喜欢的角色,享受过程体验,不在乎别人的想法;角色间只是简单的系列而没有组成一个完整的整体,儿童可以一会儿这样玩、一会儿那样玩,一个角色不参加并不会影响玩耍游戏的进行。规则游戏是帮助幼儿去自我中心化的方式,参与者形成一个整体,必须采取别人的态度,并允许其他人的态度来决定将要做的、与某种共同目的有关的事情,规则游戏则可能会因为缺乏一个人而无法进行下去。

从经验的角度来看,儿童在玩耍游戏中所反映的经验是零散的,是他们对现实生活中别人经验的模仿和学习,是一种将外在经验逐步内化为自身经验的过程。例如:儿童玩"娃娃家"、"医院"、"戏院"等游戏都是对这些主题角色的模仿。以角色的方式来玩耍,在模仿学习中内化经验,把自己想象成社会生活的成员。儿童在规则游戏中所运用的经验是他自己的经验,是已经内化为儿童自身经验体系中的经验。例如:儿童玩"跳房子"、"捉迷藏"、"玩泥沙"等游戏规则必须以他自己的经验来进行,否则游戏无法玩下去。

从游戏规则的角度来看,玩耍游戏的规则是隐性的、多元化的,采纳不同的规则会导致不同的游戏行为发生。而规则游戏的规则是显性的、单一化的,游戏者必须接纳同一个规则,游戏才能继续进行。

从儿童人格发展来看,儿童在玩耍游戏中是模仿别人,没有自己明确的性格,也没有明确的人格。而规则游戏是使有组织的人格从其中产生出来的情景,儿童完全在于自己的经验之中,自己特有的性格在游戏中逐渐显现。

2. 创造性游戏与有规则游戏的联系

在儿童看来游戏就是一个整体,并无什么区别,要是有什么区别的话,可能只是名称和玩法的不同。例如:"过家家"、"跳房子"、"猜谜语"、"搭房子"是游戏的共同组成部分。就好比不同类别的人,他们本身是一个统一的整体,都具有人的属性。玩耍游戏和规则游戏都具有以下几个特征:

(1) 都是幼儿自愿发起的活动

年幼时最先出现的游戏是创造了许多看不见的、想象性的伙伴,并把这些伙伴作为玩耍的对象,一个儿童可以扮演成妈妈、老师、警察等。游戏的乐趣在于模仿他人、扮演其他人的角色。随着年龄的逐步长大和社会性的发展,儿童游戏的兴趣在于与同伴的相互作用中体验游戏的快乐,规则在游戏中起着决定性的作用。对于幼儿来说,这些游戏都让他们感到"开心"、"好玩"。

(2) 活动的主体都是幼儿

在游戏中玩什么、怎么玩、需要什么材料、在什么地点、和哪些人玩等,都是由幼儿自己决定的。他们在游戏中充分地体验游戏带来的愉快和乐趣,全身心地投入到游戏中,始终处于积极、主动的活动状态,这正是游戏的魅力所在。

(3) 是有别于日常生活的活动

在成人看来,儿童的游戏是杂乱无章的。但在儿童游戏的世界里,它们是有序的。一个封闭的空间时常被他们标示出来,物上的或是观念上的,都从日常生活中被圈化出来。在这个空间里,游戏举行、规则通行。游戏一旦结束,幼儿立即会回到现实。儿童并不仅仅是玩,他们就生活在游戏中,作为生活,他们的游戏有着极大的灵活性,是随时随地,超越时空的。儿童就是游戏,通过游戏,他们建立起通向未知的道路,通向此时此地以外的领域。

(三) 游戏分类在幼儿园游戏中的运用

1. 幼儿园各年龄班游戏的类型是不同的

皮亚杰认知发展的游戏理论指出:0～2岁儿童的游戏是练习性游戏,儿童"动"即"乐";随着表象的发展,练习性游戏变成了象征性游戏;同时随着儿童的逐步社会化,练习性游戏变成了规则游戏;有少部分向着真正的适应发展,变成了严肃的工作。2～7岁儿童的游戏主要是象征性游戏,其中 4 岁以后的儿童由于思维及能力的发展,象征性游戏逐渐减少,取而代之的是结构游戏和规则游戏。皮亚杰认为结构游戏是象征性游戏向非游戏活动的过渡,它最初包括有象征性的成分,以后逐渐变成真正的智力活动。由此我们可以明确,幼儿园(3~6 岁)的游戏应该有年龄划分,小班及中班前期的游戏应该以玩耍游戏为主,根据幼儿的特点及需要,适当增加简单的规则游戏;中班后期开始逐渐增加结构游戏及规则游戏的成分,以满足幼儿智力及体力发展的需要。因此,幼儿园教师在组织游戏的时候,要考虑本班幼儿的年龄特点及游戏的情况,不能盲目照搬,或以偏概全。

2. 幼儿园各年龄班游戏的材料是全面的

游戏本来就是一个统一的整体,在组织游戏时,不同的游戏主题及材料应该是同时存在于幼儿的视野之中,以便幼儿能根据自己的经验及需要,自主地选择游戏。幼儿游戏的主题是和他们的发展紧密联系的,不同年龄幼儿游戏的主题基本上都与他们生活的经验紧密联系,大部分主题是相同的,但所反映的内容情节则是有年龄层次的,大致体现了从玩耍游戏向规则游戏过渡的规律。因此,在提供游戏材料时,应注意给年幼的孩子以提供成型玩具为主,适当提供一些半成型玩具;随着年龄的增长,逐步增加玩具的种类和半成型玩具的数量。教师不应该人为地增加或限制幼儿游戏的主题及内容,而是应该通过游戏更好地促进幼儿的发展。

3. 幼儿园教学游戏是为教学服务的手段

教学游戏是教师为了完成一定的教学任务,利用游戏的形式创编的游戏。它的主要目的是追求幼儿复习巩固的结果,游戏的主体是教师而非幼儿,做游戏是满足教师的愿望,而不是幼儿的需要,幼儿在游戏中并不能体验到轻松和快乐。因此,教学游戏实际上只能是教学手段,是幼儿园教学游戏化的初步体现。教学游戏和规则游戏是不同的,教学游戏没有体现游戏的特征,尽管教师在组织游戏中一再强调规则,但规则是教师外加给幼儿的,根据需要可以随时改变的。幼儿在游戏中即使出现了不遵守规则的现象,但并没有对游戏造成什么影响,幼儿也并不能体验到违反规则的不良后果,建立不起遵守规则的意识,从而也无法将其内化成自身的需要,它不能算是真正意义上的游戏。因此,我们不能以为安排了几个教学游戏,让孩子在那里安静地操作,就是给幼儿提供了游戏的机会。

三、幼儿园游戏的分类指导

(一)角色游戏的指导

角色游戏是一种自发性的游戏。即使没有教师、家长的指导,角色游戏也普遍存在于幼儿的游戏生活中,只是孩子们的这些游戏往往比较简单,内容和情节也比较平淡。而作为学前教育的一种重要手段,角色游戏被赋予了一定的教育目的,因此教师的指导就必不可少了。角色游戏的指导工作主要是围绕游戏前、游戏过程中和游戏结束这三个阶段展开的。

1. 游戏前的指导

游戏前的指导任务主要是为游戏的开展创设良好的环境和条件,包括三方面的内容:

(1) 丰富幼儿的生活经验,拓宽角色游戏的内容来源

角色游戏是幼儿对现实生活的反应,幼儿的生活经验越丰富,游戏的内容也就越充实、越新颖。幼儿的生活经验主要来自于家庭和幼儿园的生活和见闻。为了充实角色游戏的内容,教师一方面要在日常教育教学活动、生活活动和娱乐活动中,利用一切机会引导幼儿观察周围生活,拓展幼儿的视野,丰富和加深对周围生活的印象。另一方面还可指导和协助家长安排好幼儿的家庭生活,丰富幼儿的见闻。

值得注意的是,幼儿在角色游戏中所反映的内容,并不是周围生活的直接再现,而是经过意识和情感的酝酿,于适当场合才在游戏中表现出来的。例如,孩子参观了邮局,并不立即玩邮局游戏,而往往是在后来玩商店游戏时,才增加了邮递员来送信送报的情节。因此,教师不能急于要求孩子将他们看到和听到的立即反映在游戏中,更不能要求孩子将参观到的内容照搬到游戏中去。

(2) 创设游戏场地、准备丰富的玩具和游戏材料

游戏场地、游戏设备、玩具和材料是幼儿开展角色游戏的物质条件,同时又是激发幼儿游戏愿望和兴趣、发展幼儿想象力的重要工具。教师在给幼儿提供游戏的物质条件时应注意几方面的内容。

① 要为幼儿设置固定的游戏场所和设备。固定的游戏场所和设备能吸引幼儿进行游戏,也便于幼儿开展游戏。例如幼儿看到室内设置的娃娃家,以及娃娃的床和衣服等,就能自然而然想起自己的家庭生活,从而产生游戏的愿望。

② 要提供丰富多样的玩具材料。一方面游戏材料的投放应能激发幼儿游戏的兴趣、操作欲望,能满足幼儿游戏的需要;另一方面游戏材料应具有可塑性,要多与幼儿共同收集与主题相关的废旧材料,这对中大班幼儿来讲更具有重要意义。同时,还要根据游戏主题的发展需要及时更换游戏材料。

③ 让幼儿参与环境创设和游戏材料的准备。教师要摆脱过去环境和材料由教师"包干"的做法,注意有目的地让幼儿参与环境创设和材料准备的过程,使之产生教育价值。

④ 游戏材料便于幼儿随时取放。

(3) 提供充足的游戏时间,促进游戏深入开展

幼儿的角色游戏所需时间一般都较长,每次不能少于30分钟。只有在较长的时间

里,幼儿才能有寻找游戏伙伴、商量主题和情节、分配角色及准备材料等的机会。如果游戏时间太短,游戏情节难以充分展开,势必影响游戏的结果,这既会影响幼儿继续开展角色游戏的兴趣,也不能使角色游戏达到它应有的教育效果。

2. 游戏过程中的指导

在幼儿角色游戏的活动过程中,教师要抓住游戏过程的主要环节,协助幼儿按照自己的兴趣和愿望组织并开展游戏,以尊重幼儿的主体性为原则进行科学指导。需要教师指导的环节包括游戏主题的选择与确定、角色的分配、游戏情节的深入与展开、游戏规则的建立与执行和游戏的合作程度等。教师可在观察的基础上采用提问、建议、启发、提供玩具和材料等游戏指导的方法来介入这些环节。

(1) 鼓励和协助幼儿按照自己的意愿提出游戏的主题

角色游戏是幼儿自主自愿的游戏,其主题应来自于幼儿的需要。教师要善于发现幼儿游戏的需要,适当启发幼儿游戏的动机,帮助幼儿学会确立主题。教师不应是游戏计划的设计者和实施者,而应该成为幼儿游戏的观察者、促进者、支持者和引导者。同时,不同年龄阶段的幼儿有着不同的特点,教师要根据这一特点进行有针对性的指导。

(2) 指导幼儿选择和分配角色

游戏中角色的确定有多种方法,如猜拳、轮流等,教师可在平时游戏中教会幼儿使用这些方法来分配角色。幼儿在分配角色时比较容易产生纠纷,教师可有多种方法帮助幼儿解决纠纷。

在幼儿分配角色时,教师还要注意观察,使幼儿在扮演角色时有一定的针对性和公平性。某些幼儿性格比较安静、内向,在扮演角色时教师可进行针对性的安排,如让这些幼儿去扮演活泼的、活动性强的角色,如警察、医生等;而对那些外向的、活动性过强的孩子则建议他们扮演一些需要耐性的角色,如门卫、收银员等等。同时教师还要注意到,不要总是让那些能力强的幼儿扮演主要角色,而使能力弱的幼儿总是处于被支配的地位。

(3) 指导幼儿丰富游戏内容和情节,提高游戏水平

教师可参与游戏,以角色的身份来指导游戏,也可以用提供玩具和材料的方法来促进游戏内容和情节的丰富和发展。

① 教师参与游戏,通过扮演角色促进游戏情节的发展

教师参与游戏,扮演角色,一方面可提高幼儿游戏的兴趣,调动和激发幼儿的主动性和创造性,同时可使游戏内容和情节得到自然的丰富和展开,而不让幼儿感到有被干涉的感觉,在不知不觉中提高幼儿游戏的能力和水平。例如,在邮局游戏中,教师可扮演不知道目的地、邮编或忘了贴邮票的寄信人,从而吸引邮局工作人员主动的帮助,这样就丰富了角色间的对话。在商店游戏中,教师可扮演一个难缠的顾客,故意要买一些商店没有的商品,以引发幼儿寻找代替物或到工厂定做,使得游戏情节进一步展开。

在游戏过程中,教师应在对幼儿游戏充分观察的基础上实施指导,并注意把握好介

入指导的适时与适度。一般情况下,教师介入指导的时机有三种:当幼儿在角色游戏中出现问题或困难时;当游戏需要给予提升时;当教育目标需要在游戏中完成时。适度的指导,一方面是指教师的介入指导要以幼儿为主体,帮助幼儿按自己意愿和想象开展游戏,不要把教师的设计和意图强加于幼儿;另一方面是指要在了解幼儿已有经验的基础上,有目的地根据每个幼儿的发展需要进行针对性的指导。

② 提供有助于丰富游戏内容和促进情节发展的玩具和材料

在游戏中,教师应注意观察幼儿游戏的情况,按需要随时增减与幼儿游戏主题相关的玩具和材料,引导游戏情节的进一步发展。教师可在活动室的一角设立一个百宝箱,收集一些半成品和废旧物品(如易拉罐、饮料瓶、纸盒、挂历纸、橡皮泥等)放在里面,方便幼儿寻找代物。例如在快餐店的游戏中,幼儿发现少了鸡翅,便到百宝箱来,临时用橡皮泥捏了一个,这样,游戏情节又可以进一步发展下去了。

(4) 加强角色之间的内在联系,增强游戏的合作性

无论什么主题的角色游戏,都会有多个角色。角色的职责及其相互关系,是角色游戏重要的规则,也是反映游戏水平的重要指标。幼儿开始游戏时,往往独自摆弄和操作玩具。他们不注意其他角色的行为,只关注自己扮演的角色和角色行为,很少发生交往活动。教师要指导扮演各个角色的幼儿加强与其他角色之间的联系与交往,使游戏的内容更加丰富。

需要注意的是,游戏中角色之间的联系是自然的联系。为联系而联系,或强制幼儿去联系,结果都将破坏游戏,影响幼儿在游戏中发挥主动性、积极性和创造性。例如,有一位教师发现"医院"没有病人,就让"工厂"厂长带工人来体检。结果正在忙碌的"工厂"游戏便被迫停止,而"医院"又出现了排队等待体检的现象。这位教师的做法,破坏了幼儿原有游戏的主题,使大部分孩子失去了游戏的积极性和主动性。

(5) 引导幼儿遵守游戏规则

角色游戏包含内部规则和外部规则两种游戏规则。内部规则是角色本身的职责以及角色间的相互关系,如医院的护士应该听从医生的安排,不能擅自给病人打针、吃药等;外部规则是开展游戏所必须遵守的游戏常规,包括不干扰他人的游戏、游戏结束按照类别收放玩具和在游戏过程中注意环境卫生等方面。

在内部规则方面,幼儿有时会做一些角色职责以外的事情,或者不知道角色还有些什么事情要做,或者不理解角色间应有的关系,这是幼儿的社会生活经验不丰富,对角色的体会不深刻造成的。在指导时,教师要引导幼儿发掘角色的任务,按角色间应有的关系行动。对于外部规则,由于幼儿对于自己参与制定的规则往往比较乐意接受,所以教师可引导幼儿共同制定和完善游戏常规。

3. 游戏后的指导

(1) 让游戏在愉快自然的状态下结束

在愉快自然的状态下结束游戏能保持幼儿下次继续游戏的积极性。为此，教师要把握好结束游戏的时机和结束游戏的方法。结束游戏的时机有两种情况：一种是游戏情节开展得比较顺利，应在幼儿情绪尚未低落时结束游戏。这样可以让幼儿感觉意犹未尽，对下次游戏充满期盼。第二种是游戏情节已告一段落，再往下发展有困难，这时即使是游戏时间还没结束，也应该提醒幼儿结束游戏，以免产生倦怠感。

结束游戏有多种方法，教师可根据游戏的内容和情节发展来灵活掌握。结束游戏可以以教师的身份提醒，也可以以角色的身份提醒。如：老师说："现在时间到了，该下班了。"这时如"售货员"没卖完东西，"医生"没看完"病人"……可以教他们对对方说："请明天再来吧，今天下班了。"这样也便于幼儿自然而然地收拾玩具，结束游戏。结束游戏可以个别提醒，也可以集体提醒。例如可以个别提醒整理场地、收拾玩具需要时间较多的游戏组先结束，也可以让游戏情节处于高潮的游戏组在场地允许条件下继续游戏。

（2）做好游戏后的整理工作

游戏结束后整理场地，收拾玩具既是方便游戏下次开展的必要条件，又是培养幼儿良好生活习惯的重要时机，教师千万不能包办代替。针对不同年龄班幼儿的特点，教师应该采取不同的指导方法。如对小班幼儿，主要是培养他们游戏后整理的意识。教师可以请幼儿帮助一起收放玩具，整理场地。对中班幼儿，主要是培养他们收拾玩具的能力。整理场地要以幼儿为主，教师只在必要时给予帮助。到了大班，应要求幼儿独立做好整理场地的工作，教师只要给予一定的督促就行了。

（3）评价、总结游戏

角色游戏的讲评也是组织游戏的重要环节。成功的讲评对提高游戏质量、发展游戏情节和巩固游戏中所获得的情绪体验等都有直接的导向作用。教师可以针对下列几点进行讲评。

① 就游戏情节进行讲评。在游戏过程中，教师应随时发现和捕捉一些典型的情节，抓住幼儿想象力、创造力萌发的良好时机进行讲评。幼儿无意间发展出的某些精彩情节，经过教师及时肯定的讲评，就会在以后的游戏中成为幼儿有意努力的方向。

② 就游戏材料和玩具的制作与使用进行讲评。当玩具缺少时，有些幼儿会寻找代替物，一物多用。有的幼儿会自己动手，现场赶制一些玩具。这时幼儿的想象力、解决问题的能力都得到了提高，教师在讲评时应给予充分的肯定，以鼓励幼儿的创造力。

③ 就游戏中幼儿的行为进行讲评。如在"娃娃家"里争抢玩具，把"商店"里弄得乱七八糟等，教师选择这些幼儿能辨清是非的现象，让幼儿讨论，使其在讨论中懂得如何改正。

讲评的形式多种多样，主要可采用以下几种：

讨论：游戏中发生纠纷，教师可以让幼儿讨论是与非。如果幼儿由于缺乏生活经验讨论不出结论，教师可找机会让孩子通过参观等丰富生活经验。

现场评议：有的游戏开展得很好，为了教育全体幼儿，教师可以保留游戏现场，组织现场评议。如"猴山建筑"游戏很有特色,各组游戏结束后,教师可带领全体幼儿来参观"猴山",请扮建筑工人的幼儿介绍设计和建造方法,让小朋友提意见。这样讲评可以使孩子继续处在游戏之中,受到孩子们的喜爱。

汇报:游戏结束了,让各组孩子都讲讲他们是怎么玩的。教师应有重点地抓住某些主题汇报,使它与今后的游戏联系起来。如"戏院"游戏小组汇报之后,教师说:"听说你们明天演新戏,名字叫'××'。我明天想看,你们能卖张明天的票给我吗?"这样一来,引起许多孩子要买预售票。于是扮演剧院叔叔的幼儿去拿票子,卖给大家。虽然票是假的,可孩子们把买到的票小心翼翼地交给家长说:"不能丢了,丢了,明天就看不成戏了。"这种讲评使孩子们对明天的游戏充满欢乐的期待。

评价工作虽是游戏指导中的重要环节,但不一定每次都要用大组形式,也可以在幼儿游戏过程中进行评议。如"戏院"游戏结束时请扮演观众的幼儿对演出提意见等。

教师在评价活动中应注意:不要以教师评价为主,同时评价要具体、准确,不要抽象。如不要笼统地表扬"娃娃家玩得挺好的",怎么好、哪里好要明确。引导幼儿进行评价时应提出开放性的问题,以使幼儿有讨论的话题内容。评价活动应是指导幼儿再次游戏的方向。

(二) 表演游戏的指导

表演游戏指导的基本任务包括协助幼儿选择表演游戏的主题、为表演游戏提供物质条件、指导幼儿分配角色、指导幼儿表演的技能以及促进表演游戏水平的提高等几个方面。

1. 协助幼儿选择表演游戏的主题

孩子们玩的表演游戏,题材主要来自教师所讲的童话、故事、寓言等文学作品和所教的儿歌和歌曲等,另外还有的来自图书、电影和电视,少量的来自孩子的生活经验。并非一切幼儿文学作品都适合于幼儿表演,适于进行表演游戏的作品,应具有下列特征:

(1) 健康活泼的思想内容

作品首先要具有健康活泼的思想内容,情节曲折、紧凑,角色的性格鲜明并为幼儿所喜爱。作品内容符合幼儿的生活经验,幼儿才能在表演中发挥创造性。教师要与幼儿一起细致理解作品的内容,准确把握角色。

(2) 具有表演性

供幼儿表演的作品要有一定的情境,有一定的戏剧成分,即有一定的场面和适当的表演动作。适合小班表演的作品最好只有一个场面。如"拔萝卜"的场面只是菜地。中、大班表演的作品场面也不需过多,有集中的场景,还要易于布置,道具要简单,可以利用现成的桌椅、大型积木、胶粒拼图及实物等。

为幼儿表演的作品还应具有明显的动作性。在小、中班要选择简单的、有重复动作的作品。如"拔萝卜"的游戏,角色出场时的动作虽然各异,但拔萝卜的动作是相似重复的,便于小、中班幼儿掌握;为大班幼儿选择的作品也要注意到可表演性。

(3) 起伏的情节

表演游戏的作品,情节主线要简单明确,不要过于复杂,以便幼儿理解和记忆。但故事情节要有起伏,情节发展的节奏要快,变化要明显,重点突出,枝蔓不多,脉络清晰,这样才能吸引儿童,并易于表演。如在"小兔乖乖"中,兔妈妈去拔萝卜,大灰狼来骗小兔子,兔妈妈回来了,把大灰狼打跑了。这个作品有起伏的情节,变化明显,对幼儿具有很大的吸引力。那些情节发展缓慢、言语陈述过多的作品则不适于幼儿。

(4) 较多的对话

作品中要有较多的对话,对话要简明并能与动作相配合,以便幼儿在表演中边说边做动作,以增加表演的情趣。如在"小兔乖乖"中,兔妈妈对小兔的交代,大灰狼和小兔的对话,都生动有趣,容易用动作表演出来。

符合上述要求,易于做表演游戏的童话、故事有很多,如《拔萝卜》、《萝卜回来了》、《三只羊》和《小熊请客》等,都是戏剧游戏常用的童话和故事。

不要专门让幼儿背诵童话或故事,因为美的语言,吸引人的情节,起伏的故事发展,这一切都有助于幼儿迅速领会童话或故事。只要教师用富有表现力的生动语言,带着表情和动作反复地向幼儿讲述童话、故事,他们就能很好地记住童话、故事,并产生表演的欲望。

教师本人对表演游戏的兴趣及朗读或讲述故事时利用艺术表情手段的能力,对于幼儿准确把握人物形象的性格特点,以及把这些特点用语言、手势、表情、声调反映在角色中,具有很大意义。正确的韵律,各种语调、停顿及某些手势都能使形象栩栩如生,让幼儿感到兴奋,按捺不住游戏的愿望。

2. 为表演游戏提供物质条件

教师可根据幼儿平日所喜爱的故事角色,吸引幼儿一起来准备玩具、服装、道具以及布景等,并把它们摆放出来,为幼儿创设游戏环境,以激发和调动幼儿做表演游戏的愿望和积极性。表演游戏一般需要以下一些材料:

(1) 简易的舞台和布景

日常进行的表演游戏,可以在平地上或活动室中,或用小椅子、小桌子或大的积木围起来设置小舞台,或用标记分出"台上"和"台下",或有一个较固定的表演区如活动室的一角即可。木偶台可以用一块幕布将操纵者遮住即可,有条件时,可以给孩子们做个木偶、皮影的小舞台,则更能增加游戏表演的情趣。

表演用的布景应简单方便,避免过大过重过繁,更不能妨碍表演,只要能起到烘托情境、渲染气氛的作用就可以了。制作布景造型宜夸张,色彩要鲜明,可以结合美工活动,让孩子们一起来设计和制造。例如,布景中金色的小房子,可用大型积木搭建,在积木上挂上或粘上金色的纸屋顶和门窗。又如,木偶戏布景较小,孩子们平时的绘画、纸工和泥工作品都可使用。

（2）服装与道具

表演游戏的角色造型、服饰和道具是很重要的,它们不仅能激起幼儿进行表演游戏的愿望,而且还直接影响到游戏的趣味性、戏剧性和象征性。

幼儿表演游戏用的服装与道具,可以象征性地表现角色所具有的显著特征。如各种动物、人物角色,只需一个头饰即可。少数民族的角色,除头饰外,还可以有一些突出民族特征的服装,如新疆人的马甲背心、西藏人的彩条围裙等。教师应为幼儿提供各种人物（如爷爷、奶奶、爸爸、妈妈、小孩、工人等）的服装和道具;还要准备各种动物（如兔、羊、猫、狼、狗、老虎、狐狸等）的头饰和道具;童话故事中的人物（如白雪公主、七个小矮人、孙悟空、猪八戒、机器人等）的服装和道具也经常需要。这些服装、道具可以成套配制,也可以是各种素材,如胡子、眼镜、各种帽子、围裙、腰带、头饰、玩具刀枪、碗筷等。孩子们可根据角色的需要去选配。

为了更好地表现角色的外形特征和个性特点,教师还要引导幼儿能根据作品的角色要求进行适当的角色造型和化装。例如:幼儿在进行"小兔乖乖"的表演游戏前,商议怎么化装,就是在给角色造型和进行服饰准备,最后的结果可能是按故事中的五个角色最突出的特征来造型化装。幼儿会按角色特点各自挑选头饰,教师要想办法支持幼儿游戏的开展,可帮他们在服饰上作简要的点缀性装饰,为兔妈妈腰上扎一条围裙,给大灰狼的臀部安上一条毛茸茸的大尾巴。在道具上给兔妈妈准备一只小篮子和一根棍子,两张小椅子并排一起就算是兔子家的大门。这样简单的造型与服饰,对幼儿参加表演游戏的激励作用很大,能使游戏顺利开展下去。

虽然道具和服装是表演游戏十分必要的物质条件,但幼儿的表演游戏应体现自由性和灵活性,可随时随地进行表演,不受道具的限制。要求过多的或过于真实的道具,不但幼儿的能力和体力达不到,反而会限制幼儿表演的积极性和创造性。当道具不足时,还可以引导幼儿以象征性的动作去表现,如"过河"、"爬山"均可用动作加语言表示。这样幼儿会感到十分满足,因为他们更关心的是自己能以角色的身份说话和动作。

总之,服装、道具应当力求简便,不一定要购买材料制作,可以用幼儿平日玩的各种主题玩具代替,或者和平时的美工活动相结合,自己制作。设计与制作应当是幼儿表演游戏的组成部分。教师不要完全包办,要组织幼儿在戏剧游戏中去设计环境,制作布景、道具和选配服装。对于孩子们来说,这些工作也是一种愉快的游戏,孩子在活动中更能表现出主动性、积极性、创造性。

3. 指导幼儿分配角色

幼儿们都喜爱故事中的主人翁,往往愿意扮演主角。这时教师就要引导幼儿认识到表演每一个故事,都需要各个角色的协调配合,主角、配角,正面角色、反面角色都是表演中不可缺少的,使幼儿能满腔热情地对待自己所担当的角色。

分配角色时,要尊重幼儿的意愿,基本上由他们自己选择,应使幼儿理解轮换担当角色的必要。能力强的幼儿担任主角是可以的,特别是那些新的游戏,先让能力强的幼儿担任主角能使游戏顺利进行。但也应鼓励和帮助能力弱一点的幼儿勇于去扮演主角,特别是这些幼儿表达要求时,应给予支持。

在小班可由教师指定角色,也可由幼儿自报。在中、大班则应逐渐由幼儿自己协商分配角色,因为他们已能照顾到同伴的兴趣和愿望,能够用猜拳、轮流等方式解决矛盾。但各班都不应该强迫幼儿去充当他们所不愿意扮演的角色,否则,既伤害他们的积极性,又不能使他们在游戏中尽情表演。对个别只想当主角的幼儿,需说服教育,使他愿意担任配角。

4. 指导幼儿表演的技能

(1) 教师示范表演

教师经常把故事、童话、诗歌、歌舞等作品,以戏剧、歌舞、木偶、皮影戏等形式向幼儿作示范性表演,不仅可以激发孩子们表演的欲望,还可以帮助他们积累丰富的表演素材,学习各种表演技巧。因此,教师的示范表演是对孩子的重要指导。

教师的示范表演可以在全园的娱乐活动、节日活动中进行,也可以在日常游戏活动中进行。这种表演有时需要几个人合作,几个班的教师可以合演。

(2) 教师在幼儿表演游戏中的指导

教师应常常参加孩子们的表演游戏,在游戏中担任某一角色,和幼儿们一起表演。教师和孩子一起表演,有两方面的作用:其一是带有示范性,给孩子以启示,让他们模仿,特别是不会表演的小班幼儿;其二是便于及时用提问、建议的方法,启发和帮助幼儿理解作品内容,激发他们用自己创造出来的、生动形象的语言和动作来表现作品内容。

在小班最初进行表演游戏时,教师要做具体的示范表演,也可以请大班幼儿进行示范表演,然后让幼儿跟着学习。也可以在教师边提示内容、边指导帮助下,由幼儿试着表演逐步过渡到自己进行表演,教师只给予适当的指点和帮助。对中、大班幼儿的指导应以充分发挥幼儿的主动性为主,鼓励幼儿按照自己的意愿进行表演。表演时,当幼儿出现遗忘某些情节和对话,以及动作表情与内容或角色特征不符等情况时,教师可悄悄地用语言或模仿动作给予提示帮助,切忌在表演过程中对幼儿的表演横加干涉,随意打断或在旁不停地喊叫指挥,使幼儿的表演完全处于被动的状态,以致失去了游戏本来的意义。

(3) 对幼儿进行表演技能训练

表演技能,指表演中必须运用的语言表达、歌唱表演、形体与表情动作及木偶和皮影的操作技能等。幼儿在表演中虽然从全身心的投入中感到满足,不在乎有无观众来欣赏,但是并不是说幼儿的表演技能就不重要。因为文艺作品中的内容和情节需要借助一定的表现技能才能得以再现和展示。培养和提高幼儿的表演技能是完成表演游戏的一个重要保障。幼儿在表演游戏中最基本的表演技能有：

※ 幼儿口头语言的表达技能

幼儿表演游戏中大部分角色的形象主要是通过语言来表现的。语言表演技巧表现在对语调的处理上，即通过声音的轻重、快慢、高低和停顿等变化去表现人物的思想感情。如狐狸的声音又尖又细带着狡猾的色彩，小熊的声音笨重而缓慢透出老实憨厚的特点等等。教师要分步骤要求与指导，首先要让幼儿能大胆地把角色的语言表达出来；其次要让幼儿能较清晰、流畅地用普通话表演；最后要让幼儿知道运用自己的语调来表达思想感情。让幼儿在理解领会作品的前提下，通过具体的练习和实际操作，逐步提高口头语言的表达技能。

※ 幼儿的歌唱表演技能

歌唱表演技能包括用自然好听的声音歌唱，不大声喊叫，音调准确，吐字清晰，能根据乐曲的快慢、强弱等变化有表情地演唱。在表演游戏中，教师应指导幼儿唱歌吐字清楚，旋律曲调要准确，快慢音量要适度，表情要符合角色的要求。例如，"小兔乖乖"中的兔妈妈唱的歌与大灰狼唱的歌虽然内容一样，但他们的语气、声调、表演是绝对不同的。只有具备较好的歌唱表演技能，才能将文艺作品的内容生动形象地展现出来。

※ 幼儿的形体表演技能

形体与表情动作除了人们的日常生活动作外还包括一些小动物的典型动作。在表演时，需要幼儿的步态、手势、动作比日常生活中的要夸张一些，使表演有一定的舞台效果。各个角色因其角色特点不同，还要求幼儿在表演游戏中能恰当而准确地把握。例如，"下雨的时候"中有三个角色，小白兔上场用"兔跳"，小鸡上场用"点头踏点步"，小猫上场用"交替步"和双手"捋胡子"的动作。指导幼儿表演时，可以要求他们把动作幅度做得稍大些，并带点夸张，以充分表现出各自的角色特点。

以上这些表演技能，应该让孩子在日积月累的活动中逐步学习掌握。同时，也可通过一些针对性的游戏训练让孩子们来习得。例如，用"小猫和小老鼠"的游戏，对幼儿进行形体与表情动作技能训练：让玩具猫坐在小椅子上，小老鼠出来玩，发现了玩具猫。开始，它们怕极了，逃走了，后来发现是假猫，便又无法无天了。教师让幼儿练习轻轻跑和害怕的表情，以及无法无天的自由动作。这样，幼儿的表演技能得到了训练。又如，教小班幼儿做木偶操，用儿歌或者音乐伴奏，让他们练习立正、侧转身、弯腰、拍手、点头、思考等木偶动作，等等。

5. 促进表演游戏水平的提高

（1）引导幼儿观察、表现和交流

幼儿由于缺乏丰富的感性经验，在表演中常常不能很好地表现人物的主要特征。对此,教师要积极引导幼儿进行观察、表现和交流。例如,在表演"三只蝴蝶"的过程中,表演蝴蝶的孩子落在花儿上就放下翅膀不动了,老师发现后没有简单地说明正确的动作,而是带着幼儿来到花园观察蝴蝶落下时翅膀的姿态。孩子们观察发现,原来蝴蝶停下来时翅膀是合拢的,扮演蝴蝶的孩子还将两只胳膊背在身后做出了动作。在后来的表演中孩子们扮演的蝴蝶都很出色。

(2) 启发幼儿创造性地表演

幼儿表演创造性的发挥往往建立在对作品理解的基础上。幼儿只有充分理解了作品,才有可能去表现去创造。我们不要让幼儿有一种完成老师交代的游戏任务的心理,按部就班地为游戏而游戏。在表演游戏中充分发挥幼儿的主体性,需要教师的调动与挖掘。

幼儿常常根据自己的生活经验进行自编自演的创作活动。例如,有两个幼儿用玩具小鹿、小兔作木偶,即兴创作表演了木偶戏"长颈鹿的脖子真长呀"。操纵长颈鹿木偶的孩子边表演边说:"我是长颈鹿,我有一个长脖子,我的头颈又长又高,可以看见很远的东西。哦!我看到了军舰,军舰上有……我又看见了……"这时,演小白兔的孩子急了,说:"我怎么看不见,也让我看看吧。""不行,谁叫你的脖子不长呀!"演出就结束了。教师认真地欣赏了孩子的短剧后,称赞他们编得真好,还和孩子们一起讨论如何改进剧本,如长颈鹿该不该这样骄傲等等。经过一次次演出、讨论,等到再演出时,这部短剧就成为孩子们创作的好的游戏作品。教师及时发现孩子中的创作苗子,并给予鼓励和指导,是十分重要的。

有时,教师也可以专门组织创作活动。例如,给全班孩子2~3个小动物,要求他们编一个故事,并将故事表演出来。于是,孩子们分组设计、表演,然后互相观摩,最后,教师将各组孩子编的作品综合在一起,加工成一个较完整的作品。这种创作游戏活动,以平时的看图说话、看图编故事为基础,一般在大班进行。

(3) 多种形式拓展游戏,提高游戏水平

表演游戏和角色游戏一样具有扮演角色的共同特点。利用这一特点,我们可以采用表演游戏与角色游戏相结合的办法来拓展游戏。通过和角色游戏的有机结合,表演游戏的剧情得到了发展和延伸,孩子们的想象和创造也得到了充分的发挥。既丰富了游戏的内容,挖掘了游戏的深度和广度,又进一步培养了幼儿的创造性。

利用表演形式多样化的特点,我们还可采用操纵形象玩具来扮演角色的表演形式,如桌面表演、木偶剧或皮影戏等。这些表演游戏形式不仅占地面积小,深受幼儿欢迎,而且不需要幼儿过多的体态语,可以使幼儿将精力集中在语言表现力上,对幼儿语言能力的发展是大有益处的。

此外,在大班幼儿中还可以进行双簧表演。双簧表演即每一个角色都由两个人共同扮演,其中一人只管在台前表演,嘴不出声,而另一人则只需在后台为角色配音。在各司其职的基础上,两名演员必须步调一致,配合默契,共同完成对角色的创造。双簧表演能培养幼儿的集体观念,发展幼儿间互相协作的能力。双簧表演适用于角色少、动作少而对话较多的文艺作品,如寓言故事《乌鸦与狐狸》等。

(三) 结构游戏的指导

结构游戏的教育作用是在教师正确的指导下实现的。在结构游戏中有一定的教学因素,但仍要求教师在游戏中充分尊重幼儿的主动性和创造性。

1. 结构游戏指导的基本任务

在指导幼儿开展结构游戏的过程中,教师主要有激发幼儿兴趣、引导幼儿观察、提供物品条件、帮助幼儿掌握结构技能、引导幼儿开展创造性的建构以及培养幼儿良好的行为习惯等几个方面的任务。

(1) 激发幼儿参与结构游戏的兴趣

兴趣是人们从事任何活动的强有力的动力之一。幼儿参加结构游戏,往往是从对结构物或结构活动感兴趣开始的。教师应该注意利用多种方法吸引幼儿的好奇心,激发幼儿对构造活动的浓厚兴趣和创作的欲望。

※ 用构造作品吸引幼儿兴趣

教师可事先构建出各种各样的结构造型展示给幼儿,让他们感受和欣赏这些作品结构材料和结构技能的丰富多样性,体验造型艺术美。当孩子们面对作品羡慕之情溢于言表的时候,尝试之心便会油然而生。对于小班幼儿,教师还可以带他们参观中、大班的结构游戏,哥哥姐姐们的建构作品往往能更有效地激发他们参与结构游戏的兴趣。

※ 关注与把握幼儿的兴趣点

观察是实施有效指导的前提。教师应通过平时贯穿于一日活动中的观察,了解儿童一定时期内的兴趣点,及时把握幼儿随机生成的兴趣需要,从幼儿的生活经验和兴趣点出发,进行有效的引导,有意识地调动全体幼儿的兴趣,让他们不断关注新鲜事物,从而拓宽知识经验,提高建构游戏的水平。

※ 帮助幼儿维持建构兴趣

幼儿对结构游戏的兴趣主要在于游戏过程。他们参加建构游戏一般没有什么既定的目标,往往是受玩具的吸引或者看到别人在玩建构游戏而开始参与建构。如果幼儿能够通过摆弄玩具构建出某种有意义的造型并得到肯定时,他的兴趣便会得到加强和深入;而若是幼儿在建构中摆弄不出什么有意义的造型来,也没有得到及时的鼓励和帮助,就会对结构游戏失去兴趣。对此,教师可采取以下几种方法给予指导:

① 教师可根据幼儿手中半成品的形象,及时为结构物命名,同时指出结构物和实物形象的差距,以帮助幼儿确定建构的方向,使幼儿将兴趣维持在建构活动上。

②当幼儿手中的结构物无法与现实物体加以联系时,教师可以启发幼儿多做几个同样的结构物相互连接起来组成一个连续的图案,也可以让他们另做一个不同的结构物组合在一起,再根据新的结构造型确定建构主题,继续发展游戏。

③保留幼儿建构游戏的一些半成品,在下次游戏时提供给幼儿,使幼儿通过后续的建构活动完成或完善作品。

(2) 引导幼儿对物体进行观察

结构游戏通过造型反映物体的外形特征,这就要求幼儿对周围生活环境中的物体和建筑物要有细致的了解和深刻印象,这也是幼儿开展结构游戏的基础。

※ 多渠道、多方位、多角度的观察

教师要引导幼儿观察日常生活中各种不同的物体和建筑物的形状、颜色、结构以及空间位置关系,丰富幼儿头脑中的造型表象,为他们在结构活动中的想象和创造打下基础。观察活动可以带幼儿到大自然中去实地观察,也可以采用多方位、多角度的影像或图片资料进行观察。例如建构天安门,我们可以给幼儿提供天安门的各种正面像和侧面像,以及国庆时用鲜花灯笼彩带装扮的天安门的图片或影像等进行观察。

※ 指导幼儿学会分析结构特征

在指导幼儿观察实物与图片中的结构物时,应教会他们掌握结构分析法,即说出物体各部分的名称、形状,比较建筑物的不同部分,掌握各部分结构物的组合关系。例如,引导幼儿观察房子时,教师应引导他们有顺序地先观察房顶的样式、墙壁的颜色、门窗的位置等,然后引导幼儿观察各部分的整体结构,最后概括出房子的基本特征。

※ 指导幼儿进行对比性观察

对于同类事物,教师要引导幼儿进行对比观察,比较出事物的异同。这种对比观察法,有助于幼儿掌握同类物体的共性,并区别出它们的个性特点,从而加深幼儿对各种物体的完整印象。在构建新主题时,引导幼儿运用对比观察找出众多结构物中的相同点,也有助于幼儿把已经获得的构建知识技能迁移运用到新的构建活动中去。如学会拼插小鸡后,学做小鸭时,只要引导幼儿观察小鸭嘴部和脚部与小鸡建构时的不同,就很容易做出小鸭了。

(3) 提供必要的物质条件

※ 提供时间场地

结构游戏是幼儿喜爱的游戏活动,教师必须在幼儿的一日生活中合理安排结构游戏。为此,首先要在时间上给予保证,在自由游戏时间内允许并鼓励幼儿开展结构游戏。其次是提供场地,除了不固定的桌面,还要尽力为大型结构游戏的开展提供较固定、宽敞的场地。

※ 提供结构材料

结构材料是结构游戏展开的物质基础。幼儿是否对结构活动感兴趣,是否能够顺利

地开展游戏活动,很大程度上依赖于结构材料的提供。投放结构玩具材料时教师应注意:

① 材料的投放既要符合幼儿的年龄特点和游戏需要,又要照顾到不同幼儿的能力差异。例如,小班幼儿,可以提供一些体积大重量轻、形状简单、色彩鲜艳的玩具材料;到中班时则可以以小型建构玩具为主,并增加一些木板、废旧瓶罐、玩偶、小动物等辅助材料。对能力弱的幼儿可提供结构简单、易于操作的材料;而能力强的幼儿,则可引导他们用辅助材料进行建构。

② 指导幼儿自制玩具材料,满足游戏发展的需要。教师不能被动地局限于幼儿园购置的游戏材料,而应指导幼儿充分利用自然物和废旧物品进行建构。如用纸箱子做成小房子、小汽车,用废纸盒做成玩偶等。还可给幼儿提供橡皮泥、纸板、木片、碎布头、线轴、蛋壳等废旧材料,让幼儿自己动手制作需要的游戏材料。

③ 考虑幼儿收拾玩具的便利。结构玩具是素材玩具,结构元件品种多,也很零碎。这就给幼儿收拾、整理玩具带来了一定的困难。教师应准备一些适合的分类箱,帮助幼儿学会分类收拾整理结构玩具和辅助材料。

(4) 帮助幼儿掌握结构的基本知识和技能

结构游戏是在掌握建造的基本知识和基本技能的基础上进行的。幼儿建构的知识技能水平,往往影响着游戏内容的扩展和游戏水平的提高。当幼儿对结构游戏产生兴趣时,会同时产生学习建构技能的愿望;而建构技能发展得越好,幼儿参与结构游戏的兴趣也就越浓郁。

幼儿结构游戏的基本知识技能有以下四个方面:

第一,识别材料的能力。能认识各种结构材料,如木质的、塑料的、金属的,懂得它们的作用、性能。

第二,操作的技能。会运用排列与组合、插接与镶嵌、串套与编织、粘合、旋转螺丝等构造方法构成物体;会灵活选用结构元件和辅助材料表现物体的基本特征,如会用两个三角积砖代替正方积砖,用小纸做成彩旗布置轮船等;会根据实物和平面图进行结构游戏。

第三,设计构思的能力。能设计结构方案,按计划有目的、有步骤地进行构造活动,并能在实践中修改、补充方案。如用积塑插孔雀,要用什么形状、颜色的材料,怎样组合等。

第四,分工合作的能力。能在集体建造活动中分工合作,建造较复杂的建筑物。

在帮助幼儿发展结构技能时应该注意以下几个方面:

第一,遵循由浅入深、循序渐进的原则。

第二,在观察了解幼儿结构技能水平基础上进行针对性地引导和点拨。

第三,探索和挖掘现有材料的多种玩法。教师应掌握每种玩具材料的基本玩法,并在常规玩法的基础上探索扩展玩法,做到一物多用、一物多玩。

(5) 引导和鼓励幼儿创造性的建构

创造性是结构游戏水平的一个重要标志。教师应重视培养幼儿的创新意识,引导和鼓励幼儿在建构游戏中充分发挥创造性,提高游戏水平。

※ 教给幼儿创造的方法

局部改变创造法。对幼儿来说,改变某一物体的局部就是创造。如幼儿学会搭亭子、桥、房子等最基本的式样,并初步学会布置公园后,只要改变其中一个建筑物的造型,就会变成一个不同的公园。同样,改变某一部分的颜色、形状或布局,公园也就不相同。

列项改变创造法。列出可以改变的项目,为幼儿提供创造的思路。建构活动可以改变的项目有七个方面:变换颜色、变换体积、变换形状、变换材料、增减某一属性、重新组合原有属性、重新设计等。如建造房子时,教师启发幼儿讨论"你用什么方法造出与别人不同的房子?"有的幼儿想出改变颜色,使用不同形状的材料;有的幼儿在房子的大小、宽窄、高矮上做文章;有的幼儿则想出门窗、屋顶的不同造型。于是造型各异的房子就造出来了。

※ 引导和鼓励幼儿创新

提出问题。问题往往是引发人们产生思想火花的导火索。只有提出问题,才能激发幼儿的思维和创造。如进行构建交通工具主题的结构游戏时,教师可提出:"小明的妈妈在北京工作。现在请小朋友想想怎么能帮小明到北京去看妈妈呢?"当幼儿回答坐飞机、轮船、汽车、火车的时候,再请幼儿自行用玩具构造这些交通工具来帮助小明去北京。

适时启发。幼儿建造的过程中会出现不少问题,教师应仔细观察,了解幼儿的游戏水平和需要,给予适时的启发和点拨。如一个幼儿建造好一个井架后不知该干什么。教师便走到他旁边,一边表扬一边启发道:"你真能干,制造的井架像真的一样。有了井架打好井眼后,该用什么往外抽油呢?"他忽有所悟:"噢!用抽油机"。幼儿沿着这条思路想开去,建造了抽油管道、储油库、工人值班楼等一系列的井场建筑物。教师有目的的诱导启发,能极大地激发幼儿联想,不断创建出新的内容。

正确引导。幼儿在进行想象创造时,往往会忽略想象创造的合理性。例如搭建楼梯时,幼儿会用月牙形、三角形的材料来做阶梯,这种做法违背了"梯阶应便于上下"的合理性。对此,教师应及时给予正确引导。既要保护幼儿大胆想象的积极性,让他们敢于异想天开,想出别出心裁的搭建方案,又要引导幼儿想得合情合理。

评价激励。正确评价建造的成果,能激发幼儿的自信心和再创造热情。教师在评价幼儿建构成果时不能只重视物体建构得是否整齐,漂亮,而忽视游戏对幼儿思维的创造性及团体协作精神的影响。正确的评价标准应是:建筑物是否整齐、美观,运用的材料是否合适、多样,摆设的位置是否合理,是否创造出与别人不同的地方,全体组员是否团结合作。对于那些在结构活动中有失败经历的幼儿,我们还应给予他们激励性的评价,使每个幼儿在每次探索活动中都能有所发现,并获得成功的体验。

(6) 培养幼儿良好的行为习惯

结构材料是结构游戏的基础,教师不仅要提供适宜充分的结构材料,同时也要教育幼儿爱护结构材料。因此,在开始进行游戏前,教师应向幼儿提出游戏常规,教育幼儿爱护结构材料,轻拿轻放,有顺序地收放结构材料,整齐地放在固定的地方,并逐步培养幼儿独立收拾材料的习惯。

建构作品是幼儿建构活动的成果,不仅反映了幼儿建构游戏的水平,同时通过建构成果的相互评价和欣赏还可以培养珍惜建构成果的情感,提高幼儿建造的能力。为此,教师要教育幼儿彼此珍惜建构成果,不随意破坏别人的成品。教师本身也要尊重和爱护幼儿的建构成果,不可因幼儿建造得不好而持否定、轻视的态度甚至轻易毁掉,这样做会挫伤孩子游戏的积极性和兴趣。一些好的、大家感兴趣的作品应保留一段时间,供大家欣赏,并鼓励幼儿围绕它开展其他游戏。对需要花费较长时间才能建构成的作品,教师要允许幼儿在几天内完成,不能随意毁掉或限制时间。

教师在完成上述各项指导任务时,还应注意以下三点:

第一,融入全面的教育。教师要明确结构游戏的过程不是单纯结构技能的训练过程,不能一味追求技能的提高,而是通过结构游戏对幼儿进行全面发展的教育。如认真、耐心、细致的工作态度;克服困难完成任务的良好品质;与别人合作的能力;语言表达能力和相互交流能力;大小肌肉的灵活性及手眼协调能力;爱护玩具、爱整洁、爱劳动的好习惯等,这些都应自然地融入结构活动的指导之中。

第二,把握适度的指导。在结构游戏的指导中,最容易出现的误区就是教师教的比例过重。虽然教师的指导能有效地提高幼儿游戏的水平,但过多的说教会扼杀幼儿参与游戏的主动性和创造性。所以,教师应根据幼儿的实际水平,采取不同的指导方法,在幼儿原有水平上给予适度地指导。

第三,重视差异的存在。幼儿的结构水平是参差不齐的,教师应让幼儿在原有水平上有所提高,而不能对全班幼儿作划一的要求。要做到分层次指导,给不同发展水平的幼儿提供不同的结构材料,并根据每个幼儿不同的需要确定不同的指导重点。如有的孩子需要提高技能,有的需要培养坚持性品质,有的则需要体验成功感等等。

2. 各年龄班结构游戏的特点及指导

(1) 小班幼儿结构游戏的特点与指导

游戏特点:

小班幼儿进行结构游戏没有一定的目的,还不会先想好要建造的形象然后有目的地去做,只是无计划地摆弄结构元件。当有人问他搭的是什么时,他才会去注意自己的结构物,思考这是什么并根据想象告诉你。小班幼儿在结构游戏中对结构的动作感兴趣常常喜欢把结构元件垒高,然后推倒,如此不断重复,从中体会乐趣。小班后期,在成人的指导和示范下,结构游戏逐渐有了主题,但主题很不稳定,幼儿还不会利用结构玩具开展游戏。

教学目标:

小班幼儿应学会认识结构材料,能叫出其名称,如积木、积塑等,并能认识结构材料的大小、形状、颜色,学习铺平、延长、围合、盖顶、加宽、加高等结构技能,识别上下、中间、旁边等方向,会用材料建造简单的物体,能将物体的主要特征表现出来。

小班结构游戏的指导要点:

※ 教师可多采用游戏的口吻,以"情境描述"法激发幼儿的兴趣。如"小鸭子没有地方住了,我们快来帮它搭个房子吧!"也可以带他们参观中、大班的结构游戏,引起幼儿的游戏兴趣。

※ 为幼儿安排场地,准备足够数量的结构玩具。开始时可以分配每人一份结构玩具,自己玩自己的,建立最初的常规,使孩子在游戏中互不妨碍。

※ 教幼儿学习认识各种结构元件,学习建构的基本技能。教师可以边示范边讲解,向幼儿指点结构的方法、顺序及注意点,反复说明难点,鼓励幼儿在模仿建构的基础上独立地搭建简单物体,同时引导幼儿给结构物命名,促使他们结构活动的目的逐渐明确起来。

※ 建立结构游戏简单的规则(如爱护材料等),教给幼儿整理和保管玩具的简单方法,使他们能参加整理玩具的部分工作,培养孩子爱护玩具的习惯。

(2)中班幼儿结构游戏的特点与指导

游戏特点:中班幼儿进行结构游戏的目的比较明确,并且能初步了解结构游戏的计划,他们对操作过程有浓厚的兴趣,同时也关心结构成果。他们已经能独立建构一些较复杂的物体,也会按主题进行结构,要求美化结构物,并能围绕结构物开展游戏,能独立地整理玩具。

教学目标:中班幼儿应能认识高低、宽窄、厚薄、轻重、长短、前后等空间方位,会选择利用结构材料,能较正确地建构物体,会看平面图,能和同伴合作共建一组主题建筑,会评议结构游戏成果。

中班结构游戏的指导要点:

※ 结合各科教学,利用散步、参观等各种活动,丰富幼儿的生活经验,增加幼儿对各种常见事物结构造型方面的知识。

※ 可采用示范、讲解相结合的方法,也可用建议和启发的方法,指导幼儿掌握结构技能并会应用技能塑造物体。

※ 引导幼儿学习设计结构方案,有目的地选材和看平面图进行构造。

※ 既要鼓励幼儿独立地进行创造性的建构活动,也要组织结构活动小组(3~4人)进行集体建构活动,引导幼儿共同讨论、制定方案,进行分工,友好合作地开展活动。

※ 组织幼儿评议结构成果,鼓励他们独立地、主动地发表意见,以发展幼儿的语言表达能力和创造性思维能力。

(3) 大班幼儿结构游戏的特点与指导

游戏特点:大班幼儿对结构游戏的目的明确了,计划性加强了,往往能围绕一个主题,进行几天甚至一周的结构活动,直到完成为止。由于掌握了许多结构技能,他们在结构活动中追求结构的逼真和漂亮,希望自己的作品有新意。在教师的引导下,集体观念增强,能几个人一起合作建造一样东西。

教学目标:大班幼儿应学会区别左右。在建造技能上,应要求他们建造的物体比中、小班幼儿更加精细、整齐、匀称,物体的结构更加复杂和富有创造性,会使用辅助材料装饰建造物,能集体合作建造物体,并对结构物进行分析评价。

大班结构游戏的指导要点:

※ 丰富幼儿的结构造型知识和生活印象,引导幼儿为结构活动收集素材,保证结构游戏的主题和内容不断发展。

※ 指导幼儿集体主题活动,学会制定计划(协商、确定主题,商量结构步骤及方法,分工合作、确定结构规则)使大家创造性地共同建构一个复杂的物体。

※ 多采用语言提示的方法教会他们掌握新的结构知识和技能,重点指导幼儿运用新的技能去实现自己的构思。

※ 教育幼儿重视结构成果,通过展览会,开展各种游戏,提高幼儿对结构成果意义的认识并提高他们分析评价的能力。

※ 以部分幼儿小型活动为基础,引导幼儿开展参加人数多、持续时间长的大型结构活动。在活动过程中,教师不断鼓励幼儿进行创造性的思维并为他们提供材料,帮助他们克服困难,教师也可参加幼儿的活动共同完成结构任务。

(四)体育游戏的组织和指导

幼儿园的体育游戏有自主性游戏活动和教学性游戏活动两种主要形式。这两种形式的体育游戏都离不开教师的组织和指导,只是组织指导的内容和任务各有不同。

1. 幼儿自主体育游戏的指导

幼儿正处在生长发育的时期,他们的机体对外界环境的适应能力不强,身体各器官各系统发育尚未成熟、完善,容易因各种自然因素的变化而影响健康。因此,适合于幼儿生理特点的户外体育活动可以提高幼儿身体的适应能力、抗病能力,增强体质,促进身体健康发展。一般日托幼儿园要保证有每天二小时的户外活动时间。同时,在户外体育活动时间里也有专供幼儿自由游戏活动的时间。幼儿自由游戏时,教师的观察和指导同样也是必不可少的。

(1) 提供丰富、安全的活动玩具

滑梯、摇椅、荡船、跷跷板、吊桥等大型活动玩具都是孩子们最喜欢的。教师要注意经常检查这些玩具的安全性,避免安全事故的发生。除这些固定器械玩具之外,教师还应投放一些小型具有挑战性的运动器材,如平衡木、套环、沙包等,这些玩具应根据幼儿现有的运动能力来选择,让幼儿既获得成功又受到挑战。如小班幼儿正是开始发展平衡能力的时期,可以提供平衡木,让孩子自己尝试在平衡木上行走,从中得到满足感。另外,还可以在运动器材的趣味性上做文章,充分吸引幼儿。例如,可以在平衡木上贴上各种各样的图形图案,这样幼儿就会特别喜欢去走,并且还会有意踩着这些有趣的图案走,玩得非常投入。

针对幼儿的游戏兴趣,教师还可以制作一些简单又安全的手头玩具提供给幼儿以满足他们的游戏需要。如:幼儿爱打仗,可以制作一些纸棒给他们玩;喜欢用东西互相抛掷,可以制作一些内放棉花的软包;喜欢玩抓"坏蛋"的游戏,可以制作一些角色特征明显的假面具。教师还可以让幼儿参与共同制作运动玩具,增加幼儿对运动玩具的兴趣。这样既增强了游戏趣味性,又满足了不同孩子游戏的需要,还锻炼了孩子的想象力和动手能力。

(2) 帮助幼儿建立规则意识

规则是游戏顺利进行的保证,自由游戏也需要有规则。教师不应对幼儿的自由游戏作过多的限制,但要帮助幼儿建立规则意识,并在游戏中自觉遵守规则。例如,玩大型运动玩具时应按秩序轮流进行,不能插队;玩玩具时不能争抢,要和别人商量;踢足球时要轮流守门和踢球等。

幼儿在游戏中都非常投入,这时他们往往会把握不住游戏的分寸。例如,玩"抓坏蛋"游戏时,常常容易出现动作过大、打架,甚至弄伤个别幼儿等问题。这时,教师应帮助幼儿分好角色,给幼儿讲"坏蛋"要轮流当。让每个孩子都尝试一下当"坏蛋"被人追逐的滋味,能使他们真正明白"坏蛋"也是小朋友扮的,是假的,这样玩时才会小心,不会真的去抓伤小伙伴。

(3) 观察幼儿游戏,适时介入

观察游戏的目的是了解幼儿的运动能力以及幼儿在游戏中遇到的问题。在观察中,教师应明确哪些是孩子们共有的问题,哪些是个别问题。在观察的基础上,在体现幼儿主体性的前提下,提供适时的帮助和指导。

教师介入指导应把握恰当的时机。如幼儿不玩玩具四处观望,这可能是孩子没有找到玩伴,或是没有玩到自己喜欢的玩具,这时候教师要及时介入,给予指导。再如幼儿不专注且在各个游戏中转换或幼儿在游戏中遇到困难时,教师也要及时介入,进行指导。

2. 教学性体育游戏的组织和指导

教学性体育游戏的组织指导工作包括选择游戏、游戏前的准备、游戏的组织和教学、游戏中的指导和结束游戏五个环节。

（1）选择游戏

选择游戏要注意循序渐进，坚持由浅入深，由易到难，由简到繁。幼儿年龄越小，选择的体育游戏的内容、动作、规则应越简单，游戏时间越短，运动量越小。随着幼儿年龄的增长，选择的内容、动作、规则应逐渐复杂，游戏时间也随之增加，运动量相应增大。一个游戏往往有好几种不同的进行方法，有的比较容易，有的比较难。选用时必须根据幼儿的实际水平，先选用一些易学易做的和运动量小的简单玩法，再选用较难做的、运动量较大较复杂的玩法。安排体育游戏时，前一个游戏应是后一个游戏的基础，后一个游戏又是前一个游戏的发展和提高，它们之间应有联系。坚持循序渐进的原则，才能收到良好的教育效果。

选择体育游戏应重视幼儿身体的全面发展。因为体育游戏的内容不同，动作不同，每个游戏所起的作用也不一样。幼儿正处在身心迅速生长发育的阶段，全面地进行锻炼，能使幼儿身体各个器官和系统的机能及活动能力得到均衡发展。人体是一个有机统一的整体，任何部位的落后，都会影响其他部位的发展，影响人体机能水平的提高。而任何局部器官功能的改善和提高，又必然促进其他器官功能的发展。因此，选择时一定要注意安排不同效果的游戏，使幼儿的身体得到全面锻炼。

选择和安排体育游戏时，还要注意使新授内容和复习内容交替进行。冬季体育游戏可选择运动量较大的，而夏季则应选择活动量较小的。在一个时间段和一天的活动中，应有不同的活动量和活动内容，以使幼儿劳逸结合，全面发展。

（2）游戏前的准备

游戏前，教师要在了解全班幼儿体质、能力、性格、品德等情况的基础上熟悉游戏的内容，领会游戏的教育作用，掌握游戏动作，明确游戏规则，考虑好怎样组织和教会幼儿游戏，提出什么要求，注意哪些问题等。

在游戏前，教师应安排幼儿学习并掌握与游戏有关的儿歌。教师可提前告诉幼儿要玩一种什么样的游戏，使他们在思想上有所准备。还可以让幼儿参与游戏道具的制作和准备，这能有效地吸引幼儿的兴趣和注意，保证游戏效果。

教师在游戏前还要准备好所需的教具、器械或玩具等，并检查器械是否清洁、牢固，数量是否充足，以及场地是否平整、干净。为了充分吸引幼儿的兴趣，可以做一些相关头饰或其他标志，戴在他们的头上或披在肩上。

游戏前，教师还要注意察看一下幼儿的服装是否合乎进行体育游戏的要求，如衣服不要过长，腰带不宜过紧，鞋带是否系好，身上是否带有不安全物品等。

此外，教师还要重视游戏前的准备活动，使幼儿的身体由相对平静的状态逐渐过渡到活动状态。尤其是在冬季，应先使发僵的关节、韧带、肌肉活动开来，然后再进行激烈的游戏，以防发生扭伤现象。

(3) 游戏的组织与教学

※ 集合

组织幼儿游戏时,教师应用一定的方法使幼儿有兴趣地集合起来,在游戏现场排成所需要的队形。常用的集合方法有以下几种:①用铃鼓、响铃、哨声或其他信号来集合幼儿。一般需要事先对幼儿进行训练,让他们知道集合信号的意思。②用儿歌来集合幼儿。如教师唱"一二三四五六七,我的朋友在哪里?"幼儿答:"在这里,在这里,你的朋友在这里!"并集合到老师面前。这种方法适合于中大班幼儿,也需要进行较长时间的训练。③用过渡性游戏集合。如"看谁站队站得快"游戏就是一个集合游戏。

※ 讲解和示范

新授游戏的教学活动是从教师的讲解开始的。讲解主要是教师向幼儿介绍游戏的名称、方法、动作要求、交替信号和规则等,目的是为了引起幼儿对游戏的注意和兴趣,帮助幼儿建立起初步的游戏概念,了解游戏的方法。教师讲解的语言要生动形象、简明扼要、富有感染力和鼓动力,同时,运用的讲解语言还应贴近幼儿,能被幼儿理解和接受。

讲解一般要结合示范动作进行,以便使幼儿能一边听,一边看,知道怎么做。对于某些比较复杂的动作可以做慢动作示范,并在游戏前让幼儿加以一定的练习。有的游戏结构复杂,教师除亲自示范外,还可让幼儿作助手配合。有的游戏动作(如钻、爬),幼儿的示范比教师示范的效果更好。对于个别能力弱的幼儿,教师还可加强讲解和个别示范。教师优美准确的示范往往会引起幼儿羡慕和激动的情绪,他们会随着示范而跃跃欲试,这样就充分调动了幼儿参加游戏的积极性。在讲解和示范时,还要注意突出游戏的规则,使幼儿对规则有深刻的印象。

复习游戏时,教师只需要用更简短的语言提示游戏的重点内容与要求,补充或说明游戏的规则和方法即可。

※ 分队(组)、分角色

讲解示范后,游戏开始前一般还要进行分队(组)、选角色等组织工作。做分队(组)竞赛游戏时,各队的人数应合理,力量搭配要相当。由于幼儿运动能力的性别差异不大,故分队(组)时可不作考虑。

合理地分配角色,能充分发挥幼儿的积极性和主动性,有利于游戏的顺利进行。

玩新游戏时,一般多用指定法分配角色。小班一般是老师担任主要角色,以利于掌握游戏的时间和情节的发展,同时教师还可起到教育和示范的作用。待幼儿熟悉游戏后,可请能力强的幼儿担任主要角色。在较大年龄班,教师应根据具体情况,针对幼儿某方面的特点,有目的地分配角色。如让体质好、反应快、奔跑能力强的幼儿担当主要追捉者,可使全体幼儿积极奔跑起来。又如,适当让个别不好动的幼儿担当主要角色,给他一定的任务,以培养其活泼好动的性格。

对于复习游戏,教师可灵活地采用民主法、随机法、猜拳法和轮流法来确定游戏角色,以吸引幼儿的兴趣,调动游戏的积极性。需要注意的是,不论用什么方法选择游戏角色,教师都应注意不要只让少数能力强的幼儿担任主要角色或游戏中的组织者。

(4) 游戏中的指导

一个好的体育游戏只是为取得良好的效果提供了一种可能性。体育游戏要取得良好的效果,关键就在于教师的指导。在游戏中,教师要注意观察游戏以把握适当的活动量,提醒幼儿遵守游戏规则,保持正确的身体姿势,同时还要注意确保游戏的安全。

※ 把握适当的活动量

活动量是指在体育活动中,人体所承受的生理负荷量。活动量太小,对健康促进作用不大,难以达到锻炼身体的目的;活动量太大,超过了幼儿身体所承受的能力,对健康不利,甚至有害。教师一般根据幼儿在游戏中的精神情绪和完成动作的情况来判断活动量的大小。如果幼儿继续游戏的兴趣下降,注意力分散,游戏效果变差;或幼儿过度兴奋、消沉;或幼儿面部发红、发白,满面流汗,气喘吁吁,不爱讲话,反应迟钝等等,都说明幼儿已经疲劳了。这种情况下,教师必须进行调节,或让幼儿休息,或是转换其他内容。

调节游戏活动量的方法有如下几种:①增加或减少游戏的组数和参加活动的人数;②扩大或缩小游戏的场地范围;③延长或缩短游戏的时间和休息时间。教师应根据幼儿游戏的具体情况来选择调节活动量的方法。需指出的是,幼儿的疲劳现象在一定程度上是正常的,没有一定的疲劳就不可能增强体质,但也不能造成过度的疲劳。

※ 提醒幼儿遵守游戏规则

在平日的教育教学工作中,教师要注意严格要求,认真培养幼儿自觉遵守规则的良好习惯。这既是有利于幼儿开展各种游戏活动的必要保证,也是对幼儿意志品质的养成教育。

教师在介绍游戏的玩法时,应强调游戏的规则,并以之作为评定胜负的重要条件。在游戏不熟练的情况下,教师特别要注意提醒幼儿遵守规则。当发现大多数幼儿不能很好地遵守游戏规则时,首先应分析造成这种现象的原因。若不是因为幼儿主观因素,而是由于规则不合理造成的,应停止游戏修改规则;而若是由于幼儿对规则没有完全理解,或是对规则不够重视造成的,则可以暂停游戏重申规则,或在第二次游戏开始前,进一步明确规则并提出要求。

※ 注意幼儿身体姿势和动作的正确性

身体姿势正确与否直接影响骨骼的生长发育,影响良好端正的体态的形成。同时,正确的姿势能够提高动作的质量,达到锻炼的目的。因而不论进行什么游戏活动,都应使幼儿的身体姿势保持正确的姿态。

然而,在游戏过程中,幼儿往往被情节所吸引,而忽略了身体动作的正确,尤其是在进行竞赛性游戏时更易如此。如在快跑比赛中,幼儿为了跑到前面,往往就不按要求摆臂,或是闭眼仰头,或是低头往前冲。这时,教师应用语言提示或中止练习,并及时予以纠正,使幼儿加深正确动作的印象。对小班幼儿,可用亲切的口吻说明姿势正确的意义,引起幼儿的注意。在竞赛性游戏评定胜负时，也可以对幼儿在游戏中身体姿势的正确与否进行评价。

※ 注意安全

在游戏过程中，教师应该既要让幼儿玩得尽兴，又要保证安全。为此，教师要随时检查场地器械是否安全，察看幼儿使用器械是否正确。活动场地要有一定的范围和路线，组织工作要严密，做到既生动活泼又有秩序。同时，教师要在游戏中给幼儿必要的保护与帮助，尤其对体弱、胆小和动作迟缓的幼儿，更要加强保护和帮助。

（5）结束游戏

掌握好体育游戏的结束时机是十分重要的。结束太早，不仅会使幼儿得不到满足，而且也收不到应有的锻炼效果；结束太晚，幼儿的注意力已涣散，动作出现不正常现象，则会影响幼儿的身心健康。结束游戏的最佳时机应是：幼儿虽未感到充分满足，但已有适度疲劳，或虽未产生适度疲劳，但幼儿已感到满足。

结束体育游戏时，教师应及时讲评，公布游戏结果，肯定优点，指出存在问题和改进意见，提出希望。对于由于能力差，一时不理解游戏内容而做错的幼儿，不应批评指责，而应表扬他们正确的一面，增强其信心，游戏后再对他们加强个别辅导。

（五）智力游戏的指导

幼儿的智力游戏需要在教师的指导下顺利开展，并实现一定的教育目的。教师对幼儿智力游戏的指导主要体现在以下几方面：

1. 编选和设计合适的智力游戏

智力游戏的种类繁多，在编选时切忌拿来就用，一定要根据训练的目的按类择取或设计。同时，智力游戏的针对性很强，而适应面较窄，因而编选和设计智力游戏时，应充分考虑幼儿的生活经验与接受能力，既要符合幼儿智力发展的水平，又要照顾到幼儿智力发展的个体差异，使尽可能多的幼儿都能适应游戏。

控制好智力游戏的难度是关键。难度太小的游戏任务往往让人提不起兴趣，难度太大又会令人望而却步，难度适中的游戏任务才最具挑战性。因此，要引起幼儿足够的兴趣和活动的积极性，必须将智力游戏的难度控制在幼儿经过一定的努力能够达到成功的程度，即"跳起来能够到的高度"。当幼儿克服困难完成一定的游戏任务时，其自信心会受到鼓舞，游戏的积极性也会更加高涨。所以，游戏设计既要有适合的难度，又要循序渐进，不断提出新的挑战。

一个好的智力游戏应该是：智力训练的目的任务明确，玩法新颖，内容多变并逐步复杂化，规则简单易行，能够激起幼儿积极的心理活动。

2. 教会幼儿正确地游戏

每个智力游戏都有一定的教育任务，要通过游戏的玩法与规则来实现。因此，幼儿必须通过学习才能掌握游戏的玩法。教师要用简明生动的语言和适当的示范,将游戏的目的、要求、玩法及规则介绍给幼儿。某些带有操作练习的游戏,教师应事先教会幼儿一些有关的技能,难度较大和要求较高的游戏应作分部练习和分阶段练习。孩子们之间也可以互教互学。在游戏中教师要督促幼儿遵守游戏规则,要求他们按既定的玩法和步骤去认真地完成任务,并对游戏时机的掌握与游戏方法的运用进行评价。

小班幼儿的智力游戏多是利用玩具材料进行的。教师首先要考虑的是选用什么样的玩具、教具,用什么样的方式来激发幼儿的游戏兴趣。小班幼儿智力游戏的玩具和材料应该颜色鲜明,品种简单,形象生动。在游戏时,教师应用自己的兴趣影响幼儿,讲解力求生动、简明和形象。过多的解释将会冲淡幼儿的注意力,使他们失去游戏的兴趣。有些游戏的讲解可与示范动作相结合,如"百宝箱"游戏,教师应先摸给幼儿看,边摸边讲解。同时,在游戏过程中还需要不断提醒幼儿遵守规则。

中班幼儿仍需教师对智力游戏的玩法和规则进行讲解和示范。在游戏中,教师应注意检查他们对游戏玩法的掌握与执行规则的情况。对遵守规则的幼儿应给予鼓励,使幼儿明确只有严格遵守游戏规则,游戏才有趣味。要鼓励幼儿关心并努力争取好的游戏结果。一般说来,中班幼儿应能独立地玩熟悉的游戏,教师只需在必要时给予指导。

大班幼儿对活动强度高的智力游戏(如棋类)更感兴趣,也喜欢参加带竞赛性的智力游戏。教师一般只需用语言讲解游戏,要求幼儿能独立地进行游戏,严格遵守游戏规则,争取最好的游戏结果,并能对游戏的结果适当地进行评价。

3. 使每个幼儿在参与游戏中得到充分发展

智力游戏简便灵活,也不拘环境条件和时间的长短,无论是在上课时间还是在自由活动时间均可进行。教师在组织游戏时可以采用集体、分组和个别游戏相结合的方法,尽可能地考虑幼儿的个别差异,适当区分不同的层次,提不同的要求,使每个幼儿都能在参与游戏中得到各自的发展。对于个别困难较多的幼儿要有意识地进行针对性训练,吸引他们多去参加适合的游戏,并肯定他们的每一次成功和进步,从而提高他们的自信心和智力水平。对于能力强的幼儿可适当增加游戏难度,提高要求以满足他们智力发展的需要。

一定的玩具和材料是智力游戏必要的物质保证。教师应重视每个幼儿参加游戏获得锻炼的机会,尽量设法使所有幼儿都有游戏材料。可以根据游戏的内容,发动幼儿共同收集游戏材料,或动手制作一些简单玩具,如自己画棋盘等,这样能使幼儿感到更亲切,并能提高参与游戏的积极性。在玩具材料不够时,应鼓励幼儿轮流使用玩具和材料,或共同游戏。玩具材料在室内摆放的位置,要以便于幼儿自由取放为原则,同时要注意经常更换和增加新的玩具材料。对于新玩具,教师要教会幼儿玩的方法,然后让幼儿自己玩。

在智力游戏中,教师应根据游戏的教学任务,不断地向幼儿提出新的课题,启发他们开动脑筋进行思考，寻求解决问题的方法。对于大、中班幼儿，还可要求他们在游戏后介绍自己达到游戏结果所用的方法，并对各种不同的方法进行讨论和总结，从而促使幼儿的思路更开阔，想法更独特，使他们的思维能力和创造力得到提高。

（六）幼儿音乐游戏的设计

在幼儿园等学前教育机构中，幼儿的音乐游戏很大程度上是一种教学活动。在设计音乐活动时，应根据教学目标来选择合适的活动形式和活动内容，考虑到幼儿的年龄特点和班级的具体情况，还应按照循序渐进的原则，使音乐活动紧紧围绕学习目标逐渐推进。

音乐游戏的选编设计往往是幼儿音乐教育活动设计的中心内容。除了在各类教材、书刊上选择现有的音乐游戏外，我们还应该掌握将一些音乐教育内容进行游戏化处理的方法。主要手段有以下三种。

第一种是以纯游戏活动为主导，加入一定的教学内容。纯游戏即是幼儿自然自发的游戏，它的特点是有约定俗成的规则和极强的趣味，流传广泛，经久不衰。像捉迷藏、追逐、猜谜等游戏都是纯游戏。用纯游戏编制教育游戏一定要保留原游戏的形式，渗入的教育内容不能冲淡游戏的趣味性，只需在沿用原规则的基础上按教学要求再加上适当的规则即可。如认识唱名就可以用捉迷藏游戏进行。将唱名符号写在卡片上，分发给孩子们，选定捉迷人后，请持卡儿童迅速找地方躲好，并将卡片举放在身体醒目处。捉迷人找到某人时，必须说："某人躲在某处。"说对了才算找到，再继续游戏。

第二种是教学活动中加入角色、情节、虚拟动作等虚构性成分和竞赛性因素。这种手段在教学游戏中运用最广，变化也较多。如用小熊爱吃蜂蜜被蜂蜇这一情节，将辨别音乐性质的内容编成"蜜蜂和小熊"游戏。音乐中快速的高音部代表蜜蜂，慢速的低音部代表小熊。"小熊"们坐在椅子上围成一圈，"蜜蜂"们蹲在圆中央代表蜂箱的方形内。当高音部出现时，"蜜蜂"站起在圈中随音乐作飞舞动作，音乐一停便回到"蜂箱"休息。这时，低音部随之出现，"小熊"就要围着"蜂箱"随音乐慢走，当高音部再度出现时，便赶紧走回座位坐下，若"蜜蜂"发现"小熊"仍在圈内，可群起而攻之，将其刺回原位。游戏继续进行，"被蜇的小熊"则要停止游戏一次。在这类手段中，竞赛性因素常被更多地使用，效果也很好。

第三种是以游戏性语言、玩具等组织活动。这种手段通常运用较多，在没有精心准备的情况下则运用更多。例如，要让幼儿反复听一首曲子，看到幼儿正抱着一只小兔子玩，我们便可以抱上一只小熊说："小白兔，我们来一起听音乐好吗？"听音乐时，让幼儿学着让小动物随音乐律动。听完一遍后，再假装小熊高兴地说："太好听了！小白兔，让我们再听一遍好吗？"这时孩子就会替小兔子表示愿意听第二遍。

由于幼儿注意集中和兴趣维持的时间很短，极易转移，我们在指导幼儿游戏时也要与之适应。例如,著名音乐教育家铃木镇一先生,每当孩子兴趣达到高潮时总是急刹车地宣布:"今天就到这里!"不在其兴趣下降时结束,目的就是控制孩子的兴趣程度,保持他们继续学习的积极性。这一点很值得我们借鉴。

(七) 幼儿美术游戏的指导

幼儿美术游戏的指导目标是使幼儿能在画画、做做中动脑筋、想办法,能够使用各式各样的工具和材料,对能够感受到、想到的事物加以表现,从中享受到创造的乐趣。

根据幼儿年龄的不同,指导应提出不同的要求。对于3岁的幼儿,主要是要求他们能把各种各样的材料当玩具玩。4岁的幼儿,除帮助他们形成使用一些材料和工具的控制能力外,还要让他们充分体验造型游戏独特的乐趣。对于5岁幼儿,应要求他们用各种方法画圆,自己动脑筋制作一些小东西和进行装饰,以丰富他们的美术游戏活动。对6岁幼儿则应给予充分的机会和材料让他们游戏,并培养他们进行创造性表现的能力。

1. 1~3岁幼儿美术游戏的指导

3岁前的孩子,主要是给予充分的游戏,以鼓励他们的乱涂。可以给他们提供大张的白纸,这样能使幼儿的手臂有充分的活动范围,而且可以朝各个方向大幅度地乱画。但是,一开始每次只能给孩子一种颜色的蜡笔。因为看到不同颜色的蜡笔,幼儿一般会立即停止乱画而仅仅去摆弄玩耍蜡笔,从而破坏了以发展其动作控制能力为主要目的的乱涂游戏。等幼儿乱涂能力提高后,再逐步增加蜡笔的种数,促进幼儿认知的扩展和增加游戏兴趣。

绘画命名是幼儿与周围世界交换信息的一个重要步骤。只有当幼儿自己看到画中的意义并自己提出命名时,他的活动才是有价值的。因此,不必强求孩子告诉你他画的是什么。

孩子玩黏土的兴趣来源于捏玩时的新奇感觉,开始他们并不尝试用黏土去做任何确定的东西。这时我们应该做的是和孩子一起玩,用揉、捏、搓、捅、摔打等动作去影响幼儿,使之开始加以模仿,以提高他的肌肉控制能力。

幼儿的制作活动往往是从破坏开始的,如撕纸便是最初的纸工游戏。发现孩子能有意识地撕纸后,我们应该给他提供各种废纸,还可以在旧报纸上用针扎出排列成行的小孔,让幼儿依照针孔将纸撕成纸条。熟练之后,可以在报纸上画出圆、方、三角等形状,然后按照形状扎上孔,让幼儿学习依照不同的形状来撕纸。

2. 3~4岁幼儿美术游戏的指导

3~4岁的幼儿尽管互有差别,但通常都不能轻松地进行那些需要小肌肉配合动作的活动,如扣纽扣、用剪刀剪纸等。这时最重要的指导仍然是激发幼儿动手的兴趣。一般三四岁的孩子只对一些简单而基本的美术游戏活动感兴趣,并且最多只能保持10分钟左右。

(1) 平面造型游戏的指导方法

适合3~4岁幼儿玩的平面造型游戏有水彩画、蜡笔画、印画和粘贴等。

在纸上用颜料涂画可以使3岁幼儿获得很大的满足。尤其是用手指蘸颜料画画，使幼儿有机会让自己的肌肤直接接触到颜料，会使幼儿生出一种特别的轻松愉快感。只要给他穿件罩衣，注意提醒孩子玩时不要将手指送到嘴里，就可放手让幼儿尽情地玩。还可以给幼儿准备一个浅盘或是一个鞋盒盖，在里面铺上一张图画纸。把玻璃球浸在不同颜色的颜料里，用夹子把粘上各种颜色的玻璃球夹进孩子们的浅盘或盒盖里，让孩子们轻轻摇动浅盘或盒盖，使玻璃球不断滚动，形成有趣的画面。

大蜡笔色彩鲜艳、容易持握，是3岁幼儿进行平面造型游戏时最基本、最简单易用的工具。可以指导幼儿尝试其他使用蜡笔的方法来使游戏多样化。一种是改变蜡笔画使用的材料，例如可以用蜡笔在硬纸板、泡沫塑料、布片、木板等各种不同质地的平面上画画。另一种是改变使用蜡笔的方法。其中蜡笔摩擦画是3~4岁幼儿容易掌握的技巧，即将一张纸放在带有某种花纹的平面上，用蜡笔的侧面摩擦出图样来。还有一种是将蜡笔与其他颜料结合起来使用。如先在纸上用蜡笔使劲画一幅画，然后把用水稀释的深色颜料涂在画上，制成一幅蜡水分离画。在蜡笔覆盖的区域，蜡水分离，不为颜料所覆盖，而没有蜡笔痕迹的部分则填满了颜料，使画产生一种仿佛是夜间背景下的感觉。孩子见到颜色涂在纸上所产生的变化定会感到非常惊异而兴趣大增。

用实物印画也是一种非常适合于3~4岁幼儿能力和兴趣的美术游戏。通过最基本的印画游戏，孩子会认识到浸上或刷上颜料的实物可以在纸上留下自身的痕迹。接下来可能他就会尝试用各种材料如瓶盖、玩具、蔬菜等等来印画。幼儿还喜欢用同一实物印不同颜色的画，甚至用别的颜色在印好的图案上反复地重印。我们可以指导幼儿让浸透颜料的实物以均匀的"步伐"在纸上"行走"，到纸的尽头再回过来，这样来回三四次，便得到一张图案。

在拼贴游戏中，3岁幼儿对胶水、糨糊等黏性材料似乎更感兴趣，可以给他们提供各种材料让他们自由拼贴。刚开始做拼贴游戏的孩子，应先做撕纸拼贴，如果孩子提出要试试用剪刀剪纸，可提供一把钝头剪刀，但不要强迫孩子学剪纸。

(2) 立体造型游戏的指导方法

柔软好用的黏土、橡皮泥和面团，非常适合给3~4岁的幼儿玩。摔、挤、捏、压材料的简单动作对幼儿来说都是良好的开端，可以给他们提供一些工具，鼓励他们玩出各种花样来。

玩偶是幼儿非常喜欢的玩具。我们可以指导幼儿用笔在手指或手掌上画眼睛、鼻子和嘴，再顶上个盖子、手帕等当帽子，做一个能动的手木偶。这种简单有趣的初步木偶制作游戏，能使孩子更有兴趣去尝试用其他材料来做玩偶，如在空纸盒上面画出五官和头发，拿在手上舞动。我们还可以进一步指导他用木棍缠上些棉花，然后蒙上旧袜子扎好，做成一个木偶的形状。给木偶画好脸后用蜡笔、彩纸、糨糊、碎布片、旧毛线、纽扣等物来装饰木偶。幼儿也会在寻找零碎东西来制作玩偶过程中,得到同玩木偶一样多的乐趣。

3. 4～6岁幼儿美术游戏的指导

4～6岁的幼儿非常乐于在音乐的陪伴下活动,可以把音乐引入美术游戏中,激发孩子的情绪,并让他们用绘画和制作将情绪表现出来。这个年龄的幼儿已能够听懂内容丰富的长段故事,把美术游戏与讲故事绪合起来,也有助于提高他们的兴趣。4～6岁的幼儿需要更多的材料,在熟悉的游戏中,如画蜡笔画、彩色颜料画或粘贴时,应给他们提供更为多样化的材料。

(1) 平面造型游戏的指导方法

4～6岁的幼儿喜欢水彩画,却常常因画不出自己喜欢的图案和画面而对绘画游戏失去兴趣和信心。这时,可以指导幼儿玩"偶然性水彩画游戏"(也称意愿画)。方法是:给幼儿一张大纸,让他们根据自己的情绪或想象力用水彩随意涂抹,并对幼儿的用色稍加指导,如启发他们选用亮丽的色彩表现"愉快"。当纸上涂满形状不同的各种颜色时,就会构成各式各样的"偶然性"画面。待"画"晾干后,和孩子一起讨论这些画面所表现的情绪,想象它们都像什么,再让孩子用黑色水彩或墨汁勾画出其轮廓,使这个游戏产生意想不到的结果。

4～6岁的幼儿在印画游戏中,可以进行纸模印画和喷洒印画。纸模印画只需很少的材料。在一些小硬纸片中间剪出大小形状各不相同的洞,用旧布在彩色粉笔上摩擦以沾上较多的粉笔末,或蘸上颜料,然后在剪好的洞上摩擦,直到下面的纸上显出明显的印迹。只要孩子兴趣盎然,就可以连续尝试印出各种图形组成的图案来。喷洒印画需用的材料是旧牙刷、少量颜料和纸。在纸上摆上些树叶、玩具等扁形小物品,将旧牙刷蘸上些颜料,用小棍轻轻拨动牙刷毛,颜料小颗粒就会喷洒下来覆盖纸面。轻轻拿开这些小物品,纸面上就会显出空白的图案。喷洒颜料也可用废旧的香水瓶装上颜料水进行,那样获得的颗粒更均匀。喷洒印画游戏不仅可以使用自己剪好的纸形,而且还能促使幼儿去寻找大自然中新的可供印画的自然形状物,并进行各种组合搭配,创造出美丽的图案来。

镶嵌画是用彩色玻璃、塑料、石头或其他材料制成的平面装饰品。幼儿可以用彩色纸片、蛋壳等废旧材料制作很简单的镶嵌画,它综合了绘画、剪纸、粘贴中的多项造型技能,是4～6岁幼儿非常感兴趣的活动。

(2) 立体造型游戏的指导方法

黏土和面团依然是极好的三维材料。对于4～6岁幼儿,可以指导他们学做比普通面团更好用的盐面团,即把一杯食盐、半杯面粉和3/4杯冷水混合,然后稍加热(加热过程主要由成人操作),使其呈黏稠状,搅拌并冷却后揉成面团。把盐面团放在塑料袋中能储存数天。盐面团比黏土耐用、干净、不易掉渣,制成型干燥时不收缩,没有裂纹,而且干燥后很坚硬,可以在上面随意涂各种颜色,不像黏土制品涂色须轻而快才行。幼儿可以用这种盐面团制作各种物品或小动物形象。

纸盒造型是幼儿喜爱的立体造型游戏。各种形状的硬纸盒俯拾皆是,幼儿常能别出心裁地想出各种办法,用纸盒拼搭粘合成"房子"、"火车"、"飞机"、"汽车"、"马车"和"太空船"等。应鼓励幼儿自己动手去做他们想做的东西。

面具和玩偶是孩子最爱玩的玩具,除了指导孩子制作平面面具外,还可启发他们用大纸袋来制作面具和玩偶。

另外,若有可能也可以让孩子尝试玩石膏造型游戏,即把熟石膏倒进浅盒子里,趁其未干,摁上手印、脚印或放一个自然物品,做成好玩的石膏模型。这些游戏有助于孩子更广泛地了解材料的性质和开发其更多的用途。

思考与练习

1. 大班结构游戏的指导要点是什么?
2. 作为教师,如何指导幼儿表演游戏?
3. 案例分析:一天,老师扮成顾客去理发店理发。理发师问:"你要理发还是要洗头?""我要烫卷卷的头发。"理发师问:"你要烫什么样的卷头发?"老师启发说:"我也说不清楚,要是让我看到发型我就知道了!"那怎么办呢?理发师犯愁了,这时,小顾客朱文说:"我陪妈妈去烫过头发的,他们有一本很漂亮的书,里面就有很多很多的发型。""我知道,我也看到过的。""老师,我们也来做一本发型的书吧。"于是老师和孩子们找来了一些发型图片,分类贴在纸上并装订成一本精美的发型书。于是,发型书就在理发店游戏中使用起来了,孩子们的游戏兴致更高了。请根据以上案例,谈谈教师如何利用参与游戏对幼儿的角色游戏进行指导。
4. 教学性体育游戏的组织指导工作包括哪些主要环节?
5. 查找资料,观摩学习,分组演示手指游戏、火柴棒游戏、一笔画游戏。

本章主要参考于邱学青的《学前儿童游戏》(江苏教育出版社)与杨枫的《学前儿童游戏》(高等教育出版社)的相关章节。

第七章

不同年龄阶段儿童游戏的指导

通过上一章的学习,我们知道了对于儿童游戏的指导要根据游戏的不同类型来进行,不同类型的游戏就会有不同的特点和指导要求,作为儿童游戏的指导者,我们不仅需要掌握这样一个横向视野下的儿童游戏指导思路,还必须关注到不同年龄阶段儿童的游戏特点及具体的操作要领,因为作为游戏者,儿童自身在成长过程中所显现出来的年龄特征对于游戏的理解和开展也具有十分重要的意义。

一、0~3岁儿童游戏指导

(一)身心发展特征

出生后的前两年是儿童生长发育最为迅速的阶段,这个阶段的儿童的身体生长发育速度远远大于儿童期的其他阶段。出生后第一年,婴儿的体重是出生时的3倍,身高增加75%,生长的速度迅猛。(Berk,2002)。第二年,生长速度相对慢下来,身体各部分的比例发生变化,躯干和腿的生长速度赶了上来,2岁时,脑重量已经达到成人的3/4。出生后的前两年,婴儿的动作发展领域的变化最为显著。两岁时,孩子的动作已经很灵活,可以爬楼梯,在户外奔跑,大肌肉动作和精细动作能力得到发展。例如,婴儿通过对头和上胸部的控制逐渐能够坐、趴着摇,伸手够,进而爬、站、挪步。12个月时,他们开始独立行走。通过抓握和传递两个精细动作的发生和发展,训练了手眼的协调配合。皮亚杰认为,此时婴儿的思维处于感觉运动阶段,即婴儿的智力与感官动作紧密联系。与认知发展一样,儿童在2岁内的语言学习也是非常迅速。从出生到2岁,他们学习了足够他们用来表达的语言,并且对照看者形成了依恋,还形成了包括自我认识和自我控制在内的自我意识。3岁,幼儿完成人生的第一个发展时期。

(二)游戏特征

1. 游戏对象从身体动作到玩具摆弄

当婴儿控制了自己的身体后就开始了动作游戏。一开始,他们独自地玩自己身体的各部分,其中一个表现就是玩手指头和脚指头。当他们可以坐、站和走的时候他们可以使用新的动作技能把物体和周围环境纳入到游戏中。精细动作能力的发展使得他们能够抓握和探索玩具,大肌肉动作能力的发展使得他们可以到达新的地方、探索新的事物。在动作游戏中使用器具或者攀爬设施的学步儿能够成功地进行攀爬和奔跑。推拉玩具和骑乘玩具在这个阶段很重要(Garner,1998。)

婴儿在 4 个月的时候就开始对物体感兴趣,游戏的具体的动作是咬、摇、敲。渐渐地,他们开始分辨不同的物体要对应不同的动作,如拨浪鼓是摇的,食物和瓶子是放进嘴里的(Uzgirls & Hutt,1975)。7~12 个月之间,他们可以在游戏中独立地使用两只手,一只手拿着玩具,而另一只手操作玩具(Kimmerle,Mick & Michel. 1995)。

在出生后的第二年里,学步儿把东西放进嘴里的动作减少了,他们的活动从探索变成游戏。他们喜欢像玩具跳偶盒、上了发条或按下按钮就会有音乐或说话的玩具之类的东西,2 岁结束时,这类游戏的对象就扩展到书、玩具娃娃、毛绒充垫玩具、玩水的玩具等(Garner,1998)。

2. 游戏的社会性参与度逐渐提高

年龄小的孩子在玩游戏时,常常处于独自游戏状态。独自游戏是一种没有玩伴意识的个人性质的游戏行为,即使有人在场,每个人也是按自己的意愿,自顾自的一个人摆弄游戏对象(自己的身体部分或者玩具)。乳婴儿尚无自我意识,不能理解他人,游戏大都具有这样的特征。8 个月时,躲猫猫游戏多了,12 个月时,给物接物游戏、指物认物游戏也渐渐多了起来,当玩具成为了孩子交往互动的中介时,游戏的社会性逐渐增强,有研究表明(Johnson et al. ,1999)在孩子 14 个月大时,游戏中的玩具可以延长交往游戏的时间,到 2 岁时,孩子在群体环境中开始挑选固定的游戏伙伴,游戏从独自游戏发展到平行游戏,再发展为交往游戏。

3. 象征性游戏开始出现

象征性游戏大致出现在孩子 1 岁时,最早的象征性游戏是孩子自己做动作,如假装喝水吃东西。这些动作一开始是独自进行的,后来会发展到与同伴进行眼神交流,到 2 岁时,孩子们自顾自地进行象征性游戏,渐渐的,在游戏中他们会用语言进行交流、边玩边笑。当孩子可以假装喂娃娃然后给他们洗脸时,象征性的动作联合就形成了,当孩子开始扮演角色时,例如同伴抱娃娃或摇娃娃时自己做饭,在假想游戏中假想能力和共同游戏的能力都得到了提高,语言能力的发展更是促进了孩子们象征性游戏的进一步发展。

(三) 指导要领

1. 遵循自然,顺应儿童的发展

(1) 当儿童想自己玩时就放手

在婴幼儿游戏活动中,我们经常给儿童们准备了许多的游戏材料,并根据婴幼儿的发展水平,设计了多种玩法。但事实上,当儿童接触到一种新的材料,他们就有了自己的玩法和探索的方向,而对于教师设计的游戏,他们有时也不感兴趣。此时,有些教师和父母就着急的打断孩子自己的思路,急着把孩子拉入到预先设计的游戏中来,使孩子又哭又闹,这就违背了自然、自主的游戏原则。我们应该根据儿童探索的方向观察孩子需要什么,碰到的困难是什么,自然温和的加入儿童的探索,并对儿童每一次的尝试都给予及时的肯定和赞赏。当他们对游戏材料有了一定的认识和理解,对自己的探索告一段落后,父母可以以游戏者的身份参与儿童的游戏,挖掘游戏材料潜在的教育能量,使儿童对同一材料的游戏产生新的灵感和兴趣。

(2) 在进行指导时要顺应儿童的发展

在育儿过程中我们可以明显的感到 0～3 岁婴幼儿阶段的发展变化的速度之快,阶段性之短,有时甚至是一个星期,儿童就有了质的发展,任何违背儿童发展规律的游戏都会失去光彩,是浪费儿童的时间,更严重的是延误儿童的发展。如有的父母想让自己的儿童发展的更超前一些,在儿童该爬的时候,训练儿童走,殊不知爬是促进孩子多项身体技能和感觉统合较好的一种手段,错过了爬的时机,对儿童来说是一种损失,而当他不会走的时候,事倍功半的和儿童做走的游戏,更是违背了婴幼儿发展的规律,游戏不当的话还会对儿童的骨骼生长带来副作用。

我们可以根据儿童的能力发展设计一些游戏,但 0～3 岁婴幼儿对外界事物的反应是有着他们自己的兴趣的,我们更多的是要提供丰富有益的材料,让儿童在各种刺激中接受信息,让儿童在自己的探索中获得发展。维果茨基基曾说过:3 岁以前的儿童是按照他们自己的大纲学习的。我们在和这一年龄段儿童做游戏时,不能刻意的追求一个什么目标,以自身的想法去束缚和限制孩子,要求他们学这学那,对 3 岁以前的孩子来说,他们爱怎么玩,就让他们怎么玩,这对培养孩子的创造力、想象力和自主能力,都是非常有效的。

2. 随机而动,抓住儿童的兴趣点

(1) 善于发现儿童的兴趣点

如,某风和日丽的一天,托班的孩子跟随教师散步寻找春天,到了公园教师想带着儿童去看柳树,引导孩子去找刚钻出嫩芽的小草以及小小的花苞,可没等教师介绍春天美丽的景色,有的已在青青软软的草地上打起了滚,有的学着小兔蹦蹦跳,有的干脆躺在草地上晒起了太阳,孩子们的兴趣点根本就不在寻找春天,当经过了漫长的冬季,儿童现在最大的愿望就是自由自在的和大自然亲近,似乎更像是在享受春天。此时教师就必须及时调整自己的计划,必须根据儿童们的兴趣安排活动计划。何不让儿童在这么美的环境中走走跳跳跑跑呢,何不就让儿童来玩玩"小白兔吃青草"、"美丽的花蝴蝶"呢,引导孩子去感受鲜嫩的小草,美丽的花苞,春天也许就在儿童们的玩耍中被发现了。

(2) 当儿童有兴趣时就推一把

了解儿童、理解儿童、在孩子有兴趣的时候,及时加以引导是随机教育的核心点。生活中的一切对婴幼儿来说都是神秘的、有趣的、值得探索的。他们会对任何人和事情产生兴趣,但儿童的兴趣又可能被更多更新的刺激所转移。因此,他们对一种游戏不会持续太长的时间,父母和教师就必须善于且能及时发现儿童游戏的兴趣点,再加以指导。例:2岁的孩子拿着一袋果冻想吃,当妈妈拆开包装袋后,儿童一下子被这么多的果冻所吸引,把玩着果冻,儿童的妈妈及时发现了儿童的这一兴趣点,马上和儿童玩起了果冻数数游戏:"你有一个,我也要一个","我还要一个","我还要两个","你两个,我两个,我们一样多喽","来我们给果冻儿童排排队吧","呀,哪个果冻儿童和大家排的不一样呀""我们让果冻一对一对做成好朋友吧"……通过妈妈的参与指导,儿童玩果冻的兴趣更高了,儿童对此游戏乐此不疲持续了将近10分钟,不知不觉中,儿童对"1"、"2"、"许多""一对"等数有了初步的概念,儿童的观察能力,思维能力得到发展。在这样的一个案例中,我们可以感受到妈妈的随机教育的意识和能力,她给儿童带来了快乐,也积极有效的促进了孩子的发展。相反,我们设想当儿童的兴趣点还在吃的时候,我们硬要儿童数果冻,给果冻排队,找朋友,将会是什么样的情景?婴幼儿的思维离不开对物体的直接感知和自身的实际动作,离开了直观的事物和一定的动作,行为就随之停止和转移。如儿童看到球就要玩球,看到积木就要玩积木,所以当我们掌握了婴幼儿的思维规律和行动方式,我们就应抓住好时机,抓住儿童探索的火花,让儿童在我们的指导下越玩越聪明。

3. 创设环境,激发儿童探索的潜能

(1) 丰富的环境、童趣的材料是儿童探索的源泉

如婴幼儿喜欢运用全身的动作去体验音乐,能随音乐做一些无规律的动作,这种无规律的随乐而动是形成音乐技能和节奏感的准备。教师和父母对此游戏最好的参与就是为儿童创设一种良好的音乐环境和提供给儿童富有童趣的探索材料,除了放一些歌曲,还可以放乐曲,提高儿童对音乐的兴趣,或者可以为儿童提供一些小乐器,诸如小鼓、响铃、沙球甚至是能发声的碗和调羹等等,当孩子在敲打这些发声玩具时,让音乐成为了一种抒发情绪的游戏,而教师和父母合着音乐边唱边有节奏的动作和表现,更会激发孩子对音乐的兴趣。相反如果儿童这种对音乐的敏感,长期得不到回应,更没有一种探索的环境,那么孩子天生的乐感和模仿就会慢慢的消失。同样儿童喜欢涂涂画画,喜欢翻翻瓶瓶罐罐,喜欢爬高钻洞……在孩子对周围的世界发生兴趣的时候,其实最好的方法就是为孩子创设一种可以让儿童自由探索的,富有童趣的环境,提供丰富安全的材料,让儿童能够自由操作,以满足他们的探索欲望和好奇心。父母教养方式和家庭的情感环境影响着婴儿的社会性游戏发展。婴儿体验到的安全影响孩子与父母、照看者之间的依恋关系的发展。成人让婴儿参加到社会性游戏和交谈中来,有利于依恋的培养与形成,并

鼓励了儿童探索和游戏的自信。

(2) 教师和家长的投入是儿童探索不可缺少的软环境

通过来自父母或教师的互动以及鼓励,孩子们玩玩具的能力得到提高,成人可以在孩子玩玩具的时候解说孩子正在做的事情,并在需要时提供帮助。成人在孩子的语言发展过程中发挥着主要作用。他们主动和孩子说话,通过使用"父母语"来解释和扩充孩子的语言。

有对父母经常和不到一岁的儿童一起看书,玩识字游戏,让儿童学习翻书,每当儿童通过自己的努力打开书本或翻过一页时,父母就会大声地朗读,或学图书中小动物的叫声,或唱个儿歌,来激励儿童,儿童也就乐此不疲,很快儿童在和父母的看书游戏中学会了自己翻书,父母又在儿童的生活区创设了小小语言角,并把所有的婴幼儿图书,色彩鲜艳的卡片放在低矮的漂亮的书袋里,在墙裙壁上贴上各类挂图,并在地上铺上垫子。让儿童在属于自己的环境中可以自由的选择、取放,每天在晚饭后父母就和孩子一起坐下来,时而轻声细语,时而活泼诙谐,在这特定的环境中一岁的儿童对图书就产生特殊的感情,待儿童刚能说词语时,就能把妈妈的儿歌接着念,能把熟悉的字卡准确的找出来,渐渐的每天晚饭后儿童都会主动的要求看书,要求父母讲述和朗读,对图书的情感是那么的自然和热烈。在这一例子中我们不难发现父母为孩子创设的环境是有所考虑的,包括环境创设的高度,提供材料的丰富性;更可贵的是父母本身的教育素养、对图书的热爱和投入的心态是儿童喜欢看书、进行游戏的最好环境的创设。教师和父母自身的投入和教育素养就是儿童投入游戏的一种软环境,是有效激励儿童的好方法。

4. 简单的形式、给予儿童明确的指导

婴幼儿的思维是极典型的行动思维,因此我们给予的游戏必须简单易玩,给予的指导必须行动先导,语言简洁。有教师组织儿童玩爬和钻的游戏,为了让儿童尽快的进入游戏情境,教师在旁边启发:冬天快到了,小蚂蚁要过冬了,蚂蚁妈妈买了许多好吃的东西,可是要爬过草地,走过独木桥,才能把这么多的东西运回家。怎么办呢?教师的原意是想让儿童扮作小蚂蚁来帮忙,可孩子的兴趣并不在这个问题上,而是希望尽快地能在地上爬一爬,钻一钻。其实这样的引导,对婴幼儿来说反而是一种干扰,0～3岁的儿童对冬天的概念,可能还没建立,"怎么办?"这个问题对儿童来说也有点难度,小年龄儿童可能连表达也有困难,而我们在这一游戏中需要的指导只要让儿童听懂怎么玩和玩的规则,如教师可以示范:我是一只蚂蚁妈妈,我要背着面包,爬过草地,走过独木桥,来宝宝做个小蚂蚁,跟在妈妈后面吧,这样孩子就马上进入角色了。和0～3岁婴幼儿做游戏时,就要追求简单的形式,而且我们的指导语言应简练明确的,再配合动作示范就行了,而不用舍近求远的想许多"新颖独特"的点子去"启发"孩子,避免过多的复杂的指导对儿童游戏起干扰和反作用。

婴幼儿的健康成长离不开游戏,在0～3岁的婴幼儿阶段,每天都和儿童做一些有益的游戏活动,其潜在的教育作用犹如注入成长素一般,但并不是所有的父母和早教人员都懂得怎样和孩子做游戏,我们还需明确游戏并不只是玩,更不是浪费时间。游戏可以让儿童把娱乐、运动、学习融于一体,使儿童在轻松愉快、不知不觉中学到了知识、训练了技能、锻炼了身体,是儿童开发智力的重要途径。因此从事早教工作的教师和年轻的父母都必须树立正确的游戏观和运用科学的游戏指导原则,在组织指导中更好的促进儿童的成长,让0～3岁的婴幼儿越玩越聪明。

(四) 适合0～3岁儿童游戏的材料

1. 出生～6个月

适合小婴儿的基本游戏材料有:能固定在摇篮上、移动的桌子上或其他游戏区域的不容易碎的镜子;一个或两个特殊的物件,如玩具娃娃或毛绒动物玩具,可以把它们从家里带出来安慰孩子的(从卫生的角度考虑,不要给其他孩子用);各种各样能在孩子们中间交换、循环使用的活动物体/视觉图形;各种各样能让孩子击打、踢、咬、抓和操作的玩具;拨浪鼓和铃铛(有把手的或可以系在腕部、脚踝部)等能发出有趣声音的玩具。

2. 7～12个月

适合较大婴儿的基本游戏材料:放置大的不容易碎的镜子让孩子能看到自己的移动,柔软的、可以洗的玩具娃娃、毛绒或其他质地的玩具动物;少量的、柔软的、轻的积木;各种各样需要不同操作方式的抓握玩具;丰富多样的发展技能的材料,包括嵌入、堆叠的材料、活动创意盒、可以放入和倒空的容器,能让孩子摆弄的小的布书、塑料书、卡片书,还有成人可以读给孩子听的书,不同的能发出有趣声响的铃铛、拨浪鼓。给会爬的孩子提供几种单个的连着的不能拆的推的玩具(车、动物);各种各样的球,包括一些带有有趣特殊外观的球;可以爬的台子。

3. 1岁学步儿

适合较小学步儿的基本游戏材料:结实的、不易碎的、能照到全身的镜子;简单的、可清洗的玩具娃娃;小的木头的或结实的塑料的人、动物形象;简单的玩具娃娃衣服(非常干净的)、玩具娃娃床、玩具娃娃用的兜带(译者注:可带着娃娃外出的扣在孩子身上的背带);几个轻便的交通类玩具(小汽车、卡车);简单的玩沙、玩水的材料(从大约18个月开始);一套小型的轻便的积木(入门版的)、简单的镶嵌式积木;图片上带有把手的拼图(这一年龄段只能是3～5片的拼图);大的彩色的串珠或者用绳子穿好的一串珠子(从大约18个月开始);专门的发展技能的材料,包括用以形状归类的玩具、堆叠和嵌入的玩具、有自动跳起装置的活动创意盒、简单的配对材料;带有大的钝钉子的皮毛的/木制的/塑料的小钉板;结实的能让孩子摆弄的书,可供成人读给孩子听的书;提供结实的纸和大的、无毒的、色彩明亮的红黄蓝三色蜡笔;入门起步时用的、简单的乐器(从大约15个月开始);录音音乐,录音、CD和磁带播放视;推拉玩具;几种类型和大小的球;被固定住的带有四个轮或小脚轮的骑的玩具,这些玩具没有驾驶装置或踏板;低矮的柔软的爬行台子,供爬行穿过的管道等。

4. 2岁学步儿

适合较大学步儿的基本游戏材料:一面结实的、能照到全身的、不易碎的镜子;有简单服装的玩具娃娃及照顾玩具娃娃的附件材料;角色扮演的玩具,包括衣服,大的、结实的玩具娃娃床,小的炉子和冰箱、锅、盘以及洗涤设备;木头的、塑料的、橡胶的、树脂的人和动物,可使用在积木游戏中。可使用在积木游戏中的车辆(小车、卡车),大的可以驾驶的玩具卡车(如果不太昂贵);带有容器和简易假想游戏用的材料的沙盘/水盘;一套大型积木和其他材料,如塑料积木和大的塑料螺钉、螺母;各种各样的拼图玩具;有大钉子的钉板;穿串珠,在带大孔眼的鞋子或卡片上穿绳子,练习按、折、扣等动作的材料;简单的配对、归类材料,有刻度的嵌入、堆叠、排序材料,简易的、可锁的盒子,像"感觉袋"这样的感官训练的材料;简单的博弈游戏和大型多米诺;结实的书;提供蜡笔、颜料、笔刷、记号笔、泥或面团、剪刀、黑板、粉笔、油漆、彩色纸,还有可调节的橡皮;标准的韵律乐器;录音音乐和录音,CD和磁带播放机;为假想游戏提供支持的推的玩具(吸尘器、儿童兜带);用来踢、扔、抓的大球;用脚蹬的固定的驾驶玩具;低矮的用来爬上去的和滑下来的装置。

(五) 0~3岁婴幼儿游戏的注意事项

1. 要侧重游戏的活动性

婴幼儿主要处于感知运动的认知水平,并满足于感官运动和机体活动的生理性快乐,游戏应真有较突出的嬉戏性,多以四肢动作、身体的运动、愉快的表情以及出声的语言等形式,具有较小的深度认知性成分。

2. 游戏时间不宜太长

婴幼儿以无意注意为主,有意注意发展很不完善,注意力不易集中,易受无关刺激的干扰,而且身体也容易疲劳,游戏的目的性和坚持性较差,所以开展游戏活动一般以不超过15分钟为宜。而且要注意动静交替,灵活转变,以使婴幼儿身体的不同部位和器官得到轮流休息和放松。

3. 要确保安全

婴幼儿的自理能力和独立性较差,还有待于长时间的发展和完善,因此游戏时成人要始终守在孩子身边,确保安全。投放的玩具要大小适中,手感好,不易损坏,安全卫生可靠等。

4. 以个别指导为主

越是年龄小的孩子越需要成人多方面的指导和多方面的关注,因此,1岁以内的孩子采取个别指导;1~2岁的孩子仍应以个别指导为主,可短时间分组进行集体活动。

二、3~6岁儿童游戏指导

（一）身心发展特征

3~6岁,对孩子来说是一个发育的黄金时期。

1. 动作的发展

由于大肌肉的发展,他们会不知疲倦地从事各种活动。如：自如地走、跑、跳；单脚跳跃,甚至跃过低矮的障碍物；在楼梯上跑上跑下；熟练地攀登；抛掷各种物体；在音乐的伴奏下,节奏明快、动作整齐地跳舞；在跑动中越过各种障碍物,如沙坑等；按照一定的规则参加体育竞赛。3~5岁期间,儿童在精细动作能力和小肌肉运用上更加精确化,他们更能控制手指的活动,这时就能从事绘画、写字、塑造等活动了。

2. 语言的发展

这个年龄段是孩子一生中词汇量增长最快的时期,3岁儿童词汇量在800~1 000个,4岁儿童掌握1 600~2 000个,5岁儿童掌握2 200~3 000个,6岁儿童词汇量在3 000~4 000个。这一阶段,儿童不仅词汇量迅速增长,而且已经能掌握各类词,逐渐明确词义并有一定的概括性,基本上掌握了各种语法结构。可以自由地与人交谈,出现了自我中心语言。

3. 智力的发展

5~6岁时,脑的结构已经较成熟,这意味着可以开始系统地学习知识了。这一阶段,大脑皮质的兴奋和抑制过程都有所增强,但抑制机能还比较差。大脑兴奋机能的增强表现在觉醒的时间延长,睡眠的时间相对减少,条件反射建立的速度加快。抑制机能的增强表现在已经能较好地用语言控制自己的行动,对事情的分辨也更加准确。儿童学会在动作之前就能在头脑里进行思考,思考超越了时空的限制,有了一定的目的性和预见性。但是,思维还离不开事物的形象,对事物的概括也总是具体的、形象的。6岁时,可以进行简单的抽象逻辑思维,如口算10以内数字的加减,判断一个故事要说明的道理等。

4. 个性的形成

3~6岁儿童一个主要的社会性发展方面的成果就是自我概念的发展,他们把自己和他人分离开并有了个体特征。在与成人和同伴的交往中,自我意识有所发展,已经对自我形成某种看法,如知道自己是聪明的还是愚笨的,是勤快的还是懒惰的,是漂亮的还是丑陋的,是讨人喜欢的还是惹人讨厌的等等。6岁时,幼儿已养成自己的一套行为习惯。个性心理特征已初步形成。

(二) 游戏特征

1. 大量户外运动性游戏

由于儿童逐步成熟和完善的基本动作使得运动能力开始加强,这种能力使孩子显得更加好动,他们一到户外就难以驾驭,在各种运动性游戏中,综合运用和展示自己的能力,并日益强化和超越自己的能力。

2. 大量户内桌面游戏

由于双手动作同样得到改善,手眼日益协调,手指灵巧以致能做出各种复杂的动作,能够穿珠子、折纸、编绳结、镶嵌、系带子、用剪刀等等,只要有手工材料,孩子们也会陶醉在一张小小的桌子前。

3. 结构游戏兴趣浓厚

由于小肌肉运动技能的发展,双手的灵巧,使幼儿操作物体的能力大大加强,从拼板、套叠、镶嵌等玩具中获得的乐趣,逐渐加上创造性的因素,开始不满足于现成的、已经规定好的格式,开始由自己提出规划或蓝图,创造性地操作物体,使物体的原型或结构改变,以产生新的形象或结构。他们越来越感兴趣于那些素材的元件玩具和各种多变性玩具,因为这些玩具能满足他们想象和创造的欲望,比如喜欢玩橡皮泥、喜欢玩积木,喜欢探索物体的多种操作可能。所以,3～6岁的幼儿对结构游戏的兴趣特别浓厚,这种游戏在好几年内一直是室内颇具吸引力的娱乐,只要桌面上提供结构材料,儿童便可以安静地玩好长时间。

4. 象征性游戏成熟

3岁前儿童已在游戏中萌发了象征功能,这一思维发展的伟大进步,预示了3～6岁儿童游戏的主要形式。所以,这一时期象征性游戏达到整个学前期的高峰阶段,与前一阶段相比,这一阶段的象征性游戏在发展上有这些特点:

(1) 角色开始成为游戏的中心

我们知道,幼儿象征性游戏活动中有两个重要的象征行为,一是以物代物,二是以人代人。3岁前儿童主要是模仿成人的动作,无角色意识。3岁开始,他们不仅运用代替物的游戏能力增强,而且开始出现了真正的角色扮演。扮演角色时,从较多关心"物"(如对司机的方向盘感兴趣便想扮演司机),到较多关心角色的意义(由于对司机的钦佩而想扮演司机),并且注意角色的职责。约4岁左右,幼儿的游戏在物体的影响下,开始出现了社会性角色,并反映角色之间的关系,即角色之间的合作产生了。5、6岁时还会出现一个主要的角色和几个有关的社会性角色的关系。比如幼儿园老师和小朋友、家长、菜场营业员、烧饭阿姨之间的关系。角色日益增多且复杂化,对角色的兴趣比对物的兴趣浓厚,这便是这个年龄儿童交往需要的表现。在这个年龄阶段,即使没有合适的玩伴,孩子也会创造出想象中的伙伴一起玩,甚至以动物代替同伴,来满足这种交往的需要。

(2) 游戏主题的扩大

这时儿童游戏的内容从仅仅是家庭的狭小生活圈,扩大到家庭以外更大的生活圈,主题有商店、邮局、车站、幼儿园、菜场、医院、饭店……游戏的主题除了来自于儿童生活的亲身经历以外,还来自于影视作品。只要是儿童生活所及的内容,只要是儿童耳闻目睹过且印象深、兴趣大的都可成为其游戏的主题。游戏主题的扩大说明儿童生活范围扩大,对社会常识的理解和体验加深。

(3) 游戏的情节复杂

儿童最初出现的游戏情节大多是重演人们使用物体的活动。是把不久前刚刚发生过的事实、情景再现出来。因此,这些游戏情节和实际生活中的某一具体情境非常相似,比如刚去医院看过病,回来就模仿医生给他看病的片段。随着思维的发展和生活经验的丰富,以后儿童则能综合他所经历过的各种生活内容,概括和创造性地再现一般的生活情景,比如扮演的医生,则不再是给他看病的那个医生及给他打针的简单过程,而是反映一般的医生看病的过程,且情节也日益符合生活逻辑。

(4) 玩伴的合作性加强

此时游戏中角色与角色之间的联系加强了,不再像以前的那种互不相干的独自游戏,如司机只是开车,妈妈只是喂娃娃,医生只是在一旁摆弄听诊器、针筒。现在,妈妈抱娃娃乘车去看病,与售票员打交道,又与医生打交道,还可去商店买东西,角色之间配合默契,各自遵守自己的角色规则,因此争执减少了,这是儿童社会性发展的体现。

(5) 象征性游戏的时间变长

只要是儿童的自由游戏,可以说绝大部分是象征性游戏,不像以前更多的是满足感觉运动快感的机能性游戏,那些游戏仅仅是动作的重复和实物的摆弄。现在即便是运动性游戏、结构游戏,也往往带有象征性游戏的色彩。比如滑滑梯时还会把滑梯想象成跑道,把自己想象成飞机;用结构材料搭成作品后,也会出现象征性游戏的片段情节,且同一游戏主题可以持续很长时间,几小时甚至几天,这与儿童兴趣的稳定、注意的稳定和情绪的稳定有关。

4. 规则性游戏开始萌发

规则游戏虽不同于象征性游戏,但却是从象征性游戏发展而来的,比如"老鹰捉小鸡"、"官兵捉强盗"等,都有角色和简单的情节。

规则游戏的最显著特点即规则的遵守和两人以上的竞赛。小年龄儿童满足于活动过程,而不考虑活动结果,因而对竞赛结果不在乎,因此竞赛的意义不大,尤其是由于对竞赛规则不能理解而导致玩规则游戏却不能遵守规则。到了4岁以上,儿童的智力发展水平使儿童逐渐能够理解一些简单的规则并试图遵守,但这种简单的规则游戏大多局限于运动性的规则游戏,然而4、5岁的孩子中也出现了简单的棋牌类游戏,这些游戏只要遵守简单的规则,学会听指令即可,诸如飞行棋一类靠运气分输赢的走棋,只要能按棋图上的指令行棋就可以了,胜利带有偶然性,但能够遵守规则就说明儿童开始有了自控能力。5岁以后,儿童在形象思维水平上,按一定逻辑进行推理的能力有了进一步的发展,这时便可以玩稍复杂些的规则游戏。这时,儿童对通过积极的智力活动而产生的竞赛结果更感兴趣,在此基础上,规则游戏随着儿童智力水平的提高,社会协作能力的发展,自制力的加强,日益高级化,复杂化,一直持续到成人。

(三) 指导要领

1. 悉心观察

实施教育,观察先行。教师对游戏的指导,首先应放在对儿童活动的观察上,从整体上了解全班儿童不同的学习兴趣、不同的发展水平、不同的学习方法和活动中儿童的情绪;从局部上观察个别儿童在玩什么、怎样玩、和谁玩等。教师只有在充分观察的基础上,才能对游戏的情况做出正确的判断,才能有的放矢地引导儿童获得发展。教师只有通过观察去了解儿童的游戏内容,并在儿童游戏的兴趣与需要的基础上来帮助他们,才可能避免以成人的需要和看法去干涉儿童游戏的现象发生。例如:结构区的儿童都在有序的搭建作品,其中一名儿童拿着两块管状的插塑,时而放在耳边,时而放下,教师发现后,认为儿童一定是发现了什么,于是在一旁静静的观察儿童的行为,等待询问的时机。一会儿,该儿童拿着积塑过来说:"老师,你听,里面有沙沙的声音",在这个活动中,如果教师没有经过悉心的观察,发现孩子的另类行为后一棒打死,那么这名儿童不仅不会有奇妙的发现,心理也肯定会受到伤害。

2. 积极参与

在游戏中,不但要求教师善于发现和调动儿童活动的兴趣,还要在了解和掌握儿童身心发展规则的基础上参与活动,及时的引导游戏进程,协调儿童间的相关关系,以角色的身份提出建议,影响带动儿童的游戏,使教师的意愿自然而然的转变为儿童自己的意愿。如在美工区,教师投放了一些硬壳纸和挂历纸,目的是让儿童动手,通过画、剪、贴制作拖鞋及其他物品,结果无人问津。这时,教师主动的参与到区角中,用这些材料制作出了漂亮的拖鞋,紧接着就有一部分儿童围拢过来,活动进行下来,教师的意图自然而然的转化成孩子的意图。又如,在结构区里,教师为儿童提供了新的插塑玩具,可儿童只插了一种就呆坐在那里,此时,教师参与游戏,用这些材料插出了滑梯、发夹、汽车、火箭等,开阔了儿童思路,孩子们又活泼起来。

3. 正确引导

3~6岁儿童有了一定的知识经验,但许多的时候往往是一知半解,应用于区域活动时,常常好心办错事。这时,就需要教师通过细心观察,对儿童在游戏中的表现,适时的加以肯定,提供适当的指导,引导儿童的游戏,提高水平发展。例如:儿童给自然角的植物浇开水,教师看到后,没有马上制止,而是通过询问,了解儿童这样做的原因。原来他们认为开水有营养,喝生水会生病,儿童将自己对开水、生水的理解生硬地应用在植物身上。这时候,如果教师生硬地灌输给儿童正确的知识,儿童不一定会认同,因此,教师允许儿童继续用开水浇植物,引导他们观察植物喝了开水后变成什么样子。过了一段时间,植物死了,儿童通过实验找到了答案。

4. 及时评价

游戏后开展评价活动是教师指导游戏的一个重要方面。教师有针对性的评价,有利于深化活动内容,为下次游戏提出更高的要求,促进儿童的自我发展,促进区角游戏水平的不断提高。

中班儿童渴望自己的行为得到认同,在活动中,儿童得到的肯定评价越多,就越能积极探索,从而获得新经验。以美工区儿童剪纸为例,儿童的剪纸是由剪不出形——能沿线剪——能折剪——剪厚一些的纸——会镂空剪发展的,我们在活动中为儿童提供了随意剪、剪直线、折剪、镂空剪等材料,让儿童根据自己的发展水平选择活动材料。当儿童剪出直线时,教师及时评价:真不错! 试一试能不能折剪出花? 在一次次的肯定下,儿童始终保持着对剪纸的兴趣,在一次次获得成功后向高层次发展。

卢梭曾说:要在自然的状态下,让孩子率性发展,在至善至美的体系中,成为一个聪明和善良的人。区域活动正是这样一种"以幼儿的发展"为出发点和归宿的新型教学活动。针对中班幼儿的年龄特点和个性差异,创造出与心理需求相适应的区域环境,以丰富多彩、灵活齐全的功能吸引不同层次的幼儿,以满足他们的好奇心和求知欲,必能使其健康、自信的发展。

总之,游戏活动中教师能否采用有效的指导策略,关键在于教师观念的转变,因为观念是实践的先导,教师只有进一步树立了正确的教育观、儿童观、游戏观,并使教育观念转变为教育行为,幼儿才能真正成为区角活动的主人。

(四) 提供非结构化的、功能多样的、设计简洁的玩具材料,启迪和满足他们的求知欲

弗罗斯特(1992)提出了用以帮助学前儿童抵制电视的不良影响,适合以上标准的选择玩具的建议要点:

- 选择多用途的玩具(枪只能被用作一个目的)
- 选择可以让孩子制作自己的玩具的材料(工具、积木、建造组件)
- 把玩具和自然材料(沙、水等)联合起来,把玩具放在自然环境(后院等)里
- 选择能够扩展探索行为的玩具——种子、泥、放大镜等
- 选择安全的玩具。查看有没有锋利的边缘、有没有易碎的部分、有没有会引起孩子窒息的部件、有没有刺或切的部件

- 选择耐用的玩具——即能够重复使用、无需仔细可随便使用的玩具
- 考虑孩子的年龄——选择能让不同发展水平的儿童以多种方式玩的玩具
- 注意多发展领域的平衡——促进动作、智力—情感、语言、创造力发展
- 玩具与发展兴趣（音乐、宠物、棋类游戏）相匹配
- 不要给孩子过多的玩具
- 不要给孩子提供鼓励暴力性想象的玩具，不要给孩子提供进行身体冒险的游戏的玩具
- 和孩子探讨玩具选择问题
- 限制买来玩具的数量和品种，尤其是那些特定主题的玩具。鼓励孩子自己制作或改造玩具
- 当玩具不适合孩子的年龄增长而遭到淘汰后，让孩子参与慈善组织的活动，把这些玩具捐赠出去
- 确保玩具反映种族/文化平衡

父母、教师、照看者在为学前儿童选择玩具和游戏材料时也可以从发展的各领域来考虑，就像下面列出来的这样，不同类型游戏的玩具要保持平衡。

大肌肉动作游戏

大型积木

交通类玩具

攀爬设备

三轮车、货车、大前轮塑料三轮车

用于木工活的设备和材料（小锤子、工作台、老虎钳、螺丝刀、木头片等）

精细动作游戏

泥土

拼图

从事艺术活动的材料用品（手指作画的水彩性颜料和水性涂料、刷子、记号笔、蜡笔、剪刀等）

串珠

建筑材料（小积木、乐高拼装玩具，原木积木玩具等）

语言和读写能力

书

书写材料（记事本、黑板、钢笔、铅笔、旧打字机、沙盘等）

主题道具（金发女孩的泰迪熊、木偶等）

认知游戏

玩水的材料（水桶、水枪、漏筛等）

简单的棋类游戏

简单的纸牌游戏

科学实验的材料(天平、滴管、动物笼子、养动物或种植植物的小箱子)

来自自然界的物品(树叶、鸟窝、羽毛等)

社会表演游戏

玩具娃娃和毛绒玩具

表演游戏的道具(帽子、领带、听诊器、带镜片的眼镜等)

微缩的生活中的人物形象

家务活动的设备和道具(小扫帚、小餐具、小桌椅等)

思考与练习

1. 简述 3 岁前幼儿游戏的指导要领。

2. 0~3 岁婴幼儿游戏有哪些注意事项?

3. 3~6 岁幼儿游戏有何特征?

4. 案例分析:一天作为教师的你,刚好看到班上的幼儿正在用开水浇灌自然角的植物,你会怎么处理?

本章"适合不同年龄阶段学前儿童的游戏材料"主要参照刘晶波主编《游戏和儿童发展》(江苏教育出版社)相关内容。

第八章

幼儿园游戏

游戏对每个人而言都是需要的,但不同阶段不同领域的游戏,其特点又是有很大差别的,比如,游戏有成人游戏与儿童游戏之分,儿童游戏又有幼儿园游戏和非幼儿园游戏之分,幼儿园游戏又有教学游戏与自然游戏之分,作为幼儿园基本活动的游戏,究竟会有何特点与价值呢?

一、几个相关概念的区别

(一) 儿童游戏与成人游戏的区别

1. 游戏在各自生活中的地位不同

在成人的生活中,工作是最主要的日常生活。成人的生活包括各种政治、经济和思想文化等方面的社会活动。游戏作为一种重要的娱乐方式,可以有效排解成人来自生活中的各种紧张与不安的情绪。虽然游戏在成人生活中不可或缺,但它仍然只是成人生活中一个相对次要的部分。而在学前儿童的生活中,游戏是主要的或基本的活动形式。对于幼儿来说,游戏即生活。游戏甚至可以说是学前儿童除了日常生活以外的几乎全部生活内容。

2. 游戏的心理状态不同

游戏中的成人有着丰富的经验和明确的游戏目标。成人意识中有明确的游戏活动与非游戏活动的区分,既不会把"正经"事情当"儿戏",又能在"正经"事、在社会交往中辨识并运用"游戏手段",以示亲和感或调节、放松自己,还能在游戏中恰当把握和运用"不严肃的严肃"、"不当真的当真",如幽默、诙谐、善意的戏谑,等等。成人在游戏中往往会从游戏走神到游戏外,而幼儿则往往从生活中走神到游戏中,在游戏时会有在日常生活中的朦胧感,游戏与非游戏之间的界限是模糊的和游移的,弄不清是"庄子梦蝴蝶,还是蝴蝶梦庄子"。这说明孩子们没有泾渭分明的游戏和非游戏的"界线意识"。

3. 游戏的内容不同

成人游戏多为强规则游戏，带有一定的民族传承性和突出的竞技色彩。在游戏中，成人往往更看重游戏技巧，追求技巧的娴熟，因而成人游戏有较多紧张惊险的刺激因素。而学前儿童游戏的内容一般是反复操作玩具、互相追逐以及在假想的情境中扮演角色，游戏的玩法多为隐性规则的自然游戏和规则性不强的游戏，在游戏中获得的乐趣体验更多本能性和原始性，直接来自于生理的舒张，属于机体生机的绽放。

4. 游戏的驱动力不同

成人游戏的内部动机，来自于间接的动机（被游戏外的"第三者"所诱惑）更突出。成人往往会为了达到某种游戏之外的目的，例如联络人际感情来进行游戏性活动，因而成人的游戏往往带有更多间接性内驱力的功利性。而学前儿童游戏的驱动力则是直接内在的。幼儿很少为了游戏以外的因素，例如"为赢得游戏外的什么"去游戏，基本上是"为了游戏而游戏"。

5. 价值功能不同

尽管成人依然富有好奇心，但是，对于成人来说，游戏已不再有探索、求知、发育身心的功能。而游戏对于学前儿童身心的成长和发展来说，则具有至关重要的作用，游戏中丰富的探究、审美趣味，对幼儿具有非常重要的自我教育意义。这是成人游戏与幼儿游戏最大区别所在。

（二）儿童游戏与幼儿园游戏的区别

因为游戏是幼年生命本质的体现，游戏是幼稚心理的表现，所以，游戏就是成熟中的个体与个体发展所需要的环境之间相互作用的活动。越来越多的教育者清醒地认识到，教育要有效促进发展，不得不以儿童的自然发展为依据，不得不尊重儿童自然发展的规律。因此，游戏被引进了教育机构，幼儿园教育与儿童游戏结合，使儿童游戏成为幼儿园游戏。

在这里，儿童游戏指的是自然状态下的儿童游戏。由于活动是幼儿根据自己的需要和兴趣，根据特定环境中的偶发刺激自发引起的，在这种情况下，幼儿总是在他需要的时候，以他特有的方式玩他想玩的内容。所以游戏内容具有极大的无意性，游戏中实现的发展也就具有很大的偶然性。儿童游戏指的是教育背景中的儿童游戏，它与自然背景中的儿童游戏相比，虽然游戏的本质是一致的，但游戏的外部条件已有很大的不同。幼儿园游戏是在整个幼儿园教育目标的宏观关照下，由教师组织开展的，它已成为整个幼儿园教育方案中的基本活动和重要的组织形式。所以，游戏发生背景具有一定的有意性，游戏中实现的发展就具有一定的方向性。

从儿童游戏到幼儿园游戏，是将自然状态下的儿童游戏纳入了有目的、有计划地对幼儿身心施加影响、促进幼儿发展的教育大背景中，这一转化过程，只是对游戏的外部条件作了一定的规范,而幼儿是游戏活动的主体这一本质不变。即活动的自主性、发展的适宜性、满足需要、表现自我等永远是各类游戏的本质特征。

对儿童游戏和幼儿园游戏的区别作出解释,是为了理解游戏的自然发展价值和实现游戏的教育价值之间的关系。这一关系就表现在当儿童游戏服务于教育的时候,是对游戏的放任还是指导,对儿童游戏和幼儿园游戏本质一致性的强调,是为了避免在教育过程中利用游戏的时候,将游戏变成了教育,从而失去游戏服务于教育的意义。同时,对儿童游戏和幼儿园游戏的关系作出阐释,也是从观念上明确在发展的领域认识游戏和在教育的领域看待游戏时,游戏和教育之间所构成的复杂的内涵关系应有一个前提和范畴的一致性,这样就不至于产生理解上的偏差。

(三) 自然游戏与教学游戏的区别

在幼儿园中,游戏主要有两种形式,一种是幼儿自发的自由游戏或自然游戏;另一种是教师有组织的游戏,通常被称为手段性游戏或教学游戏。

前者是儿童按自己的需要自发开展的游戏,其活动的本体是游戏,其中有潜在的、可能的教育因素,我们可以称之为本体性游戏或自发游戏、自然游戏。它以游戏本身为目的,无游戏之外的目的;这是一种用自己已有经验进行表现的活动,即使有探索,也是在最近发展区里,是以已有知识为基础的力所能及的探索和创造;这种活动是重过程、轻结果的,是一种非功利的活动,因此没有来自外部的压力。它是幼儿身心发展的基础活动,也是教学游戏赖以生发的土壤和母本资源园地。

后者则是由教师组织的游戏,其活动的本体是教育活动,其中有游戏的体验,有游戏的乐趣,我们可以称之为手段性游戏或教学游戏。它是以游戏为手段,服务于特定的教育目的和任务,具有一定的功利性;这种活动的进程有事先设计好的程序,有对手段与目的、过程与结果的考虑,只是幼儿年龄小,不能过早承受压力和紧张,所以不要求注重结果;这种活动必须考虑用游戏的特点来组织,寓教于乐。它提升了游戏的教育含量,指向一定的知识和能力目标,一般在教师的组织下进行,是幼儿园教学活动的主要形式。

幼儿园游戏教育要充分尊重自然游戏的天然惯性,又要适当控制自然游戏的比重。

对自然游戏和教学游戏的本体特征分别作出界定,我们便不难区分幼儿在幼儿园里的活动哪些是本体性游戏,哪些是手段性游戏。因为任何一种活动都可以成为游戏,也可以成为教学。关键是看活动符合哪一种本体特征。比如同样是开商店的角色游戏,当幼儿完全是自发选择、自主开展,不受任何外在目的的控制,按自己的需要和经验去活动时,那它就是本体性游戏;当幼儿为实现教师预先设定的礼貌教育的目的—学会"请"、"谢谢"、"欢迎光临"等礼貌用语,按教师的要求去活动时,那它就是手段性游戏,其活动的本体是德育情景教育。又如同样是用积木进行构造的活动,幼儿按自己意愿进行的,就是本体性游戏;为了搭成规定的主题造型,而按教师的要求进行的,就是手段性游戏。

手段性游戏从本质上说,不是真正意义上的游戏,只是教育教学的游戏化而已。

　　作为教育者要全面认识两类游戏的关系,既不能一味强调教学游戏,忽视幼儿自由游戏的价值;又不能对游戏放任自流,忽视教育目标甚至放弃教育。要认识到两类游戏在幼儿的发展目标上有着内在的统一性,关键在于如何恰当地运用教学游戏,以及如何恰当地指导幼儿的自然游戏。如果只是机械地搬用某些游戏形式,或者把游戏的某些元素当做调料,只有游戏的外观而无实质的游戏乐趣,这种"游戏教学"绝不是真正意义上的游戏教育。如果只是通过游戏让幼儿学会什么,掌握什么,发展什么,达到什么,忽视幼儿的自主性,对幼儿自然游戏施加程式化的指导或者导演,也不是恰当的游戏教育。

二、幼儿园游戏中几种关系的处理

(一) 游戏与教育

　　就其活动的本质来说,游戏和教育是两种不同的活动。游戏是一种不受外力约束的、是游戏者自发自选的活动;而教育则是一种有目的、有计划地由教育者对受教育者施加影响的活动。因此,游戏是由内在动机控制下的游戏者的单边自主活动,而教育是由外部要求控制下的教与学的双边互动活动;游戏侧重于从游戏者的需要、兴趣和能力出发来开展活动,而教育则立足于由教育的目标、任务和内容为核心来组织活动;游戏是在游戏者已有知识经验基础上的自我表现活动,而教育是受教育者在一个未知领域里接受新知识的活动。

　　就其活动的方向来说,游戏和教育有着内在的联系:

　　首先,从游戏与教育的目的来看,游戏的价值在于实现儿童认识能力、运动能力、社会性和情感的发展能力,其每一方面的发展又含有众多的发展内容,可以说囊括了儿童身心发展的各个方面。教育的目的就是将儿童身心发展的各个方面纳入一个有计划的影响过程,通过体、智、德、美四育促进儿童身心全面发展。只不过游戏是一个自然发展的过程,教育是一个有目的、有意识的培养过程,两者在终点上达到一致,即游戏的结果和教育的目标都是儿童的发展。

　　其次,从游戏与教育的内容来看,在游戏的自发探索过程中,所涉及的关于自然界和社会生活领域的各种知识经验;在游戏的创造表现过程中,所涉及的想象、构思、操作;在游戏的运动过程中,所涉及的动作技能、大小肌肉的平衡协调力;在游戏规则的内化过程中,所涉及的对规则的理解、遵守、和用规则进行的同伴协作交往等等,正是体、智、德、美教育的重要内容。也正因为此,才出现了相对应于教育领域的游戏形式。比如更多体现造型想象的结构游戏与美育的主要内容;更多体现大肌肉动作技能的运动性游戏与体育的主要内容;更多体现人际交往能力的社会性装扮游戏与德育的主要内容;更多体现手脑并用和解题能力的智力游戏和智育的主要内容,也许正是游戏内容与教育内容这种一致性,才有了游戏服务于教育的可能性、才有了根据游戏的内容和形式设计的教材。

总之,儿童的发展体现了游戏与教育的内在联系,游戏对幼儿来说,具有的是自然发展的价值;教育对幼儿来说,具有的是引导发展的价值。

(二) 游戏与教学

探索有自发探索和诱导探索,学习有发现式学习和接受式学习,游戏有本体性游戏和手段性游戏,教学有启发式教学和灌输式教学,根据不同的内涵,游戏和教学有相通之处,也有不通之处。从教师来说,灌输式教学与游戏不通;从幼儿来说,接受学习与游戏不通。我们的目的是在教育的情景下,谋求游戏与教学的相通,这一相通就是教学的游戏化,即教师利用启发式的教学手段,有目的地诱导幼儿进行探索活动,从而让幼儿自己发现知识,这一过程的组织形式,对幼儿来说可以是游戏的,也可以是游戏般的体验。在实践中具体表现在两个方面:一是游戏和教学的结合,二是游戏和教学的转化。

游戏和教学的结合:在同一个目标引导下的幼儿自主的游戏活动和教师指导下的教学活动的相继关系。游戏可以是教学的先导活动,孩子在游戏中获得相关经验以后,教学将成为在这些具体经验基础上的理性升华,抽象出一般的道理。经验越丰富,教学情景中的学习就越具有豁然开朗的效果。游戏也可以是教学的后继活动,教学过程中获得的新知识和技能在游戏过程中进行多种尝试和灵活运用,以获得充分发展。

游戏和教学的转化:这是指教师在教育目标控制下对幼儿施教的过程,转变为教师指导下的幼儿主动学习的过程,使幼儿的学习体验到游戏的乐趣。这一转化的关键在于变外在要求为内在需要,变压力为兴趣,从而变被动为主动。幼儿在活动中游戏体验的强弱,取决于教师的控制程度和幼儿在活动中所获得的自由程度。教师控制越多,幼儿的自由度越低,教学的游戏体验就越弱。

(三) 游戏目的与教学目标

按照游戏的本意,游戏是一种没有外在目的的活动,游戏的目的在于游戏本身。但当游戏被纳入幼儿园教育大背景中,成为幼儿园游戏时,它有没有目标呢?

首先,目标对游戏和教学是不同的,游戏没有外显目标,却有内隐目标。这内隐的目标是一种长时目标、一般目标和方向目标,这些目标不是通过一次或若干次游戏活动所能实现的,而是通过长时期游戏的潜移默化,逐步向目标接近的。这外显的目标是一种即时目标、特定目标和终极目标,这些目标是一次或若干次活动所要求实现的。具体地说,前者是发展的领域目标,后者是发展的阶段目标。

其次,当教学游戏化的时候,外显的目标却应该是隐蔽起来的。也即目标对幼儿来说是隐含的,对教师来说则是明确的。这就是说,教师的目标意识不能直接成为幼儿活动的显性要求,即教师要将教育意图客体化,一方面是把教育目标隐含在为幼儿提供的环境中,另一方面是把教育要求转化为幼儿的需要,通过幼儿与环境的相互作用,通过幼儿为满足需要的主体活动来实现目标。

从这个意义上说,在计划幼儿园游戏的时候,要分清这两类不同特点的活动,当作为本体的游戏出现时,根据长时目标、一般目标和方向目标,计划的是游戏环境的创设,即时间、空间和材料,而不是目标的分解。这种目标应该内化为教师价值观的一部分,在每次、每天、每周、每月和每年的游戏中不断追求,自然地由低水平向高水平发展。当作为手段的游戏出现时,应根据即时目标、特定目标和阶段的终极目标,落实到每一次或每一阶段的活动中,以趣味教学的方法达到目标。

(四)游戏的教育化与教育的游戏化

幼儿园教育如何实现教育和游戏的结合,也就是如何实现自然状态下的幼儿游戏向教育背景中的幼儿游戏的转化。现实中对这种结合和转化,主要就体现为对游戏要教育化和教育要游戏化的认识。

游戏的教育化,这是针对自然状态下的游戏放任状况而提出的,目的是为了改变重上课、轻游戏,突出游戏在幼儿园教育中的地位,实现游戏对教育的服务功能。具体落实在用教育目标来关注游戏,以教育的内容和任务来分类组织游戏活动,以儿童游戏的年龄特点为依据,加强对游戏进行引导,使游戏对儿童的发展能够迎合教育的方向。

教育的游戏化,是针对幼儿园教育日益趋向于小学化而提出的,目的是为了使心理机能尚未完善的幼儿,不至于过早地承受正规教育所带来的强制性压力,使他们在轻松愉快的活动中发展个性。具体就落实在以游戏的特点来组织教学,在教学的过程中谋求游戏般的乐趣,使枯燥的说教变成生动有趣的活动,从而使幼儿获得游戏的心理体验。

然而,必须提出的是,作为一种宏观的认识和把握,以上对游戏的教育化和教育的游戏化的解释,似乎在情理之中。但是一旦将这一认识转化为实践时,则偏差和误解便会产生。游戏的教育化,会将教育的功利性、严肃性带入游戏;教育的游戏化,是将游戏的自主性、趣味性带入教育,这样一来,游戏和教育仍然是对立的两极,两者的结合没有实现。事实上,偏差和误解发生在前者。所以,我们还是要将讨论限定一个范围,立出一个前提。即游戏的教育化是在一个大的幼儿园教育范畴内认识的,教育对游戏的关注,指的是对游戏的外部条件进行有意识的控制,并不是在游戏过程中引进由教育规范带来的教育的严肃性,游戏的性质不变。说明这一点,是为了避免把教师指导游戏变成教师导演游戏,把幼儿自主的活动变成教师控制的活动。教育的游戏化是在具体的教育情景中认识的,教育的方法、教育的过程、教育的氛围,以及儿童的活动体验具有游戏的特征。

总之,在了解了游戏和教育的诸多特性以后,我们已经不难理解,为什么游戏能使儿童得到发展的无意收获,而教育的有意收获有时却来之不易,这关键在于内在需求和外在要求所分别导致的活动过程,一个是主动的,一个是被动的,两种过程的心理氛围是不一样的,主动活动是积极而愉快的,被动活动是消极而有负担的。儿童在游戏中得到的收获是儿童主动活动的结果,儿童要在教育中得到发展则在于教师和儿童的双重努力,而由教师为主导的教育过程也能转化为儿童主动活动的过程,那就是游戏与教育的成功结合。

三、游戏是幼儿园的基本活动

幼儿园是区别于家庭和其他场所的学前教育机构。由于学前教育有知识启蒙和素质培养的重要目标,幼儿园要有系统有步骤地让幼儿达到教育目标。但幼儿在学前教育阶段获得的知识技能,有别于中小学正规的"知识密集"型教学,这就决定了幼儿园的教育形式,有别于中小学以课堂教学为主的教育教学方式,而必须寓教育于幼儿的活动中,把游戏作为幼儿园教育的基本活动。

《幼儿园教育指导纲要(试行)》在总则的第五条中明确指出:"幼儿园教育应尊重幼儿的人格和权力,尊重幼儿的身心发展的规律和学习特点,以游戏为基本活动,保教并重,关注个体差异,促进每个幼儿富有个性的发展。"

基本活动是指对一个人来说最经常、最适宜、也是最必须的活动。对幼儿来说,游戏就是这样一种活动。

首先,游戏是幼儿最喜欢的活动。在幼儿的生活中,游戏的时间最长,游戏的频率最高。这一方面表现为幼儿的大部分时间是在游戏,另一方面即便是学习、劳动、生活等活动,幼儿也是以游戏的形式来进行的。所以,游戏是幼儿最经常的活动。

其次,游戏是符合幼儿身心特点的一种活动。因为游戏是幼儿不成熟、不完善的心理机能的反映,游戏的水平自然地与幼儿身心发展水平相同步,幼儿在游戏中总是选择与自己的需要、自己的能力相适应的内容、材料、同伴和活动方式来进行游戏,排斥过高或过低于自己能力水平的活动。所以,游戏是幼儿最适宜的活动。

再者,幼儿的身心发展是在游戏中实现的。因为游戏具有一种对萌芽状态的动作和心理发展以自发练习的功能,使之不断成熟。同时,幼儿在游戏中往往不满足于现有发展状态的表现方式,以略高于现有发展水平的表现方式去行动,使身心发展的重要变化发生在游戏中。所以,游戏是幼儿最必须的活动。

为此,《幼儿园工作规程》提出的要使游戏成为幼儿园的基本活动,是符合事实、符合规律的。

必须强调,游戏乐趣是决定游戏活动性质的根本因素。在一项活动中,幼儿活动的性质是可以转化的,既可以从游戏转化为非游戏,也可以从非游戏转化为游戏。因此,游戏教育应该突出的是幼儿的游戏体验,是他们在活动中的自主性和愉悦性,同时强调幼儿活动中的主动学习与主动发展。游戏教育应该为幼儿的学习提供支持,应在保证幼儿充分游戏的前提下,在一日活动中恰当安排游戏,同时,要以幼儿身心的全面发展为基础,以多元的价值观,而不是只拿着知识、技能目标这一把尺子来评价和指导游戏和孩子。

幼儿园以游戏为基本活动,就是要以游戏为中心,使幼儿园所有的教育活动都有助于培养幼儿的主体性,使主动性、独立性和创造性成为幼儿发展的基本特征。

四、幼儿园游戏活动的基本原则

(一)娱乐性与认知性相结合的原则

幼儿园游戏活动的目的首先在于借助游戏的娱乐性以改变儿童对某些枯燥、乏味的传统教学方式的厌倦心理,消除孩子的生理与心理的疲劳;使他们积极地投身到教学活动中去。能带给游戏者愉悦的情绪是任何一种游戏的基本特征。有些游戏往往会伴随着忧虑和些许害怕,如当一个儿童打算去滑一个陡峭的滑梯时,他心理会有些恐惧,但儿童依然会一滑而下,因为这种游戏具有愉悦性,它能给儿童带来克服困难、面对挑战所产生的满足感和愉悦感。因此即使要完成的教学任务对儿童有一定的难度,只要使教学过程能巧妙地化为儿童自身一种真正的游戏过程,儿童的愉悦感就相伴而生。

保证游戏活动的愉悦性除了要遵循游戏活动本身的基本原则和规律,还应注意要使游戏新颖、奇特、出乎意料,这样的性质往往使游戏活动变得更有色彩,使游戏中掌握知识的过程变得引人入胜。但如果把教学生搬硬套地套上游戏的形式,或者所采用的教学游戏单调、刻板、陈旧,那么,游戏活动虽然表面上像在利用游戏的形式,但实际儿童无一点娱乐感,这样的游戏活动不但不能帮助教学,反而成为组织教学的一种累赘。但是,游戏活动的愉悦性并不是目的本身,因为游戏活动不只是让儿童玩得投入、玩得快乐而已,它的根本目的还在于完成一定的教学任务。仅靠形式上的游戏不能使儿童获得规定数量的知识和技能,只有根据一定的教学任务能将教学内容有机地转化为游戏内容,才能让学生获得游戏体验的同时也获得认知的发展。

总之,游戏活动愉悦性与认知性相结合的实质,就是游戏活动在激起并满足儿童情感需要的同时,激起并满足儿童的认知需要。使以情感需要为核心的一系列非智力因素能加强和帮助儿童的学习和发展。

(二) 具体活动和反省抽象相结合的原则

具体活动和反省抽象相结合的原则是指教师在组织游戏活动时既要让儿童有具体实际的游戏活动，又要引导儿童对游戏过程和游戏结果进行总结和评价，从而帮助儿童从具体的活动对象及活动过程中抽象出概念、定义、原理和解决问题的办法及规律。具体实际的游戏活动除了指游戏在时间上的展开有始有终以外，它还要有比其他活动更强的外显性行为。皮亚杰认为游戏是使思维和行动相结合的方法，没有积极行动的游戏，永远是不好的游戏。行动（游戏行为）是游戏不可缺少的部分，也是吸引儿童大脑、五官、手脚、身躯等全身心投入活动之中的关键因素。游戏活动正是借助于游戏中丰富多样的外显行为来变静态的教学为动态教学的。

因此，教师在组织游戏活动时，应切实引导儿童深入到具体实际的游戏活动中去，督促儿童履行游戏的动作和行为，即使游戏是对观念性的物体进行游戏性操作，教师也应引导和鼓励儿童在操作过程中不断地表达和交流。这样，才能变严肃的内部思维活动为活泼的内部思维与外显行为相结合的游戏活动。但是，游戏活动不应仅仅停留于游戏活动的外显行为，游戏活动只是教学的一个手段或环节，完整的游戏活动的组织要求教师能引导儿童对游戏过程和结果进行反省抽象。

当教学内容转化为游戏内容时，教学内容中的概念、定义、原理或解决问题的方法等，都是以具体的、分散的、感性的形式进入到游戏活动中去的，它们或附着于各种各样的游戏信号物上，或隐藏于解决游戏任务的游戏过程之中，当儿童深入到游戏活动中后，常常不知不觉地就感知了、记住了、知道了它们。但是，知识的掌握、科学方法和规律的学习，总是要求儿童最终以清晰、确定、统一的形式来储存于大脑之中。因此，在组织游戏活动时教师必须引导儿童对自身的游戏行为、游戏信号物、游戏过程进行反省抽象，从而帮助儿童获得确定、清晰、统一的知识，并逐步形成系统的知识结构。

(三) 自由选择和全面参与相结合的原则

自由选择和全面参与相结合的原则是指教师在组织游戏活动时既要使儿童有自由选择的情感，又要引导和组织全体儿童参与到规定的游戏之中，并成为游戏活动的主体。有自由选择的情感是游戏的心理学基础。因此，游戏活动在儿童的心目中，是把强制性和基本强制性的教学过程跟儿童在游戏中体验的自由选择那样的情感结合起来。游戏活动如果没有自由选择的情感，只有强迫和压抑，儿童就会对活动失去兴趣和主动性。但是，并不是因为游戏是以自由选择的情感为基础，就可以允许儿童对指定的游戏活动决定参加与否，或者仅仅为了迁就某些儿童而在教学游戏中不设置任何需要儿童付出努力才能克服的困难或障碍。在游戏活动中，给儿童一定的自由是为了使儿童提高选择性和自觉性，从而促使他们全面参与的积极性，这不但不与遵守纪律冲突，相反儿童的自觉性会促使他们对理解的纪律和规则自觉地遵守。

因此,坚持自由选择和全面参与相结合的原则,关键是既要给儿童在活动中以一定的自由,又要有具体措施促使儿童去全面参与所指示的活动,措施不应是强迫性的手段,而应是游戏本身的吸引力及适当的规则和要求。教师应创造条件,把指定给儿童必须做的游戏活动转化为儿童自主的活动。创造条件是指教师要善于使用各种方法,让儿童对游戏活动感兴趣,让他们极大部分人都能自主自愿地选择这个活动,从而成为游戏活动的主体。

(四) 主体互动原则

幼儿园的游戏活动是教师和幼儿的双边活动,两个主体是相互依存的共同体。互动有广义和狭义之分,广义的互动是指一切物质存在物的相互作用与影响。我们通常所说的互动是相对狭义的互动,指在一定社会背景与具体情境下,人与人之间发生的各种形式、各种性质、各种程度的相互作用和影响。它既可以是人与人之间交互作用和相互影响的方式和过程,也可以指在一定情景中人们通过信息交换和行为交换所导致的相互之间心理上和行为上的改变,从而表现为一个包含互动主体、互动情境、互动过程和互动结果等要素的、动态和静态相结合的系统。互动中的师生之间不仅仅是简单的"主体—客体"关系,或"手段—目的"的关系,而应是互为主体间的"人与人"的关系。

对此,现代著名的教育哲学家马丁·贝布尔(Martin Buber)认为,教育过程中师生双方是主体间的"我—你"(I and you)关系,而不是把双方看作是某种物品的"我—它"(I and it)关系。师生间这种"我—你"的关系,是一种互相对话、包容和共享的互动关系。

首先,师生间互动的目的就是为了促进师生双方特别是学生的学习、认知和社会性的发展。师生互动的内容、形式多围绕这一目的及其相应的教育内容即知识、能力、社会行为和交往能力等的培养而展开。

其次,师生互动发生的情景具有多样性,它不仅发生在教育教学过程中,也广泛发生在日常生活、交往与活动中。教师在日常生活、活动中的一言一行及其对人、事、物的态度言行对幼儿具有潜在、巨大的榜样及示范性影响。

再次,由于教师角色的特殊性,教师在幼儿心目中的特殊地位,其自觉或不自觉流露出来的对幼儿的情感、期望与评价,直接影响学生的自我认识、社会行为、师生互动及其教育效果。幼儿常常以"老师是否喜欢我"、"老师认为我如何"作为判断自身行为、能力和师生关系的主要依据,而且其对老师对己情感态度、与己关系的知觉明显影响其学习态度、行为动机及其与教师的互动。正因如此,不少教师在教育实践中十分注意自身与儿童的交往,注意自身言行,自觉利用与儿童的积极情感联系、期望影响儿童,在积极的师生互动中更好地教育、影响儿童,促进儿童的发展。

互动是一种交互影响和相互作用,互动中的双方总是基于对方的行为来作出自己的反应。在游戏活动中,一方面,教师的行为对儿童有很大影响,儿童往往是依据教师的要求等调整自己的行为;另一方面,儿童的行为同样会对教师产生很大影响,构成师生影响的双向交互性。同时,师生间的这种双向、交互影响不是一时的、间断的,而是连续的、循环的,不但在互动当时对师生双方产生较大影响,还会对其以后的互动产生影响,从而表现为一个既交互又链状的循环过程。

师生互动不仅仅限于师生之间的相互作用,还对游戏活动中的其他人及其互动产生影响。从横向来看,师生间的互动会影响其他儿童和教师与该儿童间的互动,会影响教师与其他儿童、该儿童与其他儿童及其他教师的交往。从纵向来看,则会影响到以后师生双方本身的互动及该教师和该儿童与其他儿童、其他教师间的互动,乃至影响其他儿童和教师以后与该儿童和该教师的交往。与亲子互动不同,师生互动在更多的时候不是一对一的,而是一个教师与多个儿童之间的互动。在游戏活动中,非一一对应性表现得更为突出、明显。这既可使师生充分利用同伴学习资源,使师生间的影响具有辐射性和弥散性,提高教育的效果等,但也有可能出现教师与每位儿童间有针对性的交流不够充分,个别学生得到的关注相对不足,一些儿童的特殊需要有可能得不到及时的满足等。教师在教育过程中对此应有明确的意识,既需注意与一组儿童的互动,同时有意识地与个别儿童保持经常性的有效地互动。

五、加强幼儿园游戏的策略

(一) 充分开发和利用游戏因素,使非游戏活动游戏化

1. 在教学活动中引入完整的游戏,使教学游戏化

幼儿园游戏既是活动的内容,又是活动的途径,因此教师常常利用游戏来组织教学活动。这时的游戏更多的是指传统游戏分类中的教学游戏,即专为教学而设计的音乐、体育、语言、科学等游戏。教学活动游戏化在设计上有两种策略:一种是整个教学活动就是一个完整的游戏,游戏在规定的教学时段里可反复进行,如体育游戏"老狼老狼几点了"、音乐游戏"找小猫"、科学游戏"吹泡泡";另一种是游戏只在整个教学环节中的某个特定时间段出现,成为教学活动的一个环节,比如用猜谜语的方式导入活动(谜语本身就具有游戏的性质,而猜谜则是一种游戏活动),也可把某些游戏用于教学的结束环节,以巩固某些知识或技能。这种设计在结构上比较紧凑,教师主要利用为各领域教学编制的游戏来组织教学活动,以提高教学活动的游戏化程度。

2. 利用游戏因素,使非游戏活动具有游戏性

(1) 以游戏性的语言组织活动。这是幼儿园教育活动中经常运用的策略。这种设计主要通过富有游戏性的语言来组织活动,比如,教师经常在组织各种活动时使用这样一

类语言:"今天,老师为小朋友们请来了一个客人——图形宝宝,图形宝宝很想和小朋友们一起做游戏。"

（2）以假想的方式组织活动。在组织活动时,根据活动的需要可以有不同的假想。一种是对角色的假想,如教师在组织幼儿活动时经常以动物妈妈的身份出现,而小朋友们则是动物妈妈的好宝宝。另一种是对情节进行假想,并以此来串联活动的各个环节。在活动中教师可以假想一些情节,吸引幼儿参加活动。如在美术活动"蛋壳贴画"中,教师以这样一段话引入活动:"我们今天要到熊妈妈家做客,但熊妈妈家的路特别不好走,坑坑洼洼的,我们怎么办呢?"进而引出"帮熊妈妈铺一条路";还有一种是对情境进行假想,在活动组织过程中,教师经常会根据活动的需要,带领幼儿把身边的环境一会儿假想为大海,小鱼在大海里游来游去;一会儿又假想为草地,小鸡在草地上游戏。这种假想的方式对年龄越小的幼儿运用得越多。在这类活动中,教师较多地利用了表演游戏的因素,因而增强了活动的趣味性,提高了集体活动的教育效果。

（3）以"做做玩玩"的方式组织活动。幼儿利用各种材料自己动手做各种小实验或手工制品,再利用这些作品进行游戏,这是幼儿园课程中使非游戏活动游戏化的又一种策略。这类活动可以在教师直接指导的集体教学活动中进行,也可把材料投放在相关活动区,让幼儿在入园后、离园前、专门的游戏或自由活动时自主地选择。这类设计的策略主要是利用游戏因素,结构上比较松散。

（4）以比赛的形式组织活动。以比赛的形式组织一些教育活动,是促使非游戏活动游戏化的一种有效手段。在幼儿园活动的组织过程中,我们常常用比赛的形式组织一些体育活动、生活活动,比如,以练习某些动作为目的的划船比赛,培养生活能力的穿脱衣比赛和叠被比赛。比赛可以在个人和个人之间进行,也可以在组和组之间进行。比赛使一些原本枯燥而单调的活动具有了游戏性,大大激发了幼儿活动的积极性。

3. 运用生成策略将创造性游戏有机地融入课程

创造性游戏对幼儿身心发展有着特殊意义,如何使之有机地融入课程,是幼儿园课程游戏化过程中需要解决的又一策略问题。

创造性游戏对儿童发展的特殊影响是其他游戏不能替代的,因此在幼儿园一日活动中有专门的创造性游戏时间。由于这类游戏的目的隐含在过程中,它对幼儿发展的影响是一种渐性积淀的过程,不像音乐、体育、语言等游戏的目的来得直接,因此,在幼儿园一日活动安排中,它常常会被由教师设计的语言、音乐、体育等游戏或被为学习活动而延伸的区域活动所代替。由教学活动生成游戏,主要有两种渠道:一是从文学作品活动中生成游戏,另一种是从社会领域活动中生成游戏。

幼儿常用自己喜爱的方式,表达自己对文学作品中角色、情节的理解,从而生成新的游戏。这类游戏可分为两种:一种是动作性较强的角色表演,比如幼儿学习《小蝌蚪找妈妈》后,在游戏时常常模仿小蝌蚪的形象;另一种是情节性较强、内容丰富、角色较多的主题游戏,比如文学作品《老鼠嫁女》引起了幼儿极大的兴趣,于是围绕老鼠和猫两家发生的故事,幼儿生成了为期一周的主题游戏。

在社会领域活动中,幼儿常常在教师带领下参观社区环境,了解社区周围的设备、设施,如参观医院、邮局、银行、超市等,这类教学活动是幼儿生成角色游戏的又一条渠道,他们会把自己看到的、听到的以及自己对环境和角色的理解,在游戏中表现出来。

在教学活动中,运用生成策略,适时地引发幼儿的创造性游戏,其关键仍然是环境的创设和材料的提供。幼儿园课程游戏化是一个动态的课程建构过程,它需要寻求有效的整合策略,使课程和游戏自然、有机地融为一体。

(二) 细心观察游戏,了解游戏进展情况

教师在游戏指导中,耐心观察幼儿的行为是很重要的,幼儿游戏的行为有时是无声的,但从无声的动作中可以看到幼儿的内在思想、情感的流露,从而发现幼儿游戏的能力。如果不是细心的观察,我们很容易从以前的一个极端走向另一个极端,由以往过多的干预转变成现在的放养式的活动,孩子走到哪里是哪里,似乎这样就能体现出尊重孩子,殊不知这样对于孩子来说也是一种不负责任的表现。教师只有观察儿童的游戏,才可能发现儿童游戏的兴趣和需要,了解儿童游戏的现状及存在的问题,及时调整游戏的材料,确定何时参与、介入儿童的游戏,作出有效的指导。观察儿童的游戏,有利于教育教学计划的制定,将儿童游戏的经验与教育教学活动中提供的经验相整合,帮助儿童形成系统的、丰富的经验体系,促进儿童全面和谐地发展。针对不同的情况需要用不同的方法来进行观察,用扫描观察的方法可以了解全班儿童游戏的情况,用定点观察的方法可以了解小组或区域儿童游戏的情况,用追踪观察的方法可以了解个别儿童游戏的情况。

(三) 适时介入游戏,调控游戏过程

教师可以在幼儿园游戏中通过直接和间接两种方式控制游戏过程。

所谓直接控制方式,表现为直接、明确地传递教育意图的活动,在这种控制方式中,教师的主体地位处于显性状态,教师是活动的领导者、组织者、调控者,控制着整个活动的走向和进程,引导幼儿向着教师既定的目标发展。这是一种偏向封闭的高结构的活动,幼儿较多地是以接受学习的方式内化教育影响的。

所谓间接控制方式,表现为教师通过适当的中介,迂回地传递教育意图的活动,这种教育意图是被教师隐藏在教育环境中的。在这种控制方式中,教师的主体地位化为隐性状态,幼儿在前,教师退后,教师仅仅是幼儿活动的观察者、活动的伙伴和环境的创设者,间接地调控活动过程,诱导着幼儿向教师希望的方向发展。而幼儿有更多的机会自我决定、自由选择。这是一种偏向于开放的低结构的活动,幼儿更多地是以发现学习的方式

来内化教育影响的。所谓封闭、高结构的活动,即活动指向鲜明、具体的教育目标,活动过程有着严密的组织结构,教师的控制比较直接。所谓开放、低结构的活动,即活动指向的目标模糊、笼统,活动过程比较自由、随意,教师的控制比较间接。

教师介入的方式还可分为情感性鼓励和技艺性帮助。情感性鼓励,即在介入时侧重采用鼓励、欣赏、融入、暗示、启发、建议和引导等方法。如,教师的一个微笑、一声赞美,能鼓起幼儿战胜自我的信心和战胜困难的勇气。技艺性帮助主要包括示范、参与、帮助、指导和练习等。如,教师通过动作模仿、操作示范和实物提供等给予幼儿具体的支持,使幼儿破解难题,实现游戏愿望。幼儿游戏既需要教师的情感性鼓励,也需要教师的技艺性帮助。

根据教师在游戏过程中影响活动的形式,教师加入游戏的具体方式有三种:平行式、交叉式和垂直式。平行式的介入法是当幼儿只喜欢某一种游戏或对新出现的玩具材料不感兴趣、不会玩或不喜欢玩时,教师可以在幼儿的附近,和幼儿玩相同的或不同材料的游戏,以引起幼儿模仿,教师起着暗示的指导作用;交叉式的介入法是当幼儿有要教师参与的需要和教师认为有指导的必要时,由幼儿邀请教师作为游戏中的某一角色或教师自己扮演一个角色进入幼儿游戏,通过教师与幼儿、角色与角色之间的互动,起着指导幼儿游戏的作用;当幼儿在游戏中出现严重的违反规则或反攻击性行为时,教师则以现实的身份直接进入游戏,对幼儿的行为进行直接干预,称为垂直式介入,这种方法不宜多用,因为它很容易破坏幼儿游戏的气氛。

具体实践中,教师还可以通过以下关注,对幼儿园游戏进行指导和调整:

1. 关注幼儿的兴趣度,及时引导

根据幼儿的年龄特点,小、中、大不同年龄段的幼儿专注一样东西或者一件事情的时间是有明显差异的。随着孩子很长时间地玩一个游戏,就会对角色失去兴趣,就会出现一会儿跑到这个游戏角看看,一会儿又跑到那个游戏角玩玩。当幼儿不能专注持续的游戏而在各个游戏角转悠时,教师要适当介入指导,以帮助幼儿提高专注力。对于一些比较模式化的角色,譬如超市的收银员、某某游戏的购票员等,这类角色在游戏时间中,一般都是重复着一种简单的行为,时间一久,孩子们就会觉得枯燥,不能专注于自己的角色,幼儿参与的兴趣度不高,时不时就会出现"离岗"现象。这时老师可以以"顾客"的身份参与到游戏活动中,询问幼儿"有没有特价活动,有什么新的游戏内容"。通过老师的介入,激发幼儿创新游戏的内容,这样幼儿的游戏就更丰富了,幼儿参与游戏的兴趣也更积极了。

2. 关注幼儿的参与度,及时疏导

角色游戏的内容有很多:理发店、小医院、银行、超市、娃娃家等,而在众多游戏之中,最受小班幼儿青睐的是娃娃家游戏了。在娃娃家游戏中孩子按照自己的意愿,扮演他所熟悉和喜爱的妈妈、爸爸、爷爷、奶奶等角色。3岁前的幼儿由于独立性差,他们的社交活动往往只限于父母、亲人、家庭范围之内,在这种"一二四"的家庭模式中,幼儿和别的儿童接触很少,即使在一起也是各玩各的,彼此很少交往,没有交往的意识。例如娃娃家的"妈妈"一味的抱着娃娃,而"奶奶"就一天到晚烧菜,娃娃家的每一个人都是各司其职,互不干涉,处于几条平行线上。当幼儿出现这类现象的时候,教师应适当介入暗示幼儿,帮助幼儿提高认知水平。比如老师可以以做客的形式启发娃娃家的小朋友:一直抱娃娃手一定很累的;家里的东西好像有点乱。通过类似的疏导引导幼儿与同伴交往,激发幼儿思考:娃娃还可以有谁来抱,家里的东西谁整理等。长此以往幼儿之间的交往逐渐增多,认知水平也会慢慢提高。

3. 关注幼儿的挫折感,及时暗示

由于幼儿能力水平的限制,在游戏中难免会遇到困难,体验到失败的感受。当幼儿面临此类困惑时,教师可以介入指导,支持和鼓励幼儿解决困难。教师可以利用表情、眼神、动作、手势等非语言的手段进行暗示,介入指导。例如:某幼儿在"游戏天地"这个游戏中,对于新的游戏材料不会使用,摆弄材料之后,还是没有想出合适的玩法,他用求助的眼神看着老师,老师用手势对他指指另一个小朋友,幼儿一下子领悟了老师的意思,跑过去询问同伴了,在同伴的讲解、演示之下,他开心的尝试了新的游戏材料。

4. 关注幼儿的合作度,及时干预

幼儿园使幼儿生活周围的人增加,每天能接触到许多同伴,他们会从不认识到认识,直到熟悉。在幼儿的交往过程中,角色游戏为幼儿提供了交往的场合,在角色游戏的过程中,由于角色和角色的关联,角色和主题的关联,幼儿尝试着交往的多种方法。幼儿在游戏中难免会与同伴发生矛盾,这时教师则应以现实的身份加以直接干预。例如,幼儿在活动室里奔跑;同伴之间争抢玩具、角色;排队等待中出现推搡情况等。这时,教师要及时制止。但是,这种方式往往会破坏气氛而且会使幼儿有挫折感,尽量少用。因此老师可以尝试让幼儿进行协商、讨论游戏规则,让幼儿在充分讨论的基础上围绕主题分工、合作、协商分配角色后再开展游戏。也可以定规则,当合作中意见无法统一时,要教幼儿采取少数服从多数、或是猜拳等方法解决。让幼儿明白自己生活在集体中,要考虑到他人的想法,体会帮助别人和被别人帮助的快乐。在点滴的积累中,幼儿就会逐步学会与同伴合作。在角色游戏中要培养幼儿的合作能力,这不是一朝一夕就能完成的,也不是光凭说教就能达到目的的,而是需要我们老师做一个有心人,为孩子创设角色游戏交往的环境的同时细心指导,通过积极的干预,帮助幼儿建立了良好的伙伴关系,增强了幼儿的角色心理,让幼儿体验到了交往的乐趣,学习了交往的技能。

总而言之,"介入"并不是教师在幼儿游戏时间内的所有行为,它既不是教师对游戏的无意"干预",也不完全等同于对游戏的有意"指导"。"介入"一词在字面上没有一种自上而下的方向性,而是指插入两者之间进行有效的干预,"介入"既要考虑到教育目标,也要考虑到幼儿自身的愿望,教师应明确自身的立足点应是幼儿与幼儿当前游戏。

（四）及时评价游戏，深化游戏体验

游戏结束时教师引导幼儿就开展游戏情况进行讨论，帮助幼儿整理游戏中零散的经验，修正错误的经验并找出存在的问题。分享成功的经验，为下一次游戏的开展做好材料、经验等方面的准备。这种游戏讲评是对幼儿已有经验的提升，也是下一次游戏计划的依据。它不仅可以丰富幼儿游戏的内容，而且有助于促进幼儿综合能力的发展，帮助教师及时了解幼儿在游戏时的真实想法及存在的问题，是教师指导游戏的重要环节。教师可以通过情景讲述、点面结合、绘画辅助等方法来帮助幼儿解决问题、分享经验。

此外，在教师讲评的基础上应尽可能让幼儿成为游戏讲评的主人。大班幼儿由于思维、口语的发展，以及经验的丰富，完全有能力参与游戏的评价。教师可让他们谈谈游戏中给他们带来的快乐或不愉快的经历，表达自己的愿望和想法。此时，我们应肯定、依循幼儿的评价内容，选取幼儿提及的问题，组织讨论，鼓励幼儿交流自己的看法，从而强化体现于游戏中的良好品行诱导幼儿分析其间主要问题的产生原因，设法解决。在评价过程中既要看清自己和同伴的优点又要发现自己的不足，自我评价的培养有益于增长幼儿的自信心。游戏的讲评正是帮助幼儿解决问题发现问题的好机会。在讲评的同时，结合评选，不断促进幼儿游戏水平的提高。

最后，不管是一场游戏，还是一个或几个孩子，如果没有达到教学目标怎么办？

第一，高度放松，不要大惊小怪，尤其是相互之间存在着一定芥蒂的同事，千万不要恶劣地随意议论；

第二，老师或孩子或师生一起总结游戏过程，既充分把握幼儿个体气质性格类型的差异，又充分把握幼儿个体能力水平的差异（请千万注意：这既不是分出谁发展得好或差，更不是给孩子打等级分）；

第三，在具体环节上适当淡化"指标意识"。这绝非降低对老师的责任要求，相反，尤其在非游戏教育管理与游戏教育的冲突面前，适当淡化"目标意识"更考验着幼儿教师的素质、责任感、境界和勇气。无论家长还是教师，斤斤计较于自以为是的一得一失，都是十分有害的。

思考与练习

1. 请对"游戏"、"儿童游戏"、"幼儿园游戏"等几个相关概念进行辨析。
2. 幼儿园游戏应该如何处理好"游戏"与"教学"的关系？
3. 为什么说游戏是幼儿园的基本活动？
4. 具体实践中，教师应通过哪些方面的关注，对幼儿园游戏进行指导和调整？

第九章

民间儿童游戏的传承

游戏是对幼儿进行全面发展的重要形式,教育部在《幼儿园工作规程》和《幼儿园教育指导纲要(试行)》中都明确规定"幼儿园以游戏为基本活动,充分利用社会资源,引导幼儿实际感受祖国文化的丰富与优秀"。民间儿童游戏是对民族传统文化的肯定与继承,并且符合幼儿好动、好学、好模仿的心理特点。民间儿童游戏所独具的特点,促使孩子学会相互协调、合作、学会自己解决人际矛盾,学会控制自己的行为和情绪,学会理解和照顾他人等社会性发展的良好品质。因此要把优秀的适宜幼儿发展的民间儿童游戏引进到幼儿园游戏中来,以促进幼儿的全面发展。

一、民间儿童游戏概述

中国传统民间游戏在经历了几千年的传承演变,一部分因丧失其赖以存活的传统文化根基而消亡,但很多游戏则经过时间的洗礼,一直延续传承到今天,是很宝贵的文化遗产。挖掘及传承这些具有人文价值的民间儿童游戏对发扬中华民族优秀的传统文化具有现实意义。

(一) 什么是民间儿童游戏

国内外许多专家学者对民间游戏也有过多种定义,关于"民间游戏"的定义不应仅仅限于一个民族、一个地区、一个时代,它应是在比较大的时间、空间条件下,将这类活动综合抽象后的概括。但目前为大多数的人所认同和赞可的是乌丙安在《中国民俗学》(1985)一书中的观点,他认为民间游戏是指流传于广大人民生活中的嬉戏娱乐活动,俗称"玩耍"。游戏是游艺民俗中最常见,最普遍,最有趣的娱乐活动,主要流行于少年儿童中间和节日里成年人娱乐节目之中。在少年儿童中间流行的民间游戏,称之为民间儿童游戏。

民间游戏的实质是一种民族文化符号和民族生命力的显现方式,是民族文化中的极为典型的生活现象和文化行为。其发展和变化能够折射出人类历史文化发展的状况和精神面貌。民间儿童游戏经过一代又一代人的传承与发展，积淀了丰富的文化底蕴，折射出民族的精神风貌和生活趣味，是特定民族和地域人民文化的一种载体。民间儿童游戏的文化魅力在于通过其内在价值和游戏样式使人们认识自己民族文化的符号，加深民族认同感，增强个体和群体的内在凝聚力，促进社会的整合及和谐发展。

（二）民间儿童游戏的特点

民间儿童游戏是由劳动人民自发创编、在民间广泛流传的儿童喜闻乐见的活动，反映着中华民族所共有的、习尚的行为、思维、感情和交流的模式。与其他形式的游戏相比，民间儿童游戏具有以下特点：

（1）民间儿童游戏具有鲜明的民族特色和地方特点。由于民间游戏所表现的内容往往是人们的日常生活，并且游戏中所配有的儿歌一般都是当地的语言、歌谣，材料都是身边随手可得的物品，这些都使得民间游戏具有相当明显的民族性和地方性。

（2）民间儿童游戏具有内容丰富、取材简便易行的特点。如一粒石子、一把小棍、一片树叶、一根绳子，这些随处可以得到的东西都可以使游戏开展起来。由于这些材料没有固定的形式，儿童在游戏中可以根据自己的兴趣和想象，随意将材料进行加工和改造。

（3）民间儿童游戏具有浓厚的趣味性和娱乐性。这一特点使得儿童在自发的状况下也乐于游戏，让他们玩中有乐，乐中有学，玩中有得，玩中有创，更好地促进孩子全面发展。许多游戏还配有琅琅上口的儿歌和口令，孩子在这其中边玩边吟唱，情绪积极，始终处于欢乐之中。

（4）民间儿童游戏的开展具有很强的随机性。它往往不受人数、年龄、场地和时间的局限，不论何时何地，只要想做游戏，愿意玩，儿童随时可以任何地方开展起来，尽情玩耍。

（5）民间儿童游戏具有形式多样、灵活多变的特点。例如踢毽子，不论大小都可以玩，年龄小的儿童在毽子上系一根绳子，用手拎着踢；年龄大的则可以直接踢，还能踢出许多花样来。"跳房子"就更简单，只要用树枝或瓦片在地上画上格子，就能进行单脚跳或双脚跳等，乐趣无穷。

（三）民间儿童游戏的类型

传统民间儿童游戏取材于民间，内容丰富多彩，多反映当地百姓生活，材料简单，就地可取，游戏灵活，自由度大，不受时间、空间条件的限制。将传统游戏按照不同性质划分为四大类：

（1）民间益智游戏。这类民间游戏包括：七巧板、拼图、猜谜语、翻绳、跳棋、五子棋、闯关棋等。主要有拼图和棋艺类。这种游戏将智力活动和娱乐活动巧妙地结合起来。

（2）民间美术游戏。民间美术包括剪纸、折纸、撕纸、编织、民间玩具及废旧物品的合理利用等。

（3）民间体育游戏。民间体育游戏包括：跳方格、跳皮筋、跳绳、踢毽子、打沙包、滚铁环、跑垒、捉迷藏、丢手帕等。

（4）民间童谣说唱游戏。童谣有着很长的历史，流传于民间的童谣更易为幼儿接受。例如："马兰开花二十一，二五六，二五七，二八二九三十一……九五六，九五七，九八九九一百一"、"小老鼠上灯台"的童谣"小老鼠，上灯台，偷油吃，下不来……咕噜咕噜滚下来。"韵律和谐的童谣，不仅强化了游戏的节奏感，生动朴实直白的内容，更增强了游戏的情景性，生活气息和娱乐性。

（四）民间儿童游戏对传统民族文化的传承价值

民间儿童游戏除了同样具有一般儿童游戏所具有的对学前儿童身心、个性品格方面的多重价值外，还对传统民族文化具有独特的传承价值。

乌丙安先生在《中国民俗学》一书中甚至将"游艺的民俗"（民间游戏是其主要内容之一）单列为中国民俗事项的一大类。从诸多划分与归类来看，一个无庸置疑的事实是：民俗学界已普遍认同传统民间游戏是人类民俗事项的一个重要组成部分，它在本质上具有民俗的基本属性和特征。因此，可以说传统民间游戏也是人们在长期的社会生活中产生、形成的一种文化传统和行为规范，是集体性文化思想和社会心理的产物。它一经形成，就具有相当的传承性和稳定性，制约并规范着人们的玩耍嬉戏行为。

1. 对本民族文化，认识本民族独特的文化符号的重要途径

英国教育家洛克在其《教育漫话》中这样写道："我们幼小时所得的印象，哪怕极微极小，小到几乎觉察不出，都有着极重要极长久的影响。如同江河的源头一样，水性极柔，一点点人力便可以把它导入他途，使河流的方向根本改变。从根源上这么引导一下，河流就有不同的趋向，最后就流到十分遥远的地方去了。我觉得孩子们的精神容易引导到东或到西，正和水性是一般无二的。"

民间儿童游戏是儿童接触和学习民族文化的重要途径。胡伊青加在其著作《游戏的人》中指出：仪式产生于游戏，诗歌诞生于游戏并繁荣于游戏，音乐和舞蹈则是纯粹的游戏。通过对人类文明历史的考察，他得出了一个根本的结论，在整个文化进程中都有活跃着某种游戏因素，文化是在游戏中并作为游戏而产生和发展起来的，游戏则是带着民族遗传信息论的"文化基因"。可见，民间游戏与人类文化密不可分，民间游戏是民族传统文化，文明的积淀与表达。在民间游戏中，儿童能得到自身民族文化的熏陶，并能在轻松愉快的游戏过程中认识，了解，学习和掌握本民族文化，如：儿童风筝传说起源于鲁班造木鸢，儿童在放风筝活动中就可以了解中国的古代文化。儿童浸润于某种文化土壤中，民间儿童游戏是接触和学习本民族文化、认识本民族独特的文化符号的重要信息途径。如，民间游戏《抬花轿》，孩子在娱乐的同时，把自己了解到的知识运用在游戏的过程中,再配合相关的民间音乐、民间美术,孩子乐在其中、美在其中、悟在其中,潜移默化地感受中华民族悠久的、独具魅力的民俗文化。

2. 培养幼儿的民族认同感

民间儿童游戏能够培养儿童的民族认同感和民族精神。乌申斯基在《论公共教育的民族性》中写道:"教育可以始终凭借的人所共有的先天趋向只有一个,那就是我们所讲的民族性,而凭借着民族性,教育总能在人的真实而又强烈的感情中找到答案并获得促进力量,这种力量的作用,比仅仅由于智慧而获得的信念或者由于对惩罚的恐惧而形成的习惯,都要强烈的多,如果教育不想成为无能为力的,那么它就应当是具有民族性的,民族性仍是历史发展过程中民族生活的唯一源泉。由于历史具有民族观念的特性,因而在这种特性中,民族也就成了具有历史意义的个性,每一个民族都注定了要在历史上起到自己特殊的作用,如果它忘记了自己应起的作用,而被其他民族同化,失去了自己的特点,那么它就应该退出舞台,它已经再不需要了。"

所谓民族认同感是民族认同的意思,即民族认同性。它是"同一民族的人感觉到大家是同属于一个人民共同体的、自己人的这种心理。"我国众多的民间游戏有着悠久的历史和丰厚的文化底蕴,再加之其地域性和民族性等基本属性,使之成为培养民族认同感和民族精神的有效形式。它可以使本民族人民熟悉自己祖先所创造的历史文化,让人们产生强烈的民族自豪感,这正是构成民族认同感的重要组成部分。

民间儿童游戏在幼儿认同感的培养方面起着重要作用。民间儿童游戏大抵都有着悠久的历史和丰富的文化底蕴,它受地域、气候、习俗、心理等种种因素的制约,所表现的内容反映出的往往就是当地人民的生活方式、思维模式和风俗民情。让幼儿在玩的过程中亲近生活,了解生活,通过模仿现实生活中的事物和人物的行为、习俗、会很容易感受到当地的民俗氛围,从而建立起最初的认同感。例如"过家家"游戏的方式主要是模仿大人过日子,模仿干一些家务活(如"做饭""买菜""照顾生病的人"等等)以及走亲访友、娶媳妇、拜年等。要想把角色扮演好,幼儿首先就要在平时留意观察周围成人的言行、待人接物、生活方式以及思维方式与态度,作为游戏时模仿的参照物(这个过程本身就是一个感受生活的过程)。在游戏中,幼儿通过模仿、交流、改进,对当地的习俗就会有更进一步的认识(这个过程则是一个亲近生活的过程)而这种经常性地观察——模仿——再观察——再模仿,会使幼儿在不经意间产生一种认同感,形成一种习惯,自然流露到日常生活中。所以说民间儿童游戏在一定的程度上,是培养幼儿认同感的一种有效途径。

二、民间儿童游戏开展现状的分析

直到上个世纪九十年代,无论是在城市还是在农村,民间游戏还处处触目可见,过家家、丢手绢、捉迷藏、跳房子、玩泥巴、抽陀螺……丰富多彩的游戏活动滋润着儿时的闲暇时光,有些游戏渗透着孩子们对社会的感受和理解,孩子们无师自通地把社会现象转化为游戏内容,充分体现了民族的智慧、灵感和创造力。但随着社会的发展,民间游戏正逐渐远离儿童的生活。儿童不再熟悉甚至没有接触过那些曾经给祖辈父辈的童年带来欢乐的民间游戏,他们生活在卡通、电脑游戏及现代玩具的时代。面对优秀民间儿童游戏在现代儿童生活中几乎面临缺场的窘境,不能不说是社会快速发展中一笔不小的遗憾。

究其原因,大致有以下几点:

(一) 社会因素

(1) 电子游戏的冲击。在各类电子游戏、网络游戏占据着大部分游戏市场的今天,民间游戏承受着在夹缝中生存的艰辛。

(2) 城市化进程缩小了民间游戏的空间范围。由于城市化进程的迅速加快,城市绿地的减少,孩子走进大自然的机会减少,加之居住空间变化,邻里间的交往变少,游戏地点逐渐由户外向户内转移,游戏状态由合作变得孤立,民间游戏生存的空间范围随之缩小。

(二) 家长因素

(1) 学习时间挤走游戏时间。不少家长想方设法把孩子送入各种各样的辅导班,学习外语、绘画、乐器、舞蹈等,学习时间挤走了孩子大量的游戏时间。

(2) 单根独苗怕有闪失。由于现在的孩子大多为独生子女,家长担心孩子的安全状况,所以常把孩子"圈"在家里玩,使孩子失去了与同伴玩民间游戏的机会。

(三) 教师因素

(1) 不想利用。在组织游戏时,很多老师普遍习惯于将游戏资源局限于现有的园内资源和现成的教材上,凭借自己的教学经验组织游戏,有的老师认为,利用民间游戏费时费力,导致大量民间游戏资源的浪费。

(2) 不敢搬用。相对于一般游戏,民间游戏的组织更具挑战性,在活动范围、活动量、活动形式上也更难控制与调整,活动起来存在一定的安全隐患,这在客观上导致教师组织民间游戏的畏难情绪。

(3) 不会利用。由于教师缺乏组织民间游戏的直接经验和具体的操作策略,因此教师在着手利用民间游戏时出现了形式化和简单化等问题。

总之,如今孩子游戏活动的时间越来越少,活动的空间越来越小,教师和家长越来越不熟悉民间游戏,体现民间游戏文化的精神产品日益稀少,民间游戏受课程的支持力越来越单薄……这些因素都导致了民间游戏在孩子生活中的缺失。

三、民间儿童游戏在幼儿园的传承与发展

（一）指导原则

1. 趣味性原则

游戏首先应该带有娱乐性，因此指导者所选择的民间游戏应充满趣味性，让孩子有和你一起游戏的兴趣。

2. 民主性原则

父母要民主、平等地对待孩子，只有这样，才可能在游戏中和孩子结成平等的玩伴关系，才可能尊重儿童的需要和兴趣，从而形成良好的亲子关系。

3. 主动性原则

父母不能因为凭借自己对民间游戏的熟知而剥夺孩子对游戏的决定权、改编权，相反在游戏中应培养与鼓励儿童的创造性与独立性，要让孩子成为游戏的主人，充分发挥其想象力和创造力。父母即便成为游戏的权威人物，也应建立在孩子心服口服的基础上。

4. 适合性原则

民间游戏包罗万象，适合的对象从牙牙学语的婴儿直至运动能力很强的少年。因此家长要根据孩子的年龄特点选择适合自己孩子的游戏。如三岁左右的孩子可以选择"顶锅盖"、"金锁银锁"等游戏，四岁的孩子可以选择运动强度较低的游戏，如"砍白菜"、"卖小猪"等游戏，五六岁的孩子才可以选择难度较大的游戏，如"拍大麦"、"贴烧饼"等游戏。

5. 社会性原则

良好习惯对孩子适应社会有着至关重要的作用，因此在亲子民间游戏中，父母要引导孩子养成良好的游戏习惯，遵守游戏规则，不要赖；玩具要有固定的存放地方，玩完了要让孩子自己收拾好，物归原处；安排合理游戏时间，知道什么时间做什么事。

6. 随意性原则

民间游戏的最大特点就是简便易行，一根线、一块石头，甚至徒手就能进行，家长可以根据民间游戏的这一特点，随时随地都可以和孩子进行游戏。如在接送孩子的途中可以和孩子一起念念民间童谣，在公交车上可以玩"拍大麦"游戏等。

（二）指导策略

1. 创设环境，激发幼儿对民间游戏的兴趣

环境是幼儿教育的重要资源，它能给幼儿提供便利的活动条件。我们利用较宽阔的

走廊,画上了富有情趣的、五颜六色的"圆圈"、"方格"、"点子"图,幼儿们入园、离园时,不由自主地就玩上几次"跳圈"、"跳格子"、"踩点子"等游戏。教师们为了满足幼儿的不同发展的需要,还精心设计、筹划、丰富活动区材料,充分利用家长资源自制一些游戏玩具,如在"投掷区"为幼儿们投放了飞镖、降落伞、沙包、保龄球、纸团、套圈、木块等器械;在"跳跃区"为幼儿投放了皮筋、跳绳、毽子、触摸物等;在其他活动区域,投放了轮胎、铁环、陀螺等,幼儿取放方便,供随时练习使用。我们还充分发动家长和幼儿共同收集废旧物品制作器械,用小饮料瓶制作拉力器,可玩"拉大锯扯大锯"的游戏;用绳将两人腿绑住,玩"两人三足"的游戏;用八宝粥瓶子做成"竹筒",玩"踩高跷"的游戏等;幼儿们每天会根据自己的个性、爱好、能力水平自由选择活动器械,自由玩耍。此外,在自制"器械"的过程中,幼儿的创造力得到了发展,在游戏中,幼儿的体能得到了锻炼,发展了幼儿动作的协调能力和与同伴之间的合作能力,同时也激发了幼儿对民间游戏的兴趣。总之,丰富的游戏材料为开展民间体育游戏提供了良好的环境条件。

2. 挖掘资源,幼儿民间游戏的再次创新开发

① 材料创新:将幼儿民间游戏中的不安全、不卫生材料加以改进,例如"滚珠子"游戏需要在地上挖洞,幼儿趴在地上玩,不利他们的健康,可以改为厚泡沫挖洞,让幼儿在室内的地上玩。

② 玩法创新:将幼儿民间体育游戏与其他游戏相结合,综合运用各种教育手段,促进幼儿发展。如"天气预报"中,体育游戏与音乐游戏综合,幼儿不仅练习了抛掷、躲闪、跳等动作,演唱了诙谐的歌曲,还自行设计了各种形体动作来表现风雷闪电、大雨、雪花,从而获得愉快的情绪体验。又如游戏"砍白菜",原游戏中的动作是用手掌"砍"在幼儿的头颈处,这种动作不利于幼儿身体的健康,可以改为弯下腰,"砍"在幼儿的脚跟处,这样更贴近生活的实际,也比较安全。

③ 内容创新:当然有些幼儿民间游戏中的儿歌也存在不少迷信的、过时的、不正确的知识,需要加以筛选和改编,赋予其时代的新内容,使幼儿在玩乐中接受新知识、吸取新信息。如"骑铁马"的游戏,可以把城市所发生的巨大变化纳入儿歌中,例如建筑的变化、环境的变化等等。

3. 融入幼儿的一日生活与园本课程中

幼儿民间游戏大多都不需要什么游戏材料,任何时候都可以玩。因此,可以将幼儿民间游戏融入幼儿的一日生活中。晨间户外活动时,由教师带领幼儿玩"猫捉老鼠几更天"、"老鹰捉小鸡"、"老狼老狼几点了"……午间游戏时,三五个幼儿围在一起"顶指顶锅"、"蚊子咬人"、"荷花荷花几月开",或两两合作"拉大锯"、"弹蚕豆"、"烟盒三角块"、"抓籽";未离园的幼儿,还会玩上"抢椅子"、"翻绳"、"捉猴"、"找东南西北";回到家,幼儿可以拉着家长的手,手口并用地教。因为是传统游戏,父辈与祖辈对于游戏的记忆和交融能更好地提高幼儿的积极性。

4. 加强与幼儿园、家庭、社区的多向交流

幼儿民间游戏可以成为幼儿园、家庭、社区多向沟通的桥梁。在家庭里,家长怀着愉悦的情感,带着耐心和爱心,去和自己的孩子进行亲密的接触和交流,同时也能了解孩子的喜怒哀乐及在幼儿园的发展状况等。家长与孩子的亲子游戏,内容丰富、形式多样、其乐无穷。在社区中,好玩的幼儿民间游戏自然地能把大人和小孩凑在一起,互教互动,尽情游戏。这对于现代生活在"鸽子笼"里的独生子女,获得的可是宝贵的社会交往机会,幼儿民间游戏发挥了其他教育难以替代的社会教育作用。由于幼儿园开展了系统的幼儿民间游戏教育,幼儿园、家庭、社区,有了共同关心的话题,人们的关系变得更加密切,教育观念有了一致的变化,教育的责任感也随之增强。

总而言之,为了充分发挥民间游戏的自主性特点,游戏开展中,倡导成人多观察,以大伙伴的身份平行参与游戏,支持孩子活动;游戏组织中,多为孩子创设开放式活动区域,扩大孩子活动场所与交往面,鼓励孩子游戏中的创新行为;游戏指导中,关注孩子学习过程,遵循循序渐进的原则,引导孩子合作协商、学会一些解决具体问题的方法;评价过程中,注意发挥孩子的主体性、激发孩子的创造性,培养社会情感,体验民间游戏带来的快乐。

四、民间儿童游戏应该成为我国农村幼儿园的基本活动

由于民间儿童游戏自身简单易行、富有生活趣味,又不受物质条件限制的特点,使得这一游戏形式非常符合我国农村幼儿园的特点,两者结合可以形成农村幼儿教育的自身特色。

(1) 作为农村幼儿园,财政相对紧张,只有因地制宜的利用好农村的资源才会既弥补不足又促进幼儿的发展。民间游戏材料能因陋就简,就地取材或取之自然或废物利用。

(2) 民间游戏发源于农村,农村幼儿园对游戏的开发有着得天独厚的便利条件。如教师和家长大部分都是从小在农村土生土长起来的,小时候都玩过一些民间游戏,对于民间游戏还有着深刻的印象和深厚的感情,开发实施起来有一定的基础。

(3) 农村幼儿园在园舍硬件上虽然没有城市幼儿园好,没有漂亮的楼房,但环境优美、空气新鲜、阳光充足、一般都有着较大的活动场地,比较适合开展各类民间游戏。

(4) 农村幼儿园师幼比例大,往往是一个教师带三四十名幼儿,导致在一日活动的各环节中幼儿等待的时间很长,时间隐性浪费严重,民间游戏灵活、自由度大,一般不受时间、空间条件的限制,可以很好地解决这个问题,使幼儿一日活动的各个环节过渡自然,管而不死,放而不乱,使幼儿得到充分自由和发展。

五、传统民间儿童游戏实例选集

作为中国传统文化宝库中的一员,民间儿童游戏给我们一代代人带来了许多童年的欢乐,今天这些游戏在幼儿园同样也具有推广的价值。为了继承代代相传的民间传统文化,发挥民间儿童游戏对幼儿发展不可替代的促进作用,在此特意选编了一些比较有代表性的民间传统儿童游戏的做法加以介绍:

1. 抓包

游戏目的:培养幼儿动作的协调性。

游戏准备:沙包若干只。

游戏方法:幼儿通过猜拳或其他方法排定游戏顺序。将沙包撒落在桌上,操作者取其中一只沙包往空中一抛,要趁沙包未落下时敏捷地抓起桌子上的一只沙包,然后放置旁边。第二次抓两只,第三次抓三只,以此类推,直至抓完所有的沙包。

游戏规则

(1) 用同一只手完成一系列动作。

(2) 如游戏中接不到抛出的沙包即为失误,应交换角色重新开始。

2. 背砖

游戏目的:培养幼儿动作的协调性。

游戏准备:小篮球若干。

游戏方法:若干幼儿,每人背一个球,用双手托住,边念儿歌边做走路动作。

游戏规则:球不能掉下来,谁的球掉了即为失败者。

附儿歌:买砖,背砖,老爷,上山,走一步,跺一跺,看谁跑在前。

3. 拍大麦

游戏目的:培养幼儿协作游戏的能力。

游戏方法:两人一组。游戏开始,两人边念儿歌边做动作。念"一箩麦"时,乙两手合拢,甲双手同时摞乙的两手背;念"二箩麦"时,甲两手合拢,乙双手同时摞甲的手背;念"三箩开始拍大麦"时,动作同"一箩麦";从"噼噼啪"开始至最后,两人边念儿歌边按节奏对拍:先自拍一下,然后右手拍对方右手,再自拍一下,然后左手拍对方左手,依次进行。

游戏规则:摞手背时两人必须轮流进行。

建议:对拍时,可根据幼儿发展水平,增加或降低拍手难度,变换花样。如:

(1) 两人同时伸出双手,手心手背对拍。

(2) 先自拍一下,然后左手拍对方右手,再自拍一下,然后右手拍对方左手。

(3) 先自拍一下,右手拍对方左手(连续两次),然后换左手拍对方右手(连续两次)。

附儿歌:一箩麦,二箩麦,三箩开始拍大麦。噼噼啪,噼噼啪,大家来打麦。麦子好,麦子多,磨面做馍馍。馍馍香,馍馍甜,爱惜粮食要牢记。

4. 推小车

游戏目的:锻炼幼儿手臂力量,培养幼儿协调合作的能力。

游戏方法:两人一组,甲扮"小车",乙扮"推车"人。游戏开始,甲爬于地,乙两手握甲双脚脚踝,提起。此时,甲用双手,乙用双脚,两人边念儿歌边协调前行。

游戏规则:"推车"人不能用力过猛,速度也不能太快。

建议:

(1) 两人经常互换角色,反复进行。

(2) 此游戏适合在户外草坪上进行。

附儿歌:吱呦呦,小车叫,推上小车卖甜糕。谁要?谁要?我要!我要!娃娃吃得眯眯笑。

5. 炒黄豆

游戏目的:培养幼儿动作的协调性。

游戏方法:两人一组,手拉手相对站立,边念儿歌边左右摆动双手,念至儿歌最后一个字时两人同时翻身。

游戏规则:两手拉紧不能松开。

建议:

(1) 小班幼儿可先转体180度,背对背站立,准备一下再转180度,面对面站立,这样继续进行。

(2) 中、大班幼儿可连续翻。

(3) 此儿歌用上海方言念,趣味更浓。

附儿歌:炒炒炒,炒黄豆,噼呖啪啦翻跟斗。

6. 滚铁环

游戏目的:培养幼儿动作的协调性。

游戏准备:各种铁箍或废旧自行车钢圈作铁环,铁钩或木棍若干。

游戏方法:滚铁环时,幼儿一手握铁钩(或木棍),轻轻套住铁环,稍用力推,铁环向前滚动,人随后跟着。铁环始终不倒,可一直玩下去;滚动的铁环倒下则由其他孩子接上来滚。

游戏规则:铁环倒下,游戏者则为输。

建议:

(1) 滚铁环时要把握好铁环的重心,持棍或铁钩的手用力适度,左右摆动也应得当。

(2) 要掌握好路面凹凸情况。

(3) 待幼儿熟练掌握后可进行比赛,也可表演。

7. 做豆腐

游戏目的:复习称谓词,培养幼儿协作能力。

游戏方法:两人一组面对面坐,双手相拉,顺一个方向做"推磨"状。同时进行一问一答,如果回答不出或回答重复,问、答双方调换角色。游戏重新开始。

游戏规则:一问一答顺一个方向做"推磨"状,动作要协调。

建议:问答称谓可随机安排。

附儿歌:推推磨,拉拉磨,你推我拉做豆腐。问:做好豆腐谁来吃?答:外婆吃。问:外婆不吃谁来吃?答:舅妈吃。问:舅妈不吃谁来吃?答:舅舅吃。

8. 外婆桥

游戏目的:培养幼儿协作能力。

游戏方法:两人一组,一前一后坐在草坪上,后一幼儿双手搭在前一幼儿肩上,边念儿歌边摇动。

游戏规则:摇动时两人朝一个方向。

建议:此游戏适合小班幼儿。

附儿歌:

摇呀摇,摇到外婆桥,摇呀摇,摇呀摇,

外婆叫我好宝宝,一摇摇到外婆桥;

你来抱,我来抱,外婆好,外婆好,

抱到瓶边去拿糕。外婆叫我好宝宝。

9. 你拍一,我拍一

游戏目的:培养幼儿协作游戏的能力。

游戏方法:两名幼儿交叉拍手。

建议:可变换拍手方法。

附儿歌:

你拍一、我拍一,黄雀落在大门西;

你拍二、我拍二,黄雀落在树间儿;

你拍三、我拍三,三三见九九连环;

你拍四、我拍四,四个小孩写大字;

你拍五、我拍五,五个小孩画老虎;

你拍六、我拍六,六碗包子六碗肉;

你拍七、我拍七,七个小孩打野鸡;

你拍八、我拍八,八个小孩吹喇叭;

你拍九、我拍九,九只胳膊九只手;

你拍十、我拍十,庄稼老汉看粮食。

10. 背板跷板

游戏目的:锻炼幼儿全身的力量,培养幼儿之间的友好关系。

游戏方法:甲乙幼儿相互背靠背,挽住胳膊,然后边念儿歌,边按节奏轮换相互背起来,放下。第四句念完后一起蹲下,互相问答,念最后一句时,一起起来,自始至终胳膊相挽。

游戏规则:甲乙幼儿必须身高、体重、体力相仿,教师应注意控制幼儿的运动量。

附儿歌:合:背板,跷板,乡里娃娃叫唤,麦子长,豆子圆,我们一起蹲下来。甲:你姓啥?乙:我姓×。乙:你姓啥?甲:我姓×。合:我们一起站起来。

11. 拉大锯

游戏目的:培养幼儿协作能力。

游戏方法:两名幼儿面对面坐下,相互手拉手前后摇动。

游戏规则:摇动时顺一个方向。

附儿歌:拉大锯,扯大锯,姥姥家,唱大戏。接姑娘,挨女婿,小外甥,也要去,没饭吃,给你一个鸡蛋吃。踏板走。

建议:踏板也可做成两人玩的、三人玩的或多人玩的。

12. 剪刀、石头、布

游戏目的:培养幼儿动作的灵活性。

游戏方法:全体幼儿分成人数相等的两队,从每队第一位幼儿开始猜拳比赛。

如果手势相同,继续猜拳;如果手势不同,决出输赢。输的幼儿被淘汰,换后面一位幼儿继续进行,最后看哪一队留下的幼儿多,则胜。

游戏规则:

(1) 猜拳时要同时亮出手势。

(2) "剪刀"赢"布","布"赢"石头","石头"赢"剪刀"。

建议:

(1) 此游戏适合中班、大班幼儿。

(2) 猜拳时也可用脚。

13. 丢手帕

游戏目的:发展奔跑能力、培养幼儿机智、灵活的良好品质。

游戏准备:手帕一块。

游戏方法:围成一圆圈,面向圆心蹲下。指定一名幼儿做丢手帕者。他手持手帕,随着大家的歌声,在圈外跑,可任意把手帕丢在某一小朋友身后。待唱到"快快快快捉住他"时,身后有手帕的幼儿可以拿起丢在自己身后的手帕去追逐丢者。当丢者跑到被丢到手帕小朋友的空位时,可以蹲在这个空位上,追者便不能再追。追者换作丢者,游戏继续进行。如追到了,要罚丢者唱首歌或其他表演。

14. 跳十字

游戏目的:练习单脚、双脚跳格子。

游戏准备:在场地上画若干十字,并标上1、2、3、4。

游戏方法:幼儿双脚站在十字前做好跳跃准备。游戏开始,幼儿按老师发出的数字信号跳入相应的格子中。教师出示卡片如1234,4321,幼儿按数字出现的先后跳入相应的格子中。单、双脚可间隔进行。

附:十字中的数字可换成水果或动物,可让低年龄幼儿练习。

15. 老鹰捉小鸡

游戏目的:培养幼儿灵活躲闪的能力。

游戏方法:一幼儿扮"老鹰",其余幼儿站成一路纵队,排头幼儿扮"母鸡",张开两臂,后面幼儿扮"小鸡",用双手依次拉着前面幼儿的衣服。游戏开始,"小鸡"们一起念儿歌,念毕,"老鹰"立即捕捉队尾的"小鸡","母鸡"张开双臂尽力保护"小鸡","小鸡"随着"母鸡"左右移动,灵活地躲闪,不让"老鹰"拍到。"小鸡"如被捉到,即离开现场。"老鹰"捉到三分之一或四分之一的"小鸡"后,调换角色。游戏重新开始。

游戏规则:"老鹰"和"母鸡"不得碰到对方的身体。

建议:此游戏适合大班幼儿。

附儿歌:天上老鹰飞呀飞,地上小鸡跑呀跑。老鹰老鹰心眼坏,想把小鸡当小菜。小鸡小鸡别害怕,拉住妈妈快躲开。

16. 钩花

游戏目的:训练群体合作和组织能力,促进四肢活动的配合和发展。

游戏方法:幼儿三至四人围成一圈,每人伸出右脚,互相钩叠。由一人宣布"预备——走"后,参加者用左脚按逆时针方向单脚跳,边跳边念儿歌。

游戏规则:

(1) 右脚相钩时,必须紧密配合,一个挨一个地钩着小腿。

(2) 跳动应同时进行,跳动中如果谁的小腿落地就被淘汰。

建议:

(1) 跳动时可先慢跳,然后逐渐加快。

(2) 左右脚可轮换进行。

(3) 动作熟练以后,便可加拍手或唱歌,如果有几个小组,也可以设计一些比赛项目。如:每组各跳一段距离,或以旋转的方式进行赛跑等。

(4) 此游戏适合于大班第二学期,在草坪或地毯上进行。

附儿歌:编、编、编花篮,花篮圆,去采莲,花篮转,庆丰年。

17. 抓痒痒

游戏目的:培养幼儿合作游戏的能力。

游戏方法:甲乙两名幼儿各伸出右手掌,甲幼儿的手掌压在乙幼儿的手掌上,然后乙幼儿翻掌去拍打甲幼儿的手,拍打上后就拿着甲幼儿的手掌放在手心上"抓痒痒",同时念儿歌,念完后,轻轻沿着他的手心、手臂抓痒痒,逗甲幼儿笑。如没拍打上,就交换角色进行。游戏中,甲幼儿翻掌拍打时,乙幼儿要尽快地将手躲开,不让其拍打上。

建议:念儿歌时可在手心上做相应的动作。念第一句时,可用食指在掌心画圈;念第二句时,可用食指在掌心轻轻画;念第三句时,可作铲的动作。

附儿歌:磨子磨,锯子锯,铲子铲,蚂蚁上树抓痒痒。

18. 骑大马

游戏目的:培养幼儿动作的协调性及合作游戏的能力。

游戏方法:四人一组,三人扮"马",一人扮"骑手"。扮马者中一人当"马头"在前,两人当"马身"在后。"马身"各用一手搭在"马头"的肩上,一手拉"马头"的手,作为"马镫"。游戏开始,"骑手"作驾马状,一齐念儿歌,并同时做跑马步的动作前进。

游戏规则:前进时,"马儿"们及"骑手"必须同时做跑马步前进,动作要协调一致。

建议:

(1) 动作熟练后可多组进行比赛。

(2) 此游戏适合于大班幼儿。

附儿歌:呱哒哒,呱哒哒,娃娃最爱骑大马。白鬃马,红鬃马,菊花青,五尺八。骑着大马追太阳,乐得太阳笑哈哈。

19. 老狼老狼几点了

游戏目的:培养敏捷的反应能力

游戏方法:一人扮演老狼,背对大家用手捂住眼睛,其余人问:"老狼老狼几点啦?""一点啦!"在他的背后有一群猫着腰前进的伙伴。大家再异口同声发问:"老狼老狼几点啦?"……当老狼回答"十二点啦!"的时候,其余人全部散开逃跑,因为老狼一报十二点就意味着追捕开始了。

游戏规则:当被追捕的"猎物"飞奔到某指定安全位置上,并大叫一声"牢保!",老狼就不能抓他而必须去捉其他没有站在此位置的"猎物"。

20. 跳绳

游戏目的:

(1) 提高幼儿身体运动协调能力。

(2) 培养儿童的平衡感和节奏感。

游戏准备:宽敞的活动场地跳绳之前最好活动一下全身,尤其是相关的部位,如:跳绳肩膀、手臂、手腕、脚踝,避免扭伤、挫伤。开始跳绳后,速度由慢到快、循序渐进。

简单跳绳法准备动作:双脚并拢,进行弹跳练习2至3分钟(弹跳高度为3至5厘米)。开始跳绳,注意手腕做弧形摆动。初学者先跳10至20次,休息1分钟后,重复跳10

至 20 次。非初学者可先跳 30 次,休息 1 分钟后,再跳 30 次。

21. 孵小鸡

游戏目的:培养幼儿团结协作,互相关爱的精神。

游戏玩法:幼儿分成五个人一组,每组五个幼儿都蹲下,后面的幼儿拉着前面的幼儿的衣服往前划,哪一组幼儿先划过去就算赢。

游戏规则:

(1) 强调幼儿间团结合作,互相关爱。

(2) 游戏中不能不顾别人一个人走。

22. 拍香烟壳

游戏目的:

(1) 学习游戏规则,发展幼儿手臂的肌肉与力量。

(2) 感受胜利之时的喜悦。

游戏准备:香烟壳

游戏玩法:

(1) 两人或多人游戏,以黑白配或石头、剪刀、布决定先后。

(2) 用香烟壳制成长条,中间留挤痕,放在平面上用手将其拍翻个身为赢。

(3) 赢者可将输者的香烟壳拿走。

23. 坐轿

游戏玩法:三人一组,两人抬轿一人坐轿。抬轿的两人各自把左手掌握在右手腕上,然后互相把右手握在对方左手腕上,形成一"井"字形。坐轿者双脚各插进抬轿者双手形成的环圈中,坐在手掌形成的"井"字上。玩时各组侧向疾跑,快者为胜。坐轿、抬轿者轮换担任。

24. 踢鸡毛毽

游戏玩法:鸡毛毽的制作简单,取一鸡翅膀上的粗羽毛,剪下一小截中间空的羽毛柄,往其空管中插进一束细鸡毛,再以布捆扎后固定在一个或两个铜钱中间的孔中,使鸡毛不至脱落即可。可一人以脚掌踢出各种花样,如踢至膝、肩、背、头等各部位;也可多人互相传递踢出各种花样。竞技时,以踢的数目多者为胜。

25. 跳方,又称跳河。

游戏玩法:方或河是划在地上的长方形条格或连接的圆圈,有三格、五格、每格大小不一,从小一格起,五格最大。在玩的过程中,双方以计百分定输赢,分数够所规定的数,可划其中的一格为自己的赢方。游戏规则为跳方者手中拿一小块瓦碴或石片,从一方开始跳起。首先投石片于方内,抬起一脚悬空,用站地的一脚跳入方内,再把石子踢出,踢出界外或踩了方线,就称"死了"。对方再跳,如此反复。过黄河或对方已赢去的方时,要单脚跳过,有一定的难度,在自己所赢的方内可双脚落地歇息。跳方是一种运动性极强的游戏。

26. 斗鸡,又称顶牛

游戏玩法:斗鸡者,拐起自己的一腿,双手抱脚,膝头为角,相互顶斗。两人单斗,也可多人群斗。斗倒对方或所抱腿脚落地为输,不可用手去推对方,最后不败者为将军。斗鸡是一种锻炼身体平稳及耐力的活动。热闹激烈,过去很受青少年们喜爱。

27. 翻花绳

游戏玩法:绳儿是一根三尺长短的绳线,两端绾结成圈。为两人游戏,多是女孩子们玩。一人把线圈拉套在两手上,用手指穿拉出一个花样,对方绾赶到自己手上,形成一种新的图案,对方再赶绾,自然又成一种形式,如此反复绾赶。有上翻,有下翻和左右翻。绾赶有样式走向,而且讲究先后顺序,章法规矩。心灵手巧者能绾赶出簸箕、筛子、斗、花面旗、长条旗、斜面、方块、雨伞等花样。小时候,家中姐妹们常常玩的着迷。父母为了使唤她们干活,就说,别玩了,赶绊儿老天会刮大风的。不知为什么,她们一听,也就不玩了。

28. 挤牙膏

游戏玩法:寒冷的冬天,几个幼儿靠墙而立,用肩部的力量向中间挤,被挤出的人向旁边去,再向中间挤,如此反复进行。如果让幼儿边念儿歌边游戏,更能增添情趣,并培养协作精神。

29. 木头人

游戏玩法:参加者两人念儿歌,儿歌念完后,立刻静止不动,不说不笑地对视,谁先忍不住动或笑了,就算输。

30. 跑框

游戏玩法:参加游戏的幼儿分为两组,一组幼儿为守框者,一组为跑框者。守框者依图站好位置,集中注意力守候在自己的活动范围内,阻拦跑框者闯入自己的管辖区内(如甲在甲框内,乙在乙框内,丙在丙框内……),跑框者必须乘其不备,灵活躲闪才能闯框,若被守框者触及,则算输。跑框者必须闯过所有的关才算胜利。人数多时可加画跑框。

31. 红灯、绿灯,马上开灯

游戏玩法:请一位幼儿背朝众幼儿做开灯者,站在场地的另一端,众幼儿朝前随意行走或做各种姿势的动作。当开灯者大声说完"红灯、绿灯,马上开灯"转回头时,众幼儿必须立刻如木头人一般静止站立,直至开灯者再转回头。若在此间有人控制不住而动了,将被请出。游戏反复进行,谁能坚持到最后一个则为胜者,然后由胜者当开灯者。

32. 地雷爆炸

游戏玩法:游戏前先用猜拳决出一个为追逐者,其余幼儿为逃跑者。逃跑者可以四散跑,追逐者只要能捉到一个人就算胜利。逃跑者保护自己的办法就是,快被捉住时,可以立即蹲下说"地雷":追逐者就必须停止追他,另找目标追逐。而"地雷"只能原地不动地蹲着,等其他人来拍一下,并喊"爆炸",才被解救,继续做逃跑者。被捉住者为第二轮游戏的追逐者。

33. 脚尖脚跟脚尖踢

游戏玩法:幼儿双手叉腰,边念边跳。"脚尖"(右脚尖朝后点地),"脚跟"(右脚尖朝前点地),"脚尖踢"(将右脚尖朝左前方点地,接着向右前方踢)。第二遍换左脚,依次反复进行。

34. 吹羽毛

游戏玩法:在桌上放根羽毛,参加游戏的两个人各站在桌子的两侧,同时吹羽毛,将羽毛吹到对放的一侧落下为胜。

35. 爬楼梯

游戏玩法:此游戏为两人游戏。游戏开始时,其中一人伸出一手臂,另一人则分别用自己双手的大拇指和食环从手腕关节处开始,环捏着对方的手臂,边念儿歌:"升级、留级、补考、跳班"边逐级向上移至手肘关节处,若到了肘关节处,儿歌刚好念到哪个级,对方即为哪个级,如上移至手肘关节处时,儿歌刚好念到留级,此人即为留级生等。

36. 挑冰棒棍

游戏玩法:此游戏可为两三人或数人轮流游戏。游戏前,以石头、剪刀、布的形式决定游戏顺序。游戏开始时,第一个参加游戏的人将一把冰棒棍撒在地上后,再逐一拾起冰棒棍,在拾的过程中,可用先拾起的冰棒棍做辅助工具,但在挑动时不能碰动其他根,若碰动了,则由下一人用剩余的冰棒棍以相同的方法继续游戏,如此依次进行,最后以手中拾得的冰棒棍最多的为胜者。

37. 打陀螺

游戏玩法:用绳子绕住陀螺后,降低身体,用力将绕在陀螺上的绳子拉开,使陀螺在地上快速旋转,然后不停地用绳子抽打陀螺。陀螺旋转时间最长者为胜。

38. 捞大鱼

游戏玩法:两个幼儿两只手拉在一起当渔网,其他幼儿做鱼。游戏开始的时候,渔夫将手举起,边念儿歌"一网一网捞不到鱼,两网两网捞不到鱼,三网尾巴尾巴捞到一条大鲤鱼。"边套那些从渔网下游过的鱼(孩子)。如果哪个孩子被套住了,就会被放在假设的菜板上,渔夫在他肚子上拉一下,用手在他腿、脚部做出切的动作。

思考与练习

1. 什么是民间儿童游戏?
2. 民间儿童游戏有哪些特点?
3. 民间儿童游戏对传统民族文化有何传承价值?
4. 以某一个民间儿童游戏为内容,设计一个游戏教学方案,进行实践训练。

主要参考文献

1. 华爱华.幼儿游戏理论.上海:上海教育出版社
2. 邱学青.学前儿童游戏.南京:江苏教育出版社
3. 丁海东.学前游戏论.济南:山东人民出版社
4. 乔·L.弗罗斯特,苏·C.沃瑟姆,斯图尔特·赖费尔.游戏和儿童发展.南京:江苏教育出版社
5. 杨枫.学前儿童游戏.北京:高等教育出版社
6. 李燕.游戏与儿童发展.杭州:浙江教育出版社
7. Elizabeth A, Hur lock.儿童游戏的特征.张杰译.心理发展与教育.1990(1)
8. 张新立.儿童游戏的发生及其本质特征新探.学前教育研究.2007(11)
9. 吕逸.中国古代儿童游戏研究.陕西师范大学硕士学位论文.2006.5
10. 孙岩.虚拟游戏——儿童游戏的一种文化延伸.现代教育科学.2008(1)
11. 刘焱,王丽,沈薇.建国以后儿童游戏发展变化的特点、趋势及原因分析.学前教育研究.1999(4)
12. 鄢辉.游戏对儿童社会化发展的影响.学术探讨.2011(9)
13. 丁海东,朱德琴.学前儿童游戏发展的三种认知水平.教育导刊.2002(10)
14. 王小英.探寻儿童游戏意义的新视野.学前教育研究.2006(10)
15. 邱学青.论民间儿童游戏的价值.教育导刊幼儿教育版.1997(2)
16. 何军,高志军.教育游戏发展述评(1999—2009)中国教育技术装备.2010(6)下
17. 井卫英,陈会昌.关于游戏与儿童发展的思考.学前教育研究.2002(4)
18. 张志宏.充分的游戏时间是幼儿游戏品质提高的保证.课程教材教学研究(幼教研究)2012(1)

主要参考网络资源

1. http://blog.sina.com.cn/s/blog_6cafd1fc0100q949.html
2. http://wenku.baidu.com/view/54673464783e0912a2162a4b.html
3. http://www.jy46.com/a/jingyanlunwen/jiaoyutansuo/2012/1120/40758.html
4. http://www.36qp.net/news/xinwen/201212/67314.shtml
5. http://www.qjren.com/simple/?t49485.html
6. http://data.06abc.com/20121203/91529.html
7. http://wenku.baidu.com/view/e05cbc4233687e21af45a91d.html
8. http://wenku.baidu.com/view/3c63902258fb770bf78a5536.html
9. http://wenku.baidu.com/view/b85fa0d684254b35eefd345c.html
10. http://www.yejs.com.cn/htmllib/20944.htm
11. http://wenku.baidu.comviewaf5cf54133687e21af45a91c.html
12. http://wh.sdnews.com.cn/2011/5/30/1075112_4.html